लीला और अन्य कहानियां

मूल्य : नब्बे रुपये (90.00)
संस्करण 1993

Leela aur anya Kahanian
Krishna Baldev Vaid
ISBN : 81-7028-145-8

राजपाल एण्ड सन्ज़, मदरसा रोड, कश्मीरी गेट, दिल्ली

लीला

और अन्य कहानियां

कृष्ण बलदेव वैद

राजपाल

दो शब्द

कृष्ण बलदेव वैद आधुनिक कथाकारों की अग्रिम कतार में खड़े सबसे अलग नज़र आने वाले समर्थ रचनाकार हैं। अनवरत शिल्प-साधना के साथ-साथ उनकी असामान्य और दीर्घ प्रयोगधर्मिता ने कहानी-लेखन को नए क्षितिज और आयाम दिए हैं। पिछले तीन-चार वर्षों के दौरान उन्होंने अनेक जीवंत कहानियों की रचना की, और उन्हीं का संग्रह अब 'लीला और अन्य कहानियां' के रूप में पाठकों के सामने है।

प्रस्तुत संग्रह की कहानियां लीक से हटकर लिखी गई कहानियां हैं। इनमें जीवन की ऐसी सच्चाइयों से हमारा साक्षात्कार होता है जिन्हें हम या तो अक्सर अनदेखा करते हैं, या जिनके प्रति उदासीन रहते हैं। इन कहानियों में प्यार और पराजय की, जीवन और मृत्यु की वे सूरतें नज़र आती हैं जिन्हें अन्यथा हम देख नहीं पाते।

इन कहानियों का नैरेटर 'मैं' है जो लेखक का हू-ब-हू प्रतिबिंब नहीं बल्कि उसका 'परसोना' (Persona) है। इस 'मैं' की चेतना ही इन कहानियों की आत्मा है। सीमित शब्दों में कहें तो इन कहानियों का मर्म 'कहानी' में नहीं, उस अकथ्य में है जो कहानी से बाहर या ऊपर रहता है। कहानी से आमतौर पर सीधी-सादी सामाजिकता, इकहरी सरलता, मनोवैज्ञानिक चातुर्य, रूमानी मिठास, घटना-चक्र आदि की अपेक्षा की जाती है; मगर इन कहानियों के संदर्भ में स्थिति भिन्न है। इन्हें पढ़ते समय उन अपेक्षाओं को ताक पर रखा जाए; क्योंकि तभी ये कहानियां पाठक को मनुष्य की गहनतम आकांक्षाओं और यातनाओं के उस कानन की सैर पर ले जाएंगी, जहां उसका साक्षात्कार अपने उस रूप से हो सकेगा जो उसकी चेतना से अक्सर ओझल रहता है।

प्रस्तुत संग्रह की 'सैर' कहानी के 'मेटाफर' में जो विडंबना और काठिन्य निहित है, वह ध्यान देने योग्य है। यह एक ऐसी कहानी है जो संग्रह की तमाम कहानियों को एक-दूसरे से बांधती है और इन्हीं सबके बीच से एक उपन्यास उभरता हुआ दिखाई देता है।

समर्पण

पाली के नाम

क्रम

लीला

मैं सीढ़ियाँ चढ़ रहा था। और अपने एक पुराने मित्र की एक नयी कविता की कुछ पंक्तियों से खेल रहा था। उस कविता में सीढ़ियों को एक रूपक के तौर पर इस्तेमाल किया गया है। बड़ी सादगी से। इतनी सादगी से कि मैं उन पंक्तियों से खेलता हुआ मुस्करा रहा था। उस मुस्कराहट में कोई मैल नहीं थी, कोई पेच नहीं था, कोई आलोचना नहीं थी। मैं सीढ़ियां चढ़ रहा था, इसीलिए वे पंक्तियां मुझे याद आ गयी थीं। मैं उनसे खेल रहा था। साथ अपने उस पुराने मित्र की याद से भी। उसे चल बसे कुछ ही दिन हुए हैं। मुझे उसकी मुस्कराहट याद आ रही थी। उसमें अक्सर अनेक पेच हुआ करते थे। कभी-कभी मैल और आलोचना भी। पीड़ा भी। उस कविता के पीछे से मेरे मित्र की मुस्कराहट झांक रही थी। मैं आखिरी सीढ़ी पर पहुंच गया था। सामने एक बड़ा बन्द दरवाज़ा था, जिसे देखते ही मेरी ख्वाहिश हुई थी कि रुख़ फेर लूं और उस कविता की कुछ पंक्तियों से खेलता हुआ सीढ़ियां उतर जाऊं। मेरी मुस्कराहट गिर चुकी थी। मैंने मुड़ कर देखा तो लीला दिखायी दी। वह ऊपर आ रही थी। उसे सीढ़ियां चढ़ने में दिक्कत हो रही थी। मैं किसी बच्चे की तरह फुदकता-उछलता ऊपर आ गया था और वह किसी बुढ़िया की तरह एक-एक सीढ़ी चढ़ रही थी। वह मेरे साथ नहीं आयी थी। जब मैं घर से चला था तो उसने आने से इनकार कर दिया था। मुझे बुरा लगा था। फिर उन सीढ़ियों पर चढ़ते-चढ़ते मेरा मन अनायास हल्का हो गया था। मैं लीला को भूल गया था। मुझे अपने मित्र की वे पंक्तियां मिल गयी थीं। लीला को देख कर मुझे खेद हुआ। अगर मैंने उसके इनकार का बुरा न मनाया होता तो वह इस वक़्त आराम कर रही होती। लेकिन वह इतनी जल्दी वहां आ कैसे गयी? इस सवाल से उलझने के बजाय मैं लपक कर उसके पास पहुंच गया। उसने मुस्करा कर मेरी तरफ़ देखा। मैंने उसका माथा चूम लिया। फिर देखा कि इधर-उधर खड़े कई लोग टकटकी बांधे हमें देख रहे हैं। सोचा, देखते रहें। एक बार और उसका माथा चूम लिया। लीला ने मना नहीं किया। मेरा हाथ पकड़-कर ऊपर चढ़ने लगी। कई और लोग भी अब वही सीढ़ियां चढ़-उतर रहे थे। उनमें

से कुछ हमारी तरफ़ देख रहे थे, कुछ अपने पैरों की तरफ़। जिन लोगों ने कुछ क्षण पहले टकटकी बांधकर हमें देखा था वे सब बिखर गये थे। मेरा एक हाथ लीला के हाथ में था, दूसरा उसकी कमर में। इस तरह उसके साथ उन सीढ़ियों पर चढ़ने का वह पहला अवसर था। इस तरह नहीं, किसी भी तरह। उस गिरजाघर में हम पहले कभी नहीं गये थे। यकायक सवाल आया, आज क्यों जा रहे हैं? उसने इनकार करते हुए यही सोचा होगा। मैंने बुरा न मनाया होता तो वह उड़कर मेरे पीछे न चली आती। मैंने बुरा क्यों मनाया था? और फिर उन सीढ़ियों पर चढ़ते हुए उसे भूल क्यों गया था? अगर उसे पता चले तो शायद उसे दुःख हो। उसे पता नहीं चलेगा। शायद चल भी गया हो। उसने पीछे से देखा होगा कि मैं किसी बच्चे की तरह उछलता-फुदकता हुआ सीढ़ियां चढ़ रहा था। मैंने किसी और को देखा तक नहीं था। उस बड़े बन्द दरवाज़े को देखते ही मेरी मुस्कराहट झड़ गयी थी। अगर मैंने मुड़कर न देखा होता तो लीला अब अकेली सीढ़ियां चढ़ रही होती। जी चाहा उसे होंठों पर चूम लूं, लेकिन रुककर आमने-सामने हुए बग़ैर वैसा करना मुश्किल होता। गिरने का ख़तरा भी था। सोचा, ऊपर पहुंचकर उस बड़े बन्द दरवाज़े के सामने खड़े होकर उसे चूम लूंगा। फिर दरवाजे को धकेल कर हम अन्दर चले जाएंगे। अन्दर खामोशी होगी। और शीतलता। और खुशबू। और कुछ लोग। मोमबत्तियां। मूर्तियां। और शायद कोई पादरी। हम खामोश थे। उसकी कमर ठण्डी थी। उसके हाथ का पसीना ठण्डा था। मैंने पूछा, थक गयी हो तो कुछ देर यहीं बैठ जाएं? उसने जवाब में मेरा हाथ दबा दिया। मेरा गला भर आया। लगा जैसे उसने मेरे साथ आने से अपने इनकार की मुआफ़ी मांग ली हो। मैंने कहा, यहां आना ज़रूरी नहीं था; मैंने यूं ही ज़िद पकड़ ली थी। उसने आंखें मेरी तरफ़ उठा दीं। लीला की आंखों में मुझे कभी-कभी आकाश दिखायी दे जाता है। ऊपर पहुंच कर बड़े बन्द दरवाज़े के सामने खड़े होकर उसकी आंखें चूमूंगा। हम कुछ देर रुके रहे। अगर हम में से किसी एक का सर चकरा जाए तो हम दोनों एक साथ लुढ़क जाएंगे। उसकी कमर पर मेरे हाथ की पकड़ और पक्की हो गयी। हम फिर सीढ़ियां चढ़ने लगे। तभी न जाने क्यों मुझे महसूस हुआ जैसे हम दोनों अपने पापों के प्रायश्चित्त के लिए ही वे सीढ़ियां चढ़ रहे थे। फिर मैंने इस विचार में संशोधन कर दिया: हम दोनों नहीं, केवल मैं। उसे साथ लाना ज़रूरी नहीं था। शायद इसीलिए उसने आने से इनकार कर दिया था। ऊपर पहुंच कर वह अन्दर नहीं जाएगी। मैं बुरा तो नहीं मनाऊंगा, लेकित अकेला अन्दर नहीं जाऊंगा। कहूंगा, फिर कभी सही। उसे हैरानी होगी। कहेगी, दोबारा सीढ़ियां नहीं चढ़ सकूंगी। मैं उसकी आंखें चूम लूंगा। देखने वाले सोचेंगे हम अतिभावुक हैं। हम अतिभावुक नहीं। अगर सीढ़ियां चढ़ने में उसे दर्द न हो रहा होता तो ऊपर पहुंचकर उसे चूमने का ख्याल मुझे बार-बार न आता। दर्द के बावजूद अब

वह खुश थी। उसकी आंखों में किसी शिकायत की चिंगारी नहीं थी। उनमें मुझे आकाश नजर आया था। मेरे हाथ के नीचे उसकी कमर में कोई खिंचाव नहीं था। उसकी अंगुलियां मेरी अंगुलियों से लिपटी हुई थीं। देखने वाले जो चाहे सोचें, जो चाहे समझें। लीला मेरे साथ थी और हम सर्दियों की साफ़ धूप में उस गिरजाघर के बड़े दरवाजे तक पहुंचने के लिए सीढ़ियां चढ़ रहे थे। अब मैं अपने मित्र की उन पंक्तियों से खेलने के बजाय लीला की अंगुलियों से खेल रहा था, अपने अटपटे ख्यालों से खेल रहा था, उतरते-चढ़ते लोगों को उचटती आंखों से देख रहा था। कोई परिचित वहां नहीं था। हो ही नहीं सकता था। हम वहां नये थे, अजनबी थे, इसीलिए शायद मैंने लीला से कहा था, चलो आज उस चर्च को देख आएं। उसने इनकार कर दिया था। उसने इनकार का कोई कारण नहीं दिया था। वह उदास नज़र आयी थी। उस समय अपने पापों का प्रायश्चित्त करने वाली बात मेरे मन में नहीं आयी थी। गिरजाघर के बड़े बन्द दरवाज़े के पास पहुंचते ही मैं लीला के लिए उदास हो गया था। वह इस पराये शहर के उस अजनबी घर में अकेली है। और फिर उसे सीढ़ियों पर देखकर मुझे अफ़सोस हुआ था कि मैंने उसके इनकार का बुरा क्यों मनाया। ख्याल आया कि पूछूं वह इतनी जल्दी वहां पहुंच कैसे गयी? फिर कुछ कहने के बजाय मैंने उसके हाथ को दबा दिया, उसकी कमर को सहला दिया, और मेरी आंखें अनायास भीग गयीं। उसने आंखें उठाकर मेरी तरफ़ देखा तो उसकी आंखें भी चमक रही थीं। हम रुक गये। वह बड़ा बन्द दरवाजा ज़्यादा दूर नहीं था। हमारे देखते ही देखते दो व्यक्ति उसे धकेल कर अन्दर चले गये। मुझे महसूस हुआ जैसे वे किसी जानवर के मुंह में दाख़िल हो गये हों। हमने रुख मोड़ लिये और सीढ़ियां उतरनी शुरू कर दीं। धीरे-धीरे एक-दूसरे को थामे हुए। दो अभिन्न बूढ़े दोस्तों की तरह।

× × ×

उसकी आंखों में से जो लपट-सी निकलती दिखाई दी उससे लगा जैसे वह मुझे किसी ख़तरे से आगाह करना चाहती हो या किसी बुरी ख़बर के लिए तैयार करना चाहती हो। लीला की आंखों में मुझे कभी-कभी आकाश दिखाई दे जाता है लेकिन अब दो जलती हुई चिताएं दिखायी दे रही थीं। उसके अधखुले होंठों में से जो ख़ामोशी फूट रही थी उसमें भी किसी ख़तरनाक संभावना का संकेत अटका नज़र आया था। हम अजनबियों से घिरे हुए थे। कोई हमें देख नहीं रहा था लेकिन मुझे महसूस हो रहा था गोया सबकी नज़रें हम दोनों पर जमी हुई हों, जैसे उन्हें हम में से किसी विस्फोट का ख़तरा हो, जैसे उन्हें मालूम हो कि हमारे बीच कोई बम रखा पड़ा हो। हम एक कैफ़े में बैठे हुए थे। आमने-सामने। मेज़ पर दो गिलास रखे हुए थे। मेरा ख़ाली था, उसका ख़ाली होने वाला था। आसपास की अजनबियत मुझे अच्छी लग रही थी। उससे घिरा हुआ होना भी। हम दोनों

साथ थे, आमने-सामने थे। दिन-भर हम घूमते रहे थे। लीला ने थकान की शिकायत की थी न घुटनों के दर्द की। दोपहर के खाने के बाद हमने एक फ़िल्म भी देखी थी। ज़बान हम नहीं जानते थे लेकिन वक़्त बग़ैर किसी तनाव के गुज़र गया था। बीच-बीच में थोड़ी-थोड़ी देर के लिए हमें ऊंघ भी आ जाती रही थी। जब मैं झूल रहा होता तो लीला मेरी ठोड़ी को उठाकर मुझे जगा देती, जब उसका सर मेरे कन्धे पर आ टिकता तो मैं उसके गालों को सहला कर उसे सीधा कर देता। हम शायद सतर्क थे कि दोनों एक साथ न सो जाएं। फ़िल्म में कोई ख़ास बात नहीं थी। उसे समझने में कोई ख़ास कठिनाई नहीं हुई थी। नींद के झोंकों के बावजूद मैं सारी कहानी समझ गया था। कहानी के अलावा उसमें कुछ था भी नहीं। होता तो उस कैफ़े में बैठे शायद हम उसके बारे में कोई बात कर रहे होते। हम ख़ामोश बैठे थे। मैं दूसरे गिलास के इन्तज़ार में था। लेकिन लीला की आंखों में जलती चिताओं को और उसके होंठों में से फूटती हुई खुश्क ख़ामोशी को देखकर मैं चिन्तित हो उठा था। कमरे में लौट जाने का वक़्त अभी नहीं हुआ था। शाम शुरू ही हुई थी। लीला मुझे देख रही थी। मैंने एक मुस्कराहट का सहारा लेते हुए पूछा—क्या हुआ ? उसने कोई जवाब नहीं दिया। मुस्कराहट ने मेरा साथ छोड़ दिया। मैंने हाथ बढ़ाकर लीला का हाथ पकड़ना चाहा। उसने अपना हाथ पीछे हटा लिया। अब उसकी ख़ामोशी में ख़फ़गी भी दिखाई दी। मैं चिन्तित हो उठा। सोचा, घर याद आ रहा होगा। और बच्चे। तसल्ली देने की हिम्मत नहीं हुई। वह मेरे साथ यहां आना नहीं चाहती थी। मैंने दबाव नहीं डाला था। इसीलिए शायद वह अपने आप राज़ी हो गई थी। आज दिन-भर उसने कोई शिकायत नहीं की थी। मैं आश्वस्त हो गया था। उस फ़िल्म में भी कोई ऐसी बात नहीं थी जिसने उसे उदास कर दिया हो। लेकिन वह उदास नहीं थी। उसकी आंखों में आग थी, आंसू नहीं। उसके होंठों में से ख़ामोशी ही फूट रही थी, ख़फ़गी के शरारे उसमें ज़्यादा नहीं थे। चलने से पहले हमने फ़ैसला किया था कि इस ट्रिप के दौरान कोई बहस नहीं करेंगे, किसी ऐसे विषय को नहीं उठाएंगे जिससे तनाव पैदा होने का ख़तरा हो, और जैसे ही हममें से किसी एक का मन उचाट हो गया, उसी वक़्त वापसी की व्यवस्था शुरू कर देंगे। शायद उसका मन उचाट हो गया है और वह कहने से हिचकिचा रही है क्योंकि मेरा मन उचाट नहीं हुआ। लेकिन उसकी आंखों में आग है, ऊब नहीं; उसकी ख़ामोशी में किसी ख़तरे का संकेत है, बेज़ारी का आभास नहीं। ज़रूर उसे बच्चे याद आ रहे होंगे और वह मुझे बताने में संकोच कर रही है। पूछूंगा तो उसे अच्छा नहीं लगेगा। शायद इनकार कर देगी। नहीं, उसकी आग और ख़ामोशी में किसी ख़तरे का ही संकेत है, किसी ऐसे ख़तरे का जिसकी ख़बर उसे तो हो गई है, मुझे नहीं हुई। वह उस ख़बर को मुझसे छिपाना भी चाहती है, मुझे सुनाना भी चाहती है। मुझे पूछ-

लेना चाहिए। साफ़-साफ 'क्या हुआ?' पर उसे जो ख़फ़गी हुई थी, उस से मैं डर गया था। उसे किसी और सवाल की अपेक्षा रही होगी, या किन्हीं और शब्दों की। 'क्या हुआ?' में शायद उसे शिकायत का कोई स्वर सुनाई दे गया हो। जब मैंने हाथ बढ़ाया था तो उसने अपना हाथ पीछे क्यों कर लिया? हम अजनबियों से घिरे हुए थे। शाम गहराती जा रही थी। अंधेरे में खुनकी उतर आयी थी। अजनबियों की आवाज़ें ऊंची होती जा रही थीं। मैंने धीमे से कहा—घर चलें? उसने ऊंची आवाज़ में पूछा—घर? घर कहां? हमारा घर कहीं नहीं? उसने इकरार तोड़ दिया था। मुझे निराशा हुई। फ़ैसला यह हुआ था कि कोई ऐसा विषय नहीं उठाया जाएगा जिससे तनाव पैदा हो। 'घर' वैसे विषयों में एक था, प्रमुख था, पीड़ा से भरा हुआ था। मुझे निराशा हुई। उसकी आंखों में घर के अभाव की आग भड़क रही थी, और मैंने समझा था कि उसमें सिर्फ़ किसी ख़तरे का संकेत था, किसी बुरी ख़बर का खटका या अन्देशा था। हो सकता है दिन-भर वह 'घर' की समस्या को ही साधती रही हो। मैं कांप रहा था। मेरे नाखूनों के नीचे से दर्द का धुआं उठ रहा था। ग़नीमत थी कि हम अपने 'घर' में नहीं थे। उसकी आवाज़ पर कुछ लोग चौंके थे। मैंने इधर-उधर देखा था। यह देखने के लिए कि उसकी आवाज़ मुझे ही ऊंची सुनाई दी थी या किसी और को भी। मैंने धीमी धमकाऊ आवाज़ में कहा था, आहिस्ता बोलो, लीला! उसने जवाब में अपना गिलास ख़ाली कर दिया था। जब वह वे आख़िरी घूंट पी रही थी तो मेरी आंखें उसकी खिंची हुई गरदन पर जमी रही थीं। उसकी आंखें बन्द थीं। जब दोबारा खुलेंगी तो शायद उनकी आग बुझ चुकी हो। गिलास मेज़ पर रख देने के बाद भी कुछ क्षण उसने आंखें नहीं खोली थीं। उसके अधखुले होंठों पर एक बड़ी-सी आंख का गुमान हुआ था। मेरा गुस्सा बैठ चुका था। मैं लीला की आंखों की आग के लिए तैयार हो रहा था, उसमें जल मरने के लिए तैयार हो रहा था। लीला ने आंखें खोलीं तो मुझे उनमें निर्मल आकाश नज़र आ गया। मैंने हाथ बढ़ाया तो उसके हाथ ने उसे थाम लिया। मैंने पूछा—क्या हुआ था? उसने कोई जवाब नहीं दिया, सिर्फ़ मेरा हाथ दबा दिया। उसके होंठों की बड़ी-सी आंख अब बन्द थी। उन पर एक मुस्कराहट खिल रही थी। मैंने कहा—चलें? वह उठ खड़ी हुई। बाहर शाम की नीली बहार थी, अजनबी झुण्ड और जोड़े थे। एक बार जवानी में भी हम उस शहर में कुछ दिनों के लिए ठहरे थे। उस क़याम की कोई याद अभी तक नहीं उठी थी। हम जिस इलाक़े में घूम रहे थे, उसका नाम नहीं बदला था, बाक़ी सब कुछ बदल गया था, या बदला हुआ दिखाई दे रहा था। मैंने पूछा—लीला, तुम्हें कुछ याद आता है? उसने कहा—हां। मुझे हैरानी हुई। उसने एक स्टोर की तरफ़ इशारा किया और कहा—हमने वहां से तीन प्लेटें ख़रीदी थीं। मैं ठिठककर रुक गया। वह स्टोर बन्द था। लेकिन खिड़कियों में रौशनी थी।

एक खिड़की में कुछ प्लेटें आईनों की तरह रखी हुई थीं। हम उस खिड़की के सामने जा खड़े हुए। अब उन प्लेटों में से सिर्फ़ एक रह गई है, लीला ने कहा। मुझे मालूम था लेकिन यह याद नहीं था कि वह हमारे सामान के किस हिस्से में कहां बंधी पड़ी हुई थी। हमारा सामान बिखरा हुआ था। कोई किसी बच्चे के घर, कोई किसी दोस्त के घर। मैं लीला से पूछना चाहता था लेकिन डर रहा था कि 'घर' का भूत फिर उठ खड़ा होगा। लीला बोली—वह प्लेट उस पेटी में बन्द पड़ी है जो आजकल शामू के घर रखी हुई है। उसकी आवाज़ बेलाग थी। मैंने उसका हाथ दबा दिया। यह मेरी भूल थी। लीला ने हाथ छुड़ा लिया और आगे बढ़ गई। मैं कुछ दूर तक उसके पीछे-पीछे चलता और इन्तज़ार करता रहा कि वह मुड़ कर देखेगी। वह ग़लत रास्ते पर चल रही थी। हम अपने ठिकाने से दूर होते जा रहे थे, लेकिन मैं उसे आवाज़ नहीं देना चाहता था, न ही तेज़-तेज़ चल कर उसके पास पहुंच जाना चाहता था। मैं उससे डर रहा था। उसे शायद यह भी नहीं मालूम था कि मैं उसके पीछे-पीछे चल भी रहा था या नहीं। नहीं, यह उसे मालूम था, लेकिन इस इल्म के बावजूद वह उस समय अकेली नज़र आ रही थी—जैसे उसने वह धागा तोड़ दिया हो जिसने बरसों से हमें एक-दूसरे से बांध रखा था। इस ख़्याल के आते ही मैंने उसकी तरफ़ दौड़ना शुरू कर दिया। हमारे बीच का फ़ासला बहुत ज्यादा नहीं था। तेज़-तेज़ चलता हुआ भी मैं उस तक पहुंच सकता था। लेकिन मैं दौड़ रहा था। उसने मेरे क़दमों की आहट ज़रूर सुनी होगी। कुछ लोगों ने हैरानी से मेरी तरफ़ देखा। कुछ एक ने शायद यह भी सोचा हो कि मैं कोई अपराध करने के लिए या कर लेने के बाद भाग रहा था। एक जोड़े ने आवाज़-सी भी दी। दौड़ते हुए मुझे महसूस हो रहा था जैसे हमारे बीच का फ़ासला कम होने के बजाय बढ़ता जा रहा था। फिर मैंने देखा कि वह रुक गई थी। उसका रुख मेरी तरफ़ था। रोशनी बिखरी-बिखरी-सी थी। मुझे कुछ पता नहीं वह किन आंखों से देख रही थी। जब मैं उससे एक हाथ की दूरी पर था तो उसके होंठ कांप रहे थे। वह मुझे किसी ख़तरे से ख़बरदार करना चाहती थी, कोई बुरी खबर सुनाना चाहती थी। मैं हांफ रहा था। मेरी दौड़ लम्बी नहीं थी। उसके होंठों की कंपकंपी भयानक थी, जैसे कोई बुढ़िया किसी गन्दे अस्पताल के मुचड़े हुए मैले बिस्तर पर पड़ी दम तोड़ रही हो, दम तोड़ने से पहले कुछ कहना चाह रही हो, या शायद कुछ न कहने की कोशिश कर रही हो। मैंने सर झुका लिया, आंखें बन्द कर लीं, और हाथ उसके होंठों की तरफ़ बढ़ा दिया। मुझे ख़तरा था वह उसे झटक देगी। उसने मेरा हाथ पकड़ लिया, उसे दबाकर उसके कम्पन को दूर किया, फिर उसे अपने कांपते हुए होंठों पर रख दिया। मेरी अंगुलियों के नीचे अनेक बुलबुले-से टूट रहे थे। मैंने धीमे से कहा—लीला, मुझे मुआफ़ कर दो। उसने धीमे से कहा—तुम पागल हो। मेरा हाथ लौट आया।

मेरी आंखें खुल गईं। उसके होंठ स्थिर थे। हम रास्ता बदल कर अपने ठिकाने की तरफ़ चल दिए वही हमारा घर था। फ़िलहाल।

× × ×

उस शाम, घर में झगड़ा हुआ था। उन दिनों घर में झगड़े अक्सर हुआ करते थे। लीला नयी-नयी मेरे घर आई थी। झगड़े उसके घर में भी हुआ करते थे। उसने बाद में बताया था। झगड़े हर घर में होते हैं। हर घर हर तरह के झगड़ों को जन्म देता है, उनमें से कुछ को पाल-पोस कर बड़ा करता है, कुछ को मार देता है, कुछ को बाहर धकेल देता है, और कुछ को बार-बार कुचलता रहता है। कुचले हुए झगड़ों का लाल कीचड़ हर घर में कमोबेश मौजूद रहता है। हमारे घर के झगड़े मुझे बहुत घिनावने नज़र आते थे। उनके कारण घर वालों के चेहरे भी घिनावने नज़र आते थे। खास तौर पर सुबह-शाम। सुबह के चेहरों पर पिछली शाम के झगड़ों की ख़राशें खिची नज़र आती थीं। शाम के चेहरों को अगली सुबह के लिए नई ख़राशें दी जाती थीं। लीला नयी-नयी आई थी। उसने मेरे चेहरे पर वैसी खराशें पहले कभी नहीं देखी थीं। शादी से पहले वह मेरे घर कभी नहीं आई थी। तब हम उसी के घर मिला करते थे या कभी-कभी कहीं बाहर। जब कभी हम कहीं बाहर मिलते थे तो उसके घर झगड़ा हुआ करता था, जिसके बाद कई दिनों तक बाहर कहीं नहीं मिल पाते थे। लीला के चेहरे पर उन झगड़ों की झलक मुझे दिख जाती थी। वह उनका उड़ता-सा ज़िक्र भी कभी-कभी कर दिया करती थी—अपनी मुस्कराहटों में लपेटकर, जैसे कोई कांटा रुई में लपेटकर मुझे पेश कर रही हो। उसकी मां की ज़िद हुआ करती थी कि लीला शादी से पहले मेरे साथ बाहर मत घूमे, मुझे मेरे किसी दोस्त के घर न मिले, मेरे साथ किसी रेस्तोरां वग़ैरह में न जाए। जब कभी हम लीला की मां की हिदायतों और पाबन्दियों को तोड़ने की हिम्मत करते थे तो उनके घर झगड़ा उठ खड़ा होता था। हर झगड़े के बाद लीला की मां बीमार पड़ जाती थीं। मैं उन्हें देखने जाता था तो मुझे उस घर में किसी झगड़े की धूल या चुभन महसूस नहीं होती थी। अकेला होने पर जब लीला से मालूम होता था कि उसकी मां की बीमारी का असली कारण उसके साथ उनका झगड़ा था, उसे लेकर उनकी चिन्ताएं थीं, तो मुझे लीला पर बहुत प्यार आ जाता था। मैं कहता, हम आइन्दा बाहर नहीं मिलेंगे। इसीलिए शायद लीला मुझे इस बात को लेकर होने वाले झगड़ों के बारे में ज़्यादा नहीं बताती थी। लीला के पिता को भी हमारा मिलना-जुलना ख़तरनाक नज़र आता था। वे भी यही चाहते थे कि हम उनकी देखरेख में ही मिलें। उनकी देख-रेख ज़्यादा नहीं होती थी। हम जिस कमरे में बैठते थे, उसका दरवाज़ा तो खुला रहता था, लेकिन जितनी देर मैं वहां रहता था, कोई उधर से गुज़रता नहीं था। उस कमरे के साथ वाले कमरे में लीला की मां का पलंग था, जिस पर लेटे-बैठे वे

दीवार के उस पार से हम पर निगरानी रखती थीं, पहरा-सा देती थीं। कभी-कभी मेरे जाने के बाद लीला पर बरस पड़ती थीं, पूछती थीं, तुम इतनी-इतनी देर के लिए चुप-गड़प क्यों हो जाते हो, करते क्या रहते हो, वह आधी रात तक बैठा क्यों रहता है? लीला उन दिनों मुझे या उन्हें सब कुछ नहीं बताती थी। कहती थी, आनन्द के लिए अज्ञान आवश्यक है। लीला के घर में झगड़े और भी ज़रूर होते होंगे लेकिन उनमें मुझे कोई दिलचस्पी नहीं थी, उनके बारे में मुझे कुछ बताने में लीला को कोई दिलचस्पी नहीं थी। हम एक-दूसरे को जानने की हर मुमकिन कोशिश कर रहे थे। लीला के घर वालों की देख-रेख में, उस देख-रेख के बावजूद, कभी-कभी उस देख-रेख के बाहर भी। हम आपसी दूरियां मिटाने की कोशिश कर रहे थे। हर मुमकिन तरीक़े से। बातें भी होती थीं, खामोशियां भी। अन्दाज़ों का सहारा भी लिया जाता था, सवालों का भी। आंखों की सहायता भी लेते थे, दूसरे अंगों की भी। अन्देशों को छिपाते भी थे, दिखाते भी। प्यार की बात बराहेरास्त बहुत कम होती थी लेकिन हर बात और ख़ामोशी और हरकत और तकरार का आधार प्यार ही हुआ करता था। अब ऐसा याद आता है, ऐसा दिखाई देता है। तब कभी-कभी मेरे मन में अनेक मैले संदेह उठ खड़े होते थे। अपने बारे में, लीला के बारे में, हमारे प्यार के बारे में, शादी के फ़ैसले के बारे में। तब कई बार हम उस फ़ैसले को तोड़ देने के क़रीब पहुंच जाते थे। लेकिन अब याद आता है कि हमारे सारे झगड़े प्यार के ही हुआ करते थे। लीला के घर के अधिकतर झगड़े उन दिनों हमारे प्यार से जुड़े हुए ख़तरों को लेकर हुआ करते थे, मेरी उन आदतों और लतों को लेकर हुआ करते थे जिनके बारे में लीला के घर वालों को ख़बर उनके पारिवारिक जासूसों से मिलती रहती थी। यह सब लीला ने मुझे शादी के बाद ही बताया था। तब मुझे हंसी आई थी। शादी से पहले बताया होता तो मुझे दुःख होता, शायद इतना कि मुझे लीला की वफ़ादारी पर भी शक होने लगता। शादी के पहले लीला ने अपने और अपने घर वालों के बारे में मुझे जितना बताया था उतना ही काफ़ी था। इस नतीजे पर मैं बाद में पहुंचा था। उन दिनों मैं उससे शिकायत किया करता था कि वह मुझे सब कुछ बताने में संकोच क्यों करती है, उसे मुझ पर पूरा भरोसा क्यों नहीं। उन दिनों मेरी ज़िद हुआ करती थी कि वह मुझसे कोई कमज़ोरी, कोई ख़याल, कोई अन्देशा, कोई झूठ, कोई ग़लती, कोई आकांक्षा, कोई बेवकूफ़ी, कोई उमंग छिपाकर न रखे। उन दिनों उसकी तरफ़ से ऐसी कोई ज़िद थी न उम्मीद। फिर भी मैं अपने बारे में बहुत कुछ बताता रहता था। क़रीब-क़रीब सब कुछ। वह मना तो नहीं करती थी लेकिन कभी-कभी उसकी आंखों में यह मलाल नज़र आ जाता था कि मैं क्यों अपने सारे पर्दे शादी से पहले ही फ़ाश कर देना चाहता था, कि मैं क्यों उसे संकट में डालने पर तुला हुआ था, कि मैं क्यों इतना वक्त उन बातों में बरबाद कर रहा था जो

देर-सबेर उसे मालूम हो ही जाएंगी। वह कहती तो कुछ नहीं थी लेकिन मुझे लगता जैसे कहना चाह रही हो, बकवास बन्द करो और मेरे बालों को सहलाओ, मेरी आंखों में डूबो, मुझे खींचकर अपने साथ सटा लो। बाद में मुझे अफ़सोस हुआ करता था कि मैंने इतना वक्त उस बकवास में क्यों बरबाद किया। अब वह अफ़सोस उड़ गया है। अब सोचता हूं जो हुआ वही ठीक था, वही होना था, होना चाहिए था। अब उन दिनों को लेकर मेरे मन में कोई पश्चात्ताप नहीं। अब शादी से पहले के वे दिन जब याद आते हैं, मन में नीला-सा उजाला खिल उठता है।

उस शाम घर में जो झगड़ा हुआ था उसकी वजह याद नहीं, व्यथा और व्यर्थता याद है। वैसे उस ज़ुमाने में हर झगड़े का एक कारण हमारा अमिट आर्थिक संकट हुआ करता था। शादी से पहले भी वह संकट हमारी घरेलू कलह को बराबर भड़काया करता था। शादी के बाद वह और भीषण हो गया था, घरेलू कलह और घिनावनी हो गई थी। मुझे कोई हैरानी नहीं होनी चाहिए थी। मुझे मालूम होना चाहिए था कि शादी के बाद का वह दौर बहुत दुशवार होगा। मुझे कोई हैरानी नहीं हुई थी। मुझे सब मालूम था। मैंने तो अपनी तरफ़ से लीला को भी तैयार कर रखा था। लेकिन वह तैयार नहीं हो पाई थी, यह ज्ञान मुझे बाद में हुआ। उसने या तो मेरी सारी बकवास ध्यान से सुनी नहीं थी, या उस पर विश्वास नहीं किया था। शादी के बाद उसने मुझे यह आभास देना शुरू कर दिया कि उसे मेरे उस नर्क के भूगोल का कोई अन्दाज़ा नहीं था जिसमें वह अपनी अर्ज़ी से मेरे साथ चली आई थी। यह आभास मुझे एक बेजा आरोप लगता था। नाक़ाबिले बरदाश्त आरोप। शुरू-शुरू में मैं शिकायत किया करता था—लीला, तुम इस तरह क्यों देखती हो मुझे? मैंने तो पहले ही बता दिया था, सब कुछ। याद है? मैंने तुमसे कोई पर्दा नहीं रखा था। मेरा कोई क़ुसूर नहीं! मैं कड़कता और कुढ़ता रहता था, और लीला मेरी तरफ़ यूं देखती रहती थी जैसे उसने मेरी वह सूरत पहले कभी न देखी हो, वह आवाज़ पहले कभी न सुनी हो। मुझे दुःख भी होता था, गुस्सा भी आता था। जब दुःख की मात्रा और भार अधिक हो जाती तो मैं घर के किसी कोने में जा पड़ता; जब गुस्से की मात्रा और भार अधिक हो जाती तो मैं जो चीज़ हाथ लगती उठाकर फ़र्श या दीवार पर पटख देता, जो मुंह में आता बक देता, जिधर पांव उठ जाते उधर चल देता। मेरी ग़ैर हाज़िरी में लीला को दूसरों से निबटने में और मुश्किल होती। मां उसे दोष देती, बहन मां को, और लीला बौखलाई हुई सी सब सुनती रहती और जब उसका सब्र समाप्त हो जाता तो वह भी उसी धरातल पर उतर आती जिस पर दूसरे सब होते। मैं घण्टों इधर-उधर भटककर घर लौटता तो घर शिकायतों और अभावों और अरमानों के सुलगते हुए किसी घूरे-सा नज़र आता। पिता की आंखें वीरान; मां अपनी अनन्त निराशाओं की धूनी जलाती हुई; बहन

किसी वासी फूल-सी; भाई अपने कच्चे गुस्से में उबलता हुआ; लीला सबसे अलग क्षोभ और हताशा से अटी हुई। मुझे देखते ही सब मेरी तरफ़ यूं देखते जैसे मुजरिम की तरफ़ भी देख रहे हों, मुन्सिफ़ की तरफ़ भी। मैं उस वक़्त किसी जुर्म का इक़बाल कर सकने की अवस्था में होता था न कोई इन्साफ़ कर सकने की अवस्था में। मैं कान लपेट कर लीला के पास जा बैठता। कमरा अन्दर से बन्द कर लेता। बाहर झगड़े का सोया हुआ बाघ फिर जाग उठता। जब तक लीला ख़ामोश रहती, मैं ख़ामोश रहता। जूं ही वह मुंह खोलती, मैं चिंघाड़ना शुरू कर देता। हमारे कमरे के बाहर का शोर यकायक थम जाता। उस ख़ामोशी में अपनी आवाज़ मुझे किसी पागल की सी सुनाई देती।

उस शाम के झगड़े की कोई तफ़सील तो मुझे याद नहीं, इतना याद है कि जब मैं कोई चीज़ दीवार पर पटख़कर पांव पटख़ता हुआ घर से बाहर निकला था तो लीला यूं मेरे साथ हो ली थी जैसे कोई सूजी हुई सीता किसी रुठे हुए राम के साथ। मेरी रूठन उसी वक़्त कुछ ठण्डी पड़ गई थी। मुझे ख़तरा था मां की आवाज़ हमारा पीछा करेगी। मां खुद भी आती सुनाई दे जाती तो मुझे हैरानी न होती। लेकिन किसी ने शायद लीला को बाहर निकलते देखा नहीं था। मैंने भी पूरी तरह तो नहीं देखा था लेकिन वह मेरे साथ चल रही थी। अनायास ही हमारे क़दम तेज़ और लम्बे हो गये थे। जल्द ही हम घर की पहुंच से दूर निकल गए थे। अगर लीला साथ न होती तो मैंने शायद कोई भी बस पकड़ ली होती, उसके आख़िरी स्टाप तक का टिकिट कटवा लिया होता, फिर वहां से कोई और बस पकड़कर उसके आख़िरी स्टाप तक का टिकिट कटवा लिया होता। अकेला होता तो मैं किसी-न-किसी तरह कुछ घण्टे इधर-उधर भटक लेने के बाद थक-टूटकर घर लौट आया होता। लीला ने कोई ख़ास कपड़े पहने हुए थे न कोई ख़ास बनाव-सिंगार किया हुआ था। उसके बालों में घरेलू झगड़ों का उलझाव गुंथा हुआ था, उसकी आंखों में उनकी धूल अटी हुई थी। मुझे कुछ याद नहीं कि उस झगड़े में उसकी क्या भूमिका रही थी, मेरा कुसूर क्या और कितना था, आर्थिक अभाव का दोष कितना था। मुझे लीला का मेरे साथ हो लेना अच्छा लग रहा था। मैं यह एहसास किसी तरीक़े से उस तक पहुंचाना चाहता था। चलते-चलते मैं कुछ कहना चाहता था न उसकी आंख से आंख मिलाना चाहता था। ख़तरा था कि कोई भी ग़लती हो गई तो वह साथ छोड़ देगी। घर लौट जाएगी या अकेली ही किसी दूसरी ओर चल देगी। हम अब उस सड़क के किनारे खड़े थे जिस पर बाएं मुड़ जाने पर हम लीला के मायके के घर की ओर जा सकते थे, दाएं मुड़ जाने पर आबादी से अलग पेड़ों और पहाड़ियों के एक ख़ूबसूरत पड़ाव में जिसके उस पार फिर मकानों और इन्सानों की भीड़ शुरू हो जाती थी। सूरज उन्हीं पेड़ों और पहाड़ियों के पीछे कहीं डूब रहा था। मैं झगड़े की जलन से मुक्त तो नहीं हुआ था

लेकिन लीला मेरे साथ खड़ी थी और शाम हमारे सामने थी और घर पीछे छूट गया था। घर मेरी घबराहट को बढ़ाता था। घर की याद मेरे हर जोश को झुलसा देती थी। लीला उस शाम अपने आप घर छोड़कर मेरे साथ हो ली थी। शायद उसने भी मान लिया हो कि घर में शान्ति असम्भव है। आम तौर पर जब कभी मैं कहीं बाहर जाने की बात करता तो लीला उस बात को अनेक आपत्तियों से दबा देती थी। उन आपत्तियों का ठोस आधार आर्थिक ही हुआ करता था। लीला एक क्षण के लिए भी न खुद भूलती थी न मुझे भूलने देती थी कि हमारी हालत खराब थी, हमारा बोझ बहुत था, हमारा भविष्य कठिनाइयों का एक जंगल था, हमें कोई फ़ज़ूलखर्ची नहीं करनी चाहिए। मुझे उसकी सतर्कता पर खुश होना चाहिए था, लेकिन मुझे लगता जैसे वह मेरी सहायता नहीं, भर्त्सना कर रही हो, शिकायत कर रही हो। मुझे अपने आप पर तो गुस्सा आता ही था, उस पर भी आता था। मैं चाहता था कि वह तमाम घरेलू परेशानियों से पलायन करने में मेरी मदद करे। वह चाहती थी कि मैं उसके साथ बैठकर घरेलू समस्याओं के समाधान जुटाऊं। नहीं, मैं उस उलझाव के साथ न्याय नहीं कर रहा जिसका दूसरा नाम हमारा घर था।

हम उस सड़क के किनारे खड़े थे और दिन दम तोड़ रहा था। कुछ देर बाद अंधेरा हो जाएगा और हम वहीं से घर लौट जाएंगे। घर में वही झगड़ा फिर हमें अपनी लपेट में ले लेगा। अगर लीला साथ न होती तो शायद मैं किसी दोस्त के घर चला जाता। दोस्तों के घर मुझे अपने घर से अच्छे लगते थे। ज़्यादा साफ़, सुथरे, शान्त, कुछ एक सुन्दर। बचपन में मैं अपने दोस्तों की मांओं को अपनी मां से ज़्यादा कुशल, ज़्यादा ममतालु, ज़्यादा साफ़, ज़्यादा गुणी समझता था। यही बात दोस्तों की बहनों के बारे में। दोस्तों के पिता और भाई मुझे अपने पिता और भाई से बेहतर नज़र नहीं आते थे। पिता की कमज़ोरियों पर मुझे गुस्सा नहीं आता था, दया आती थी, या फिर कभी-कभी शर्म। लेकिन वह शर्म इतनी और ऐसी नहीं होती थी कि ख्याल आये काश वे मेरे पिता न होते। मां और बहन की हर बात और हरकत पर मुझे गुस्सा भी आता था, शर्म भी आती थी, दया भी। गुस्से में यह विश्वास घुलामिला रहता होगा कि वे दोनों कभी बदलेंगी नहीं। और यह आशंका भी कि मैं उन दोनों से भिन्न नहीं, कि मुझमें भी वे तमाम दोष हैं जो मुझे उनमें दिखायी देते हैं, जिनसे मैं परेशान रहता हूं। और यह अन्देशा कि मैं उन दोषों से कभी मुक्त नहीं हो सकूंगा। शर्म में यह हसरत मिली रहती होगी कि काश मेरी मां मेरी मां न होती, मेरी बहन मेरी बहन न होती। इस हसरत से डर लगता था। ऐसा डर किसी और ख्याल से नहीं लगता था। दया में यह भ्रम बैठा रहता होगा कि मैं उन दोनों से भिन्न हो सकता हूं, बेहतर हो सकता हूं, उनके से दोषों से मुक्त हो सकता हूं, उनके स्नेह से मुक्त हो सकता हूं। बचपन में ही मैंने घर से

भागना शुरू कर दिया था और साथ ही यह महसूस करना कि घर कभी मेरा पीछा नहीं छोड़ेगा। भागना अपने आपको बचाये रखने के लिए ज़रूरी था, लेकिन चूंकि बचाव क़रीब-क़रीब नामुमकिन था इसलिए भागने की हर कोशिश बेकार नज़र आती थी। लीला के साथ शादी के बाद यह बेकार कोशिश छूट जानी चाहिए थी। मुझे मान लेना चाहिए था कि घर के बंधन अनिवार्य हैं, कि घर एक नियति है, कि जिस घर में जन्म होता है वह घर अन्त तक हमें घेरे रहता है, कि आप उसे कितना तोड़ें-फोड़ें, बदलें, वह टूटता-फूटता बदलता नहीं, कि घर में रहना सीखना चाहिए, घर से भागना नहीं। लीला से शादी के बाद घर को नकारना अपनी शादी को नकारने के बराबर था। शादी के बाद मुझे चाहिए यह था कि मैं लीला के साथ मिलकर अपने घर की अप्रियता को कुछ कम करूं, उसकी समस्याओं का सामना करूं, उन्हें सुलझाने के उपाय जुटाऊं, घर में रहना सीखूं, दूसरों को बरदाश्त करना सीखूं, उसी घर में से एक ऐसा कोमल कोना निकाल लूं जिसमें लीला और मैं कुछ देर के लिए चैन ले सकें, दूसरों से दूर हो सकें, उन्हें दिखा सकें कि उस घर की फ़ज़ा को बदलना नामुमकिन नहीं। मुझे जो करना चाहिए था मैंने नहीं किया। लीला के दुःख का असली कारण शायद यही था। उसे निराशा मेरे घर से नहीं हुई थी, मुझसे ही हुई थी। उसका प्रतिद्वन्द्वी मैं ही था, कोई और नहीं।

उस शाम लीला को अपने साथ हो लेते देख मुझे राहत इस ख्याल से ही मिली होगी कि वह मेरी तरह घर से भागने की बेकार कोशिश कर रही थी, कि उसने मेरी बात मान ली थी, कि उसने मुझे घरेलू बनाने का ख़याल छोड़ दिया था। इस ख़याल में उस वक़्त इतनी सफ़ाई नहीं रही होगी। मेरी उस राहत को यह अन्देशा ज़रूर डस रहा होगा कि वह मेरा साथ नहीं दे रही थी, मेरा पीछा कर रही थी। इस अन्देशे के कारण ही शायद मैं उस सड़क पर खड़ा किसी ऐसे संकेत की प्रतीक्षा कर रहा था जिससे स्थिति साफ़ हो जाए। लीला अपने अस्त-व्यस्त कपड़ों और बालों के वावजूद नव-विवाहिता नज़र आ रही थी। मैं अपने विक्षिप्त हाव-भाव के कारण उसका विक्षुब्ध पति नज़र आ रहा था। बालिग़ होते हुए भी हम दोनों नाबालिग़ नज़र आ रहे होंगे। कोई हमें देख रहा होता तो यही समझता कि हम फ़ैसला नहीं कर पा रहे थे कि सिनेमा देखने जाएं या यूं ही कनाट प्लेस की सैर करने। सिनेमा देखने का शौक़ लीला को था न मुझ। कनाट प्लेस की सैर में भी हमें कोई मज़ा नहीं आता था। वहां घूमते-घूमते भी हम घर से बंधे रहते थे। मैं न जाने क्या कहने के लिए मुंह खोल ही रहा था कि लीला ने कहा—रिज्ज की तरफ़ चलें? और हम दाएं मुड़ गये। मुझे उस शाम के झगड़े की कोई वजह या तफ़सील याद नहीं, लेकिन यह याद है कि लीला की बिन्दी बिखरी हुई थी, उसके जूड़े में उलझा क्लिप गिरने को था, उसकी गरदन पर घरेलू धूल की एक झीनी-सी परत थी, उसकी आवाज में मुझे

किसी परिन्दे की पुकार सुनायी दी थी, उसकी चाल में चुस्त-सी लचक देख कर मैं आश्वस्त हुआ था, उसकी शलवार नीली थी, चुनरी काली। रिज्ज वहां से बहुत दूर नहीं था। चढ़ाई के बावजूद चन्द ही मिनटों में हम उस जगह पहुंच गये थे जहां से एक पगडण्डी पेड़ों के पैरों में से होती हुई उन चट्टानों की गोद में जा गिरती थी जहां मैं शादी से पहले अक्सर सैर के लिए जाया करता था और जहां शादी से पहले मैंने एक बार लीला के साथ पिकनिक-सी की थी। उस शाम लीला के घर झगड़ा हुआ था। लीला ने बताया था कि उसकी मां ने उसे एक थप्पड़ मारा था और उसके पिता ने उसे एक गाली दी थी। बताते वक़्त लीला रो भी रही थी, हंस भी। मुझे उसकी यह प्रतिक्रिया पसन्द आयी थी। लीला शादी से पहले जब कभी अपने घर में होने वाले झगड़ों के बारे में मुझे बताती तो मुझे लगता जैसे वह जितना बता रही थी, उससे ज़्यादा छिपा रही थी। शिकायत करता तो कहती, तुम्हें असली वास्ता मुझसे है या मेरे घर वालों से ! उसके मुंह से यह दलील सुनकर मुझे तसल्ली होती। महसूस होता लीला अपने घर वालों से उतनी आक्रान्त नहीं जितनी वह अक्सर लगती थी। जब मैं अपने घर के बख़िये उधेड़ रहा होता तो वह कभी यह न कहती, तुम क्यों मुझे अपने घर और घर वालों के बारे में बताते रहते हो, मुझे वास्ता तुमसे है या तुम्हारे घर वालों से। वह जानती थी—मैं भी जानता था—कि शादी के बाद उसे मेरे ही घर में घर बनाना पड़ेगा। मैं शायद अपने तरीक़े से उसे इस कठिन काम के लिए तैयार कर रहा था। शादी के बाद मुझे कभी-कभी यह लगता था कि मुझे उसकी तैयारी की चिन्ता नहीं करनी चाहिए थी, कि वह पहले से ही तैयार थी, कि उसके घर वालों ने उसकी तैयारी में कोई कमी नहीं छोड़ी थी। शादी के बाद उसकी तैयारी देखकर मैंने मन ही मन दहलना शुरू कर दिया था। मुझे ख़ुश होना चाहिए था कि जिन स्थितियों से संभलने की क्षमता मुझ में नहीं थी, लीला उनसे संभल सकेगी। लेकिन मैंने निराश होना शुरू कर दिया था। मैं लीला को गृहिणी की भूमिका में नहीं, संगिनी की भूमिका में देखना चाहता था—यह जानते हुए भी कि मेरे घर में आम हिंदुस्तानी घरों की तरह गृहिणी गुज़ारा कर सकती थी, संगिनी नहीं। गृहिणी संगिनी भी हो सकती है, मैं सैद्धान्तिक रूप से यह स्वीकार करने के लिए तब भी तैयार था, अब भी तैयार हूं। लेकिन प्यार मैंने संगिनी से ही किया था, गृहिणी से नहीं। शादी के बाद हर संगिनी को गृहिणी भी बनना पड़ता है, यह भी शायद मुझे मालूम रहा हो, लेकिन मैं चाहता यह था कि लीला को गृहिणी बनने में देर लगे, दिक़्क़त हो। दिक़्क़त तो उस बेचारी को हो रही थी लेकिन मैं अंधा था। मुझे उसकी दिक़्क़त कम दिखायी देती थी, यह संभावना अधिक खलती थी कि वह घर की होकर रह जाएगी। शादी से पहले की शामों पर भी मेरे ही संशय और संकल्प हावी रहते थे। शादी के बाद संकल्प समाप्त हो गये थे, संशय और प्रबल हो गये थे। संशयों

में एक संशय यह भी शामिल हो गया था कि जिस लीला से मैंने प्यार किया था उसने शादी के बाद बदलना शुरू कर दिया था। नहीं, मेरा असली संशय, शायद यह था कि शादी के बाद वह अपने असली रूप की झलक दिखा रही थी! वह रूप कुरूप नहीं था। मुझे उस पर ख़ुश होना चाहिए था, उससे यह आश्वासन लेना चाहिए था कि वह मेरी ही तरह पलायनवादी नहीं, कि उसमें वास्तविकता का सामना करने की ताक़त है, कि वह व्यवहार-कुशल है, कि वह दुनियादार है, कि वह मेरे और मेरे घर वालों की तरह निकम्मी नहीं। नहीं, मैं उस पर कोई व्यंग्य नहीं कर रहा, अपने और अपने घर वालों को उससे बेहतर नहीं मान रहा। मैं अपने ज़ेहनी उलझाव को समझने की कोशिश कर रहा हूं। उस शाम के झगड़े की बारीकियां तो याद नहीं लेकिन इतना याद है कि उसके दौरान मैं दुखता इस एहसास से रहा था कि लीला मेरे साथ नहीं, मैं अपने घर वालों के साथ तो नहीं लेकिन लीला के साथ भी नहीं, मेरे घर वाले लीला के साथ तो नहीं, मेरे साथ भी नहीं। मैं अकेला था। लीला अकेली होते हुए भी बिलकुल अकेली नहीं थी। बाक़ी घर वाले भी एक-दूसरे के साथ नहीं थे—मां किसी के साथ नहीं थी, पिता सब के साथ थे लेकिन कुछ इस तरह से कि किसी को उनके साथ होने का एहसास नहीं होता था, बहन अपने दुःख में निपट अकेली थी, लेकिन वैसे वह भी पिता की तरह दूसरों के साथ थी, भाई हम सब में से कच्चा था और किसी के साथ ज़्यादा देर तक नहीं रह सकता था क्योंकि उसकी हालत वही थी जो मेरी तब से दस बरस पहले हुआ करती थी, लेकिन नहीं, उसकी हालत और ख़राब थी क्योंकि तब से दस साल पहले मुझे अपने से बड़े किसी बेरुख़ भाई और उसकी बीवी से निबटना नहीं पड़ता था, भाई की कठिनाई और उसका अकेलापन सबसे ज़्यादा भीषण थे। हमारा घर अकेले व्यक्तियों का एक छोटा-सा समूह था, एक घुला-मिला परिवार नहीं था। बाक़ी घर वाले किसी-किसी झगड़े के दौरान कई बार एक-दूसरे से मिल जाते थे। लेकिन लीला और मैं किसी भी झगड़े के दौरान और अकेले हो जाते थे, और अलग जा पड़ते थे। उस शाम के झगड़े के दौरान हम दोनों एक-दूसरे से बहुत दूर जा पड़े थे। इसलिए भी लीला के साथ उस पगडण्डी पर चलते हुए और शादी से पहले उसके साथ वहीं कहीं बिताये कुछ घण्टों की याद से खेलते हुए मैं सहसा घरेलू कलह से और लीला के बारे में अपने संशयों से मुक्त हो गया था। पगडण्डी पर क़दम रखते ही मैंने लीला का हाथ अपने हाथ में ले लिया था। लीला ने मेरे दबाव का जवाब तो नहीं दिया था लेकिन हाथ छुड़ाया नहीं था। मैं इतना तो समझ गया था कि वह अभी घर से बाहर नहीं आयी थी, लेकिन मुझे यह ख़तरा हरगिज़ नहीं था कि चट्टानों के उस नंगे बाग़ में पहुंचते ही वह मुझ पर फट पड़ेगी।

जब तक हम पेड़ों में से बहती हुई उस पगडण्डी पर चलते रहे, लीला का

हाथ मेरे हाथ में रहा। उसके हाथ में हरकत और हरारत नहीं थी लेकिन मैंने सोचा वह उस झगड़े के बारे में सोच रही होगी, अगर मैं ख़ामोश रहूंगा तो कुछ देर बाद वह अपने आप उस सोच को एक तरफ़ फेंक देगी। पेड़ ख़ामोश थे। परिन्दे दूध पीते बच्चों की तरह रंगीन किलकारियां मार रहे थे। सूरज डूब चुका था। उसकी शर्म का गुबार क्षितिज पर बिखरा हुआ था, पेड़ों की टांगों में से मुझे उसकी झलक कहीं-कहीं दिखायी दे जाती थी। हमारे पैरों के नीचे सूखे पत्ते पापड़ों की तरह चरमरा रहे थे। पगडण्डी किसी लम्बे सूखे आंसू की तरह बल खाती हुई बिछी हुई थी। मैं लीला के हाथ को सहला रहा था और जवाबी हरकत-हरारत का इन्तज़ार कर रहा था। लेकिन जूं ही हम उस छोटे-से जंगल से बाहर निकल चट्टानों के उस कठोर बाग़ के किनारे रुके, लीला ने अपना हाथ खींच लिया। मैंने उसकी तरफ़ देखा। उसकी आंखें दूर बुझते हुए क्षितिज पर जमी हुई थीं, उसके होंठ भिंचे हुए थे, उसकी मुट्ठियां बंधी हुई थीं, उसकी गरदन पर एक उभरी हुई नस किसी महीन रस्सी-सी दिखायी दे रही थी, उसके कन्धों में हल्का-सा कम्पन था, उसकी चुनरी उसके पांव में गिरी पड़ी थी, उसका वक्ष हिलोरें ले रहा था। एक ख़्वाहिश हुई कि उसे पकड़कर सीने से लगा लूं और बेतहाशा चूमना शुरू कर दूं और चूमते-चूमते उसे उस पथरीले बिस्तर पर लिटा कर उसके कपड़ों को तार-तार कर दूं। उसके गुस्से ने उसके कुछ अंगों को तो विकृत कर दिया था, लेकिन उसके रंग में ऐसी आग लगा दी थी जिसकी लौ में वे विकृत अंग भी सुन्दर नज़र आ रहे थे। बहुत बरस बाद मैंने उसके उस प्रचण्ड रूप का नाम रख दिया था : चण्डी का रूप। इस नाम पर उसे कभी तो हंसी आ जाती थी, कभी इतना गुस्सा कि मैं मन-ही-मन जप उठता : महाचण्डी का रूप। पहली बार उसका यह नाम मेरे मन पर उसी शाम लपका था। मज़ाक़ और मज़म्मत में लिपटा हुआ। दूसरी ख़्वाहिश हुई थी कि उसका हाथ फिर पकड़ लूँ और नाटकीय अन्दाज़ में कहूं, लीला, मेरी जान, बात क्या है ? तीसरी ख़्वाहिश हुई कि कड़क कर पूछूं, हुआ क्या ? चौथी ख़्वाहिश हुई कि ख़ामोश उसे देखता रहूं और उसकी ख़ामोशी के विस्फोट का इन्तज़ार करूं। ख़्वाहिशों की गिनती बाद में की थी। उस वक़्त किसी हिसाब की होश नहीं थी, न ही यह ख़बर थी कि क्या-क्या ख़्वाहिशें हो रही हैं। उस वक़्त उसकी हालत मुझे बदहवास कर रही थी। महसूस हो रहा था जैसे मेरा सब कुछ उजड़ने को हो। मेरे होंठ भी भिंच गये थे, मेरी मुट्ठियां भी बंध गयी थीं, मुझे भी आग-सी लग गयी थी। कोई तटस्थ तीसरा हमें देख रहा होता तो सोचता हम एक-दूसरे की नक़ल उतार रहे थे ! तटस्थ तीसरा भी मैं ही था—अपनी हर करतूत पर कड़ी नज़र रखने वाला, अपना हर परदा फ़ाश करने वाला, अपना अचूक आलोचक। एक तरफ़ तो मैं पागल हुआ जा रहा था, दूसरी तरफ़ मुझे अपना पागलपन और उसका

प्रकोप बराबर बेहूदा लग रहे थे। हर तरफ़ बिखरी पड़ी बड़ी चट्टानें हमारा मुंह चिढ़ा रही थीं, और शायद सर फोड़ लेने के लिए आमन्त्रित कर रही थीं। उस वक़्त उस वीराने में पड़ी वे चट्टानें किसी घर के अंधेरे में पड़े चाकुओं के समान थीं। क्रोध और निराशा से कसे हुए व्यक्तियों के आसपास कोई चाकू, पत्थर, क़ैंची, हथौड़ा वग़ैरा नहीं होना चाहिए। उन चट्टानों को तो ख़ैर कोई भीम या भस्मासुर ही उठा सकता था लेकिन वहां ऐसे पत्थरों की भी कोई कमी नहीं थी जिन्हें हम दोनों उठा सकते थे। यह ख़्याल शायद मेरी किसी ख़ुफ़िया ख़्वाहिश का ही आया रहा होगा। शायद यह ख़्याल उसके मन में भी आया हो। न जाने कैसे चट्टानों का वह बाग़ अखाड़े में बदल गया था। अपनी बदहवासी के बावजूद या किस कारण मैं कोई पहल न कर सका। अपलक उस लीला की ओर देखता रहा जो न जाने क्या कहने-करने वाली थी। आसपास नज़र डाली। कोई न था। शायद वह अखाड़ा हम जैसों के लिए ही बनाया गया था। रह-रह कर ख़्याल आ रहा था कि हमें बैठ जाना चाहिए, कि खड़े रहना ख़तरनाक होगा। मैं लीला के सामने उसके इतना क़रीब खड़ा था कि वह चाहती तो मुझे एक चपत मार सकती थी, चाहती तो एक क़दम बढ़कर अपना सर मेरे सीने पर रख सकती थी। वह मुझे दिखायी तो दे रही थी लेकिन झिलमिलाती हुई सी। मेरी आंखें डबडबा चुकी थीं। अब मेरा सारा ध्यान मेरे आंसुओं में था—मैं उन्हें आंखों में ही रखना चाहता था। मैंने अपने आपसे शर्त-सी बांध ली थी कि अगर वे आंसू ढुलक गये तो मेरी हार होगी, वर्ना उसकी। मैं हार और जीत तक क्यों जा पहुंचा था। अभी तो हमारी शादी को तीन महीने भी नहीं हुए थे। मुझे उस शर्त पर शर्म आने लगी। उसी शर्म के मारे मैंने उल्टे हाथों से अपनी आंखें पोंछ लीं। कुछ नमी हाथों पर उतर आयी, कुछ गालों पर। जो आंखों में बची रह गयी उसके कारण लीला की सूरत अब भी झिलमिलाती थी लेकिन पहले से कम। मैंने देखा कि उसकी आंखों में भी आंसू रुके हुए थे। सोचा, उसे मेरी सूरत झिलमिलाती हुई नज़र आ रही होगी। ख़्याल आया शायद उसने भी अपने आप से शर्त बांध रखी हो, शायद उसे भी अपनी शर्त पर शर्म आ रही हो। फिर भी यह देखकर दिल उछल पड़ा कि उसने भी अपने उल्टे हाथों से आंखें पोंछ लीं। अब उसकी सूरत मेरी आंखों में स्थिर हो गयी थी, कुछ क्षण बाद मेरी सूरत उसकी आंखों में स्थिर हो जाएगी। हमारे होंठ ढीले पड़ गये थे। मुट्ठियां पहले ही खुल चुकी थीं। उसने दृष्टि क्षितिज से हटा ली थी। उसके वक्ष में ठहराव आ गया था। हमारे कन्धों में अब कोई कम्पन नहीं था। मैंने सोचा, अखाड़ा फिर बाग़ में बदल गया है। मैं एक चट्टान पर बैठ गया और उसके बैठ जाने का इन्तज़ार करने लगा, ऊपर उसकी तरफ़ देखता हुआ। उसकी आंखें मुझ पर झुकी हुई थीं। अगर उनमें आंसू होते तो शायद कोई क़तरा मेरे होंठों या मेरी नाक पर

आ टपकता। शादी के बाद उसी शाम पहली बार हमारी आंखों में एक साथ पानी आया था। मैंने बैठे-बैठे उसकी ओर हाथ बढ़ाया। मेरा हाथ कुछ पल हवा में उठा रहने के बाद लौट आया। लीला उसे छुए या थामे बग़ैर पास ही पड़ी एक दूसरी चट्टान पर जा बैठी थी। मेरा दिल फिर बैठ गया। कुछ देर हम ख़ामोश बैठे रहे। वह अपने पैरों को घूर रही थी, मैं अपने पैरों को। पैरों का कोई कुसूर नहीं था। मुझे इस ख़्याल पर हंसी आ गयी। मेरा ख़्याल था वह पूछेगी, हंस क्यों रहे हो? मैं चाहता था कि वह पूछे ताकि मैं उसे हंसी का कारण बता सकूं, जिसके बाद उसे भी हंसी आ जाए। चट्टानों पर अंधेरा उतर रहा था। अंधेरे से पहले तनाव ख़त्म हो जाना चाहिए। मैंने कहा—लीला! उसने सर उठा कर मुझे देखा। उसकी आंखें साफ़ थीं। मैंने कहा—पछता रही हो? मेरा ख़्याल था, वह ख़ामोश रहेगी और मैं उठकर उसके पास जा बैठूंगा। वह बोली—हां, पछता रही हूं। उसकी आवाज़ सख़्त और साफ़ थी—निर्द्वन्द्व। मैं जानता था कि उसका जवाब झूठा था। वह मुझे कष्ट देना चाहती थी। वह कष्ट देने में सफल हो गयी थी। मुझे उठकर उसके पास जा बैठना चाहिए था। मुझे चुप रहना चाहिए था। लेकिन मैं ग़लत रास्ते पर लुढ़क गया। कहा—क्यों? मुझे कुछ मालूम नहीं था कि वह क्या कहेगी। मेरा 'क्यों' शायद उसके लिए था ही नहीं। मैंने शायद उसे बोला नहीं था जितना सोचा था, लेकिन उस खुले माहौल में वह 'क्यों' यूं गूंज उठा था जैसे उन चट्टानों ने आवाज़ को ज़र्ब दे दी हो। लीला की तरफ़ देखने की हिम्मत मुझमें नहीं रही थी। तब एक पत्थर मेरी तरफ़ आया। अगर मैं झट से झुक न गया होता तो वह मेरे सर या मुंह पर लग सकता था। झुके-झुके ही मैंने कहा—पागल हो गयी हो, लीला? मैंने दूसरे पत्थर की प्रतीक्षा में आंखें मूंद ली थीं। लीला ने पत्थर तो नहीं मारा लेकिन एक शब्द मारा : हां! उसकी यह 'हां' उसकी पहली 'हां' से भी ज़्यादा सख़्त और साफ़ थी—निर्द्वन्द्व। मैंने आंखें खोलकर उसे देखा। लगा वह मुझसे बहुत दूर बैठी हो। मैं उठकर उसके पास जा खड़ा हुआ। मेरे गले में एक पत्थर-सा अटका हुआ था। मैं कुछ कहने के बजाय कुछ करना चाहता था। वह बैठी रही। उसका ढीला जूड़ा उसकी गरदन पर किसी काले गुलाब-सा दिखायी दिया। उसे खींचने की ख़्वाहिश भी हुई, सहलाने की भी। मैं उसके हाथ के इन्तज़ार में था। उसके हाथ में एक पत्थर था। मैं उस पत्थर के इन्तज़ार में भी था। उसने वह उस चट्टान को दे मारा जिस पर कुछ क्षण पहले मैं बैठा हुआ था। एक करारी सफ़ेद आवाज़ पैदा हुई और मर गयी। अपने गले में अटके पत्थर के बावजूद मुझे हंसी आ गयी और मैंने उसके बालों को सहलाना शुरू कर दिया। कुछ क्षण उसका सर अकड़ा रहा, फिर मेरी जांघों के साथ सट गया। वह रो रही थी। कुछ ऐसे जैसे हंस रही हो। मेरी हंसी बुझ गयी। मेरे गले में अटके पत्थर में कांटे उग आये थे। मैं उसके क़दमों में बैठ

गया। मैंने कहा—लीला, मुझे मुआफ़ कर दो। वह एक चीख़ मार कर मुझ पर गिर-सी पड़ी। मैं अधलेटा-सा उसकी आंखों के नमक को चूमता-चूमता किसी ऐसे आलम में पहुंच गया जहां हम दोनों के जवान नंगे जिस्मों पर फूलों की वर्षा हो रही थी।

× × ×

इस तसवीर में लीला सिग्रेट पी रही है। उसके बाल उसकी खोपड़ी से चिपके हुए हैं। उसके बाल बहुत पतले हैं, भीगकर बेजान हो जाते हैं, उसका सर बहुत छोटा लगने लगता है और उसका माथा चौड़ा और नंगा। इस तसवीर में वह सिग्रेट पी रही है। उसकी आंखों में धुआं जा रहा होगा और शायद धूप भी—वे यूं सिकुड़ी हुई हैं जैसे दो नन्हे मुन्हे शरारती मुंह हवा को चूमकर सामने बैठे किसी व्यक्ति को उकसा रहे हों। उसके मुंह में सिग्रेट है। सिग्रेट ख़त्म होने को है। धुएं के धागे साफ़ दिखाई देते हैं। लीला के होंठ एक नन्ही-सी मुट्ठी बनाए हुए हैं जिसमें से सिग्रेट किसी सफ़ेद कली-सा फूटता हुआ दिखाई देता है। बाक़ी का चेहरा साये में है। तसवीर मैंने ही ली थी। एक आंख को अंगुली से दबाकर। बड़ी मुश्किल से। कैमरे में हल्का-सा कम्पन था। लीला को हंसी आ गई थी। सिग्रेट एक बार नीचे गिर गया था। मैंने कहा था—जल जाओगी। लीला ने सिग्रेट उठाते हुए कहा था—जल गई हूं। मैंने कहा था—बुझ गया होगा। उसने सिग्रेट को फूंक मार कर फिर होंठों से दबा लिया था। मैंने कहा था—नया सुलगा लो। उसके होंठ फिर एक नन्ही मुट्ठी में कस गए थे, उसकी आंखें धुएं और धूप के कारण सिकुड़ कर हवा को चूमते हुए चार नन्हे-मुन्हे शरारती होंठों में बदल गई थीं, और मैंने बटन दबा दिया था। इस तसवीर में लीला के हर अंग से शरारत फूटती या उठती नज़र आती है। कैमरे के कम्पन के कारण तसवीर स्थिर नहीं, जिससे लीला का जिस्म किसी झीनी-सी धुन्ध में झूमता हुआ नजर आता है। सिग्रेट सुलगाने से पहले उसने शेम्पेन का एक गिलास खत्म किया था। धुएं और धूप के अलावा उसकी आंखों में उस जाम की खुमारी भी है। सिग्रेट के अलावा उसके होंठों में उस शेम्पेन की महक भी है। उसका जिस्म धुन्ध में झूमता हुआ महसूस होता है तो सिर्फ़ मेरे अनाड़ीपन के कारण नहीं, शेम्पेन के नीले नशे के कारण भी। मैं कैमरे को ठीक तरह से फोकस नहीं कर पाया था। एक अंगुली से बायीं आंख दबा रखी थी—चश्मे के नीचे से—और दाईं आंख के शीशे से कैमरे का लैंज़ रगड़ खा रहा था। लीला को हंसी आ रही थी, और किसी आवारा लड़के की तरह सिग्रेट पीने का शरारती-सा मज़ा। इस तसवीर में अपने लम्बे पतले गीले बालों और बिफरे हुए सीने के बावजूद वह बारह-चौदह साल की किसी ऐसी शरारती बच्ची-सी भी नज़र आती है जिसने कई वर्जनाओं को एक साथ तोड़ दिया हो और अपने साहस पर इतरा रही हो। सोच रही हो,

मां को पता चल गया तो क्या होगा? इस सोच पर सहम भी रही हो, सिहर भी। इस तसवीर को देखकर कोई नहीं कह सकता कि लीला तीन बच्चों की मां है, कि उसकी बड़ी लड़की दस साल की है। इस तसवीर में लीला खूबसूरत उतनी नज़र नही आती जितनी खुश और बेख़ौफ़। दो पीस का नीला स्विमिंग सूट इस तसवीर में काला नज़र आता है। लीला ने पेट पिचका रखा है, जिससे यूं लगता है जैसे स्विमिंग सूट के नीचे वाला हिस्सा नीचे खिसकने को हो, ऊपर वाला खुलकर ऊपर उड़ जाने को। नहीं, यह भ्रम सिर्फ़ लीला के पेट पिचका रखने से पैदा नहीं होता। उसकी दाईं एड़ी उठी हुई है, दोनों हाथ कोई ऐसी मुद्रा-सी बना रहे हैं जो किसी अर्धनग्ना नर्तकी की भी हो सकती है और कपड़े उतारती किसी कामिनी की भी। उसका स्विमिंग सूट बेगाना और अनावश्यक नज़र आता है, उसका शरीर उसे झटक देने की कोशिश में। लीला के इर्द-गिर्द हवा उड़ती हुई महसूस होती है। उसके पीछे असीम सागर है, उस पर झुका हुआ आकाश है, सुदूर क्षितिज है। उसके पैरों में सामने चमकती-दमकती रेत है। तसवीर में और कोई नहीं। इतने बड़े सागर के तट पर इतने बड़े आकाश के नीचे इतनी सारी रेत के ऊपर दो पीस के स्विमिंग सूट को उतारती हुई सी सिग्रेट पीती सिकुड़ी हुई आंखों से हवा को चूमती हुई मदमस्त लीला के झूमते हुए जिस्म से धुआं-सा उठ रहा है। इस तसवीर में लीला निश्चिन्त नज़र आती है। पानी और आकाश और हवा और रेत की तरह निश्चिन्त। उसकी छातियां अमन की फ़ाख्ताएं। उसके कन्धे भीगे हुए कमल। उसकी गरदन एक तिरछी लकीर। उसके हाथों में अनजानी मुद्राएं। उसके पेट की इकलौती आंख की अन्धी ख़ामोशी। उसकी कमर का हलका-सा ख़म। उसके नितम्बों में से उभरती हुई दो हड्डियां। जांघों के बीच कपड़े के पीछे उभरी छिपी धुंधराली त्रिकोण। उसके पैरों में से उठती हुई उसकी बेझिझक टांगें। उसकी उठी हुई दाईं एड़ी। उसके भीगे हुए पतले बाल, उसका चौड़ा मैदान-सा माथा। उसकी तेज़ नाक। उसकी गालों की उभरी हुई हड्डियां। उसकी त्वचा की रोशनी। इस तसवीर में लीला एक लैला बनी खड़ी है। नटखट आधुनिक लैला। सुघड़ सयानी बीवी नहीं। बीवी नहीं, बाला। मदन विह्वला। घर के घेरे से आज़ाद। गृहस्थी की धूल का एक कण कहीं नहीं। आज यह तसवीर बरसों बाद देखी है। महसूस होता जैसे लीला में छिपी किसी दूसरी औरत को देख लिया हो। यह दूसरी औरत नक़ली नज़र नहीं आती। इस रूप में लीला कोई अभिनय करती नज़र नहीं आती। उसकी देह में से जो धुआं उठ रहा है वह सिग्रेट और शेम्पेन और सागर और आकाश के कारण नहीं। लेकिन अगर यह समां न होता तो शायद लीला इस रूप में आ ही नहीं पाती। इस तसवीर को देखते-देखते पत्थरों के उस बाग़ में पहुंच गया हूं जहां शादी के बाद के कठिन दौर में एक शाम हमने शायद एक-दूसरे को मार डाला होता। उस शाम की तसवीर

मेरी स्मृति में सुरक्षित है। शायद लीला की में भी हो। उस तसवीर को हमने साथ-साथ कभी नहीं देखा इसको कई बार देखा है। हर बार यह हसरत सुलग उठती है, ऐसी तसवीरें इतनी कम क्यों है। फिर ख्याल आता है कि लीला की एक तो है, मेरी तो एक भी नहीं। मैं किसी भी तसवीर में उन्मुक्त नज़र नहीं आता। हर तसवीर में मेरा वही रूप नज़र आता है जो मुझे प्रिय है न लीला को—ऊब का मारा हुआ जंजाल में जकड़ा हुआ, किसी बेक़रार क़ैदी की सी रूखी-रूखी सूरत, किसी मुजरिम का सा मुरझाया हुआ चेहरा, किसी डरपोक चोर की सी अस्थिर आंखें। हर तसवीर में मैं हारा हुआ नज़र आता हूं। एक भी तसवीर में मैं निश्चिन्त नज़र नहीं आता। इसलिए भी लीला की यह तसवीर अब तक मेरी जान निकाल कर रख देती है। इसे फिर देखूंगा।

× × ×

लीला : हो आये ?

मैं : हां, हो आया।

लीला : आज कैसा रहा ?

मैं : ठीक रहा।

लीला : हर रोज़ की तरह ?

मैं : हां।

लीला : मतलब, ठीक नहीं रहा।

मैं : हां।

लीला : छिपाते क्यों हो ?

मैं : कहां छिपाता हूं।

लीला : तो बताओ।

मैं : क्या बताऊं ?

लीला : बात नहीं करना चाहते ?

मैं : हां।

लीला : क्यों ?

मैं : तुम जानती हो क्यों।

लीला : फिर पूछ क्यों रही हूं ?

मैं : रहने दो, लीला।

लीला : बोलोगे नहीं तो पागल हो जाओगे।

मैं : तब क्यों बोलूं ?

लीला : अब इस मज़ाक पर हंसी नहीं आती ?

मैं : अब किसी मज़ाक पर हंसी नहीं आती।

लीला : मज़ाक पर न सही, वैसे तो आती है ?

मैं : हां।

लीला : तो हंसते क्यों नहीं ?

मैं : और क्या करता हूं ?

लीला : जिसे तुम हँसी कहते हो उससे तो रोना बेहतर।

मैं : और दोनों से बेहतर अटूट ख़ामोशी।

लीला : यानी कि मौत ?

मैं : हां।

लीला : आज क्या फिर ज़्यादा दूर निकल गये थे ?

मैं : शायद।

लीला : पता कैसे चलता है अंधेरे में ?

मैं : कुछ पता नहीं चलता।

लीला : फिर क्यों कहते हो ज़्यादा दूर निकल गये थे ?

मैं : मैंने कब कहा ? तुमने पूछा, मैंने कहा, शायद।

लीला : दूरी के साथ-साथ अंधेरा बढ़ता नहीं जाता ?

मैं : बढ़ता शायद नहीं, बदलता जरूर है।

लीला : लेकिन लैम्प-पोस्ट तो नहीं रहते होंगे एक हद के बाद।

मैं : हां, लेकिन उनकी रौशनी में भी अंधेरा ही होता है।

लीला : कैसे ?

मैं : किसी दिन खुद जाकर देख लेना।

लीला : अपने साथ ले जाओगे ?

मैं : क्यों नहीं !

लीला : तुम्हारी सैर में ख़लल नहीं पड़ेगा ?

मैं : अगर ख़ामोश रहेंगे तो नहीं पड़ेगा।

लीला : अंधेरे में ख़ामोश रह सकेंगे ?

मैं : एक शाम ही की तो बात है। ख़लल पड़ भी गया तो कोई बात नहीं।

लीला : अगर रोज़ जाना चाहूं तो ?

मैं : तो अकेले ही जाना होगा।

लीला : और तुम ?

मैं : मैं अपना वक्त बदल लूंगा।

लीला : अकेली नहीं जा सकूंगी।

मैं : क्यों नहीं ?

लीला : क्या कहलवाना चाहते हो ? क्योंकि औरत हूं ?

मैं : नहीं, लीला।

लीला : लेकिन सच तो यही है कि जाना चाहूं तो भी इतनी रात गये अकेली

नहीं जा सकूंगी, हिम्मत बांध कर चली भी जाऊं तो ज़्यादा दूर नहीं जा पाऊंगी।

मैं : क्या कहलवाना चाहती हो?

लीला : औरत हूं इसीलिए अंधेरे में अकेली आबादी से ज़्यादा दूर नहीं जा सकती।

मैं : जाना चाहती हो?

लीला : चाहने की ही बात नहीं।

मैं : चाहने की बात भी है।

लीला : 'भी' में 'ही' शामिल नहीं।

मैं : क्या कहलवाना चाहती हो?

लीला : कि औरत हूं इसलिए चाहूं न चाहूं अंधेरे में अकेली उस रास्ते पर आबादी से ज़्यादा दूर नहीं जा सकती।

मैं : ठीक है। लेकिन फिर भी पूछना चाहता हूं, जाना चाहती हो?

लीला : क्या कहलवाना चाहते हो?

मैं : वही जो सच है।

लीला : कैसे पता चले कि सच क्या है?

मैं : अगर तुम्हें नहीं पता तो ठीक है।

लीला : तुम्हें पता है?

मैं : नहीं। लेकिन मेरा अन्दाज़ा है कि तुम अंधेरे में अकेली उस रास्ते पर ज़्यादा दूर जाना नहीं चाहतीं।

लीला : क्यों?

मैं : क्यों अन्दाज़ा है?

लीला : नहीं, मैं क्यों नहीं चाहती?

मैं : इसका जवाब तो तुम ही दे सकती हो।

लीला : इसके बारे में तुम्हारा कोई अन्दाज़ा नहीं?

मैं : है।

लीला : तो बताओ।

मैं : नहीं, लीला।

लीला : क्यों नहीं?

मैं : तो सुनो। क्योंकि तुम्हें इसमें कोई फ़ायदा नज़र नहीं आता, कई ख़तरे नज़र आते हैं, सच कहो तो तुम यह भी नहीं चाहतीं कि मैं उधर जाऊं, क्योंकि तुम्हें ख़तरा है कि किसी शाम मैं चलता-चलता इतनी दूर निकल जाऊंगा कि लौट नहीं सकूंगा, लौटना नहीं चाहूंगा।

लीला : मेरा यह ख़तरा ग़लत है?

मैं : नहीं।
लीला : तो?
मैं : तो क्या?
लीला : तो तुम क्यों जाते हो?
मैं : क्योंकि मैं चाहता हूं कि किसी शाम अंधेरे में चलता-चलता इतनी दूर निकल जाऊं कि लौट न सकूं, लौटना न चाहूं।
लीला : सच?
मैं : सच।
लीला : यह नहीं सोचते कि मेरा क्या होगा?
मैं : सोचता हूं इसीलिए तो लौट आता हूं।
लीला : कल से मैं तुम्हारे साथ जाऊंगी।
मैं : नहीं, लीला।
लीला : क्यों नहीं?
मैं : तुम्हारे साथ रहने से तो मैं उतनी दूर तक भी नहीं जा सकूंगा जितनी दूर जाता हूं।
लीला : तुम मुझे बन्धन मानते हो?
मैं : हां।
लीला : और मैं तुम्हें?
मैं : तुम बताओ।
लीला : मैं भी तुम्हें बन्धन मानती हूं, लेकिन मैं उसे तोड़ना नहीं चाहती।
मैं : वह तो मैं भी नहीं चाहता।
लीला : लेकिन इतना दूर निकल जाना चाहते हो कि वह खुद-व-खुद टूट जाए!
मैं : टूट नहीं जाए, महसूस न हो।
लीला : तो संन्यास क्यों नहीं ले लेते?
मैं : मज़ाक़ मत करो, लीला।
लीला : और एक ज़माना था जब तुम्हें शिकायत हुआ करती थी कि मैं मज़ाक़ नहीं करती।
मैं : अच्छा अब सो जाएं।
लीला : अभी नहीं।
मैं : तुम बातें करती-करती सो जाओगी, मैं जागता रहूंगा, तुम्हारे सो जाने के बाद भी तुम्हारी बातें सुनता रहूंगा।
लीला : मैं इतनी बातें करती हूं?
मैं : तुम जितनी करती हो, मैं उससे कहीं ज्यादा सुनता हूं।
लीला : जब हम जवान थे तो इस तरह नहीं होता था... क्यों नहीं होता था?

मैं : जब हम जवान थे तो मैं जाहिल था।

लीला : और मैं ?

मैं : तुम अक़लमन्द थीं, ज़रूरत से ज़्यादा।

लीला : किसकी ज़रूरत से ?

मैं : बाल की खाल उतारना तुमने मुझसे सीखा है।

लीला : जब हम जवान थे तो कभी-कभी हर बात झगड़े में बदल जाती थी।

मैं : क़सूर अक्सर मेरा ही होता था।

लीला : क्या कहलवाना चाहते हो ? तो लो, क़सूर अक्सर मेरा ही होता था।

मैं : मैं हमेशा अपना क़सूर मान लिया करता था। सुलह की पहल हमेशा मैं किया करता था। तुम कहा करती थीं कि झगड़ा हमेशा मेरी वजह से, मेरी तरफ़ से, शुरू होता है। मैं यह सुनकर उबल उठता था। लेकिन फिर उबाल बैठ जाने पर मैं सुलह के लिए बेसब्र हो जाता था। हर सुलह के बाद यह सन्देह मेरे गुस्से की राख में सुलगता रहता था कि मैंने ग़लती की, मुझे पहल नहीं करनी चाहिए थी, मुझे कड़ा रहना चाहिए था, मैंने कमज़ोरी दिखायी, मुझे तुम्हारी तरफ़ से सुलह या क्षमा-याचना के किसी संकेत का इन्तज़ार करना चाहिए था। हमारे अगले झगड़े की आग इसी संदेह में से फूटती थी। इसी में से नहीं, इसमें से भी।

लीला : जब तुम क़सूर मान रहे होते थे तो कई बार मुझे तुम पर बहुत गुस्सा आता था। मैं चाहती थी कि कभी तो तुम मुझे भी अपना क़सूर मान लेने का मौक़ा दो। मुझे मोम होने में बहुत देर लगती थी। मेरा अहम् मुझे पहल नहीं करने देता था। मैं डरती थी कि अगर मैं तुम्हें दुर्बल नज़र आयी तो तुम मुझे प्यार करना छोड़ दोगे। मुझे न जाने कैसे यह विश्वास हो गया था कि तुम मुझे बलवती समझते हो, कि तुम मेरे तथाकथित बल के कारण ही मुझसे प्यार करते हो, कि अगर तुम्हारा यह भ्रम टूट गया तो तुम मुझ से दूर जा पड़ोगे। इसीलिए मैं सुलह के लिए कोई पहल नहीं कर पाती थी। तुम झगड़ने में जितने तेज़ हुआ करते थे, सुलह करने में उससे भी ज़्यादा। मुझे अक्सर निराशा होती थी। तनाव का नमक चाट ही रही होती थी कि तुम हथियार डाल देते थे। मैं हाथ बढ़ाने के लिए तैयार हो ही रही होती थी कि तुम घुटने टेक देते थे। मुझे बहुत गुस्सा आता था। हंसी में लिपटा हुआ गुस्सा। हंसी को मैं छिपा जाया करती थी। गुस्सा आंसुओं में बह निकलता था। तुम्हारी पहल मुझे पिघला देती थी, लेकिन साथ ही मेरे मन में यह शक भी पैदा कर देती थी कि तुम अपना क़सूर मानकर अपना बड़प्पन दिखा रहे हो,

या सुलह की पेशकश से मुझे धोखा दे रहे हो, या तुम मुझे इस क़ाबिल ही नहीं समझते कि डटकर मेरा मुक़ाबला करो, कि तुम्हें मुझ पर दया आ रही है, क्योंकि तुम समझते थे कि मैं टूट जाऊंगी लेकिन झुकूंगी नहीं, इसीलिए तुम मुझ पर तरस खाकर झुक जाते थे—दरअसल क़सूरवार अपने मन में तुम मुझे ही ठहराते थे—हमारे अगले झगड़े की जड़ मेरी इन उलझी हुई आशंकाओं में भी होती थी।

मैं : अब वे सारे झगड़े बेहूदा नज़र आते हैं। अब ही क्यों, मुझे तो उस वक़्त भी बेहूदा ही नज़र आते थे। जब मेरी आंखों में खून उतर आता था, मेरी ज़ुबान से ज़हर टपकने लगता था, मेरे मन में मैल उबल रही होती थी, मेरा दिमाग़ फटा जा रहा होता था, तब भी मेरे अन्दर से यह महीन लेकिन साफ़ आवाज़ मुझे बराबर सुनायी देती रहती थी : यह सब बकवास है, बेहूदा है, बेमतलब है। यह आवाज़ ही मेरी ज़िद्द को तोड़कर मुझे तुम्हारे सामने झुका देती थी। नहीं, मैं तुम पर दया नहीं करता था, अपने आपको बड़ा नहीं समझता था। बड़े-से-बड़े झगड़े के बीचोंबीच मेरी वह आवाज़ मुझे मारती रहती थी। किसी भी झगड़े का कोई भी कारण उस आवाज़ के सामने ठहर नहीं पाता था। वही आवाज़ मुझे कमज़ोर करती थी, वही मुझे ताक़त देती थी। लेकिन वह ताक़त भी कमज़ोरी का ही एक दूसरा रुख था। इसलिए अपनी हर हार के बाद जीत की ख़्वाहिश और मज़बूत हो जाती थी। हालांकि वह आवाज़ हार-जीत की भाषा नहीं बोलती थी, नहीं जानती थी।

लीला : तुम्हारी वह आवाज़ तो हर हरकत को बकवास, बेहूदा, बेमतलब ही ठहराती थी।

मैं : मेरी हर हरकत को।

लीला : हर हरकत को।

मैं : तुम बहुत ज़ालिम हो।

लीला : हर हरकत को ही नहीं, हर बात को, हर चीज़ को, हर ख़्वाहिश को, हर सम्बन्ध को···।

मैं : फ़हरिस्त मत बनाओ। मान लें कि 'हरकत' में सब कुछ समा जाता है।

लीला : वह आवाज़ ही मेरी असली दुश्मन थी।

मैं : मेरी भी। लेकिन नहीं। दरअसल वह आवाज़ मेरी हर मामूलियत की दुश्मन थी। थी नहीं, है। वह ख़ामोश नहीं हुई। बल्कि अब चूंकि दूसरे बहुत-से शोर धीमे पड़ गये हैं, वह और साफ़ सुनाई देने लगी है।

लीला : मुझे डराओ मत।

मैं : अच्छा तो अब सो जाएं।

लीला : अभी नहीं। लेकिन तुम्हारी आवाज़ कह रही होगी—बकवास, बेहूदा, बेमतलब।

मैं : उस आवाज़ का मज़ाक तुम क्या उड़ाओगी। वह अपना लिहाज़ कभी नहीं करती। इसीलिए तो···।

लीला : रुक क्यों गए?

मैं : रोक दिया गया।

लीला : रहस्यवादी मत बनो।

मैं : कभी-कभी तुम्हारी आवाज़ में भी वही आवाज़ सुनाई दे जाती है।

लीला : मैं तो साक्षात् कामनसेंस हूं। संसारी, संस्कारी, सतही।

मैं : अब तुम्हारा व्यंग्य वार नहीं करता। वह आवाज़ भी तो कभी-कभी संसारी, संस्कारी, सतही बातें कहती है।

लीला : लेकिन साथ ही यह भी कह देती है कि ये बातें बकवास···।

मैं : हां।

लीला : तो मामूली क्या नहीं?

मैं : यही तो मैं उससे पूछता रहता हूं।

लीला : उसका जवाब?

मैं : मुस्कराती हुई खामोशी।

लीला : उस आवाज़ ने ही शायद तुम्हें कुछ करने नहीं दिया।

मैं : तुम बहुत ज़ालिम हो। लेकिन अब तुम्हारे मुंह से अपनी नाकामियों का बखान सुनकर दुख नहीं होता। लगता है कि वह बखान अपने मुंह से ही निकल रहा हो। अब उसमें तानों की सी चुभन नहीं रही। अब मैंने मान लिया है कि मैं हर काम में नाकाम रहा हूं। एक उम्र इस कड़ी हक़ीक़त को न मानने में ही गुज़ार दी।

लीला : और अब बाक़ी की शायद यह मानने की कोशिश में गुज़ार दो कि नाकामी नाम की कोई चीज नहीं, कि नाकामी ही असली कामयाबी है, कि कामयाबी मामूलियत का ही दूसरा नाम या रूप है।

मैं : शायद।

लीला : सच तो यह है कि तुम्हारी वह आवाज़ तुम्हारी हर आकांक्षा को कोसती-नकारती रही, तुम्हारी हर कोशिश को काटती रही, तुम्हारे हर सम्बन्ध को बन्धन मानकर ठुकराती रही। उसने कभी तुम्हें उन्मुक्त नहीं होने दिया। सच तो यह है कि वह न होती तो तुम इस उम्र में इतने अशान्त और अपूर्ण न होते।

मैं : शायद।

लीला : तुम्हारी उस आवाज़ ने तुम्हें ही नहीं, मुझे भी निकम्मा बना दिया।

उसने तुम्हारी हर हरकत को ही हल्का और मामूली नहीं ठहराया, मेरी किसी हरकत को भी नहीं सराहा। अगर तुम्हारे कान हर वक़्त उसी पर न लगे रहते तो शायद मैं अपने मामूली इरादों में कामयाब हो गई होती। उसने मेरा दिमाग़ भी ख़राब कर दिया, मेरी सोच को भी उलझा दिया।

मैं : मैं नहीं जानता था कि वह तुम्हें भी सुनाई देती थी, कि उसका असर तुम पर भी होता रहा।

लीला : मैं भी नहीं जानती थी कि मैं उसे ही सुन रही थी, कि तुम्हारे मुंह से जो कुछ भी निकलता था, उसमें तुम्हारी वही आवाज़ बोलती थी। इधर यह साफ़ होने लगा है कि मेरा झगड़ा तुमसे नहीं, उस आवाज़ से ही था। मैं नहीं जानती थी कि हर झगड़े के बाद जो सुलह होती थी, उस आवाज़ से ही होती थी, और हर सुलह के बाद मुझ पर उसका प्रभाव और ज्यादा, और पुख़्ता हो जाता था। इधर यह साफ़ होने लगा है कि हर सुलह मेरी हार का ही दूसरा नाम था। और अब⋯।

मैं : और अब क्या ?

लीला : रहने दो।

मैं : और अब क्या ?

लीला : और अब तुम कहते हो कि मैंने भी उसी आवाज़ में बोलना शुरू कर दिया है। अगर तुम ठीक कहते हो तो इससे बड़ा मज़ाक क्या होगा। सारी उम्र यह सुनती रही कि मेरी सोच सांसारिक है, मेरे विचार-संस्कार सीमित हैं, मेरी ख़्वाहिशें मामूली हैं—और अब यह सुन रही हूं कि मेरी आवाज़ में भी तुम्हें वही आवाज़ सुनाई देने लगी जिस पर तुम्हें इतना गर्व है जिसके कारण तुम मुझे ही नहीं हर एक को अपने से कम समझते रहे।

मैं : तुम मेरे साथ अन्याय कर रही हो।

लीला : तुम्हारे साथ तो हर किसी ने अन्याय ही किया है।

मैं : अब तुम्हारे तानों से चुभन नहीं होती।

लीला : यह सुनकर मुझे कोई खुशी नहीं होती।

मैं : अब इस नाटक पर हंसी आती है, गुस्सा नहीं।

लीला : यह सुनकर मुझे कोई खुशी नहीं होती।

मैं : यह सुनकर मुझे कोई दुःख नहीं होता।

लीला : क्यों नहीं होता ? इसीलिए ना कि तुम्हें मेरे मलाल-अरमान-अभाव मामूली नज़र आते हैं—इतने मामूली कि तुम उन्हें अपने दुःख के

लायक़ नहीं समझते ?

मैं : मुझे सब मलाल-अरमान-अभाव मामूली नज़र आते हैं—किसी-किसी रौशनी में।

लीला : और इसीलिए तुम अपने आपको मुझसे, दूसरों से, बेहतर मानते हो ?

मैं : मैं ऐसा नहीं मानता, लीला। कम-अज़-कम अब नहीं मानता।

लीला : अब ऐसा न मानने से क्या फ़ायदा ?

मैं : 'फ़ायदे' का ख़्याल छूट नहीं सकता ?

लीला : बाल की खाल उतारना भी एक मामूली हुनर है।

मैं : मानता हूं। लेकिन तुम तुनक रही हो, यह देखकर अच्छा लग रहा है।

लीला : क्यों ? बड़प्पन से बाज़ कब आओगे ?

मैं : बड़प्पन से बाज़ कब का आ चुका। अब तो हर तिनका अपने से भारी नज़र आता है।

लीला : यह तुम बोल रहे हो या तुम्हारी आवाज़ ?

मैं : लीला, अब तुम्हारे तानों में चुभन नहीं।

लीला : न सही। इतना काफ़ी है कि तुम्हें मेरे ताने सुनाई तो देते हैं।

मैं : क्या अभी तक इस पछतावे ने तुम्हारा पीछा नहीं छोड़ा कि मेरी वजह से तुम्हारा जीवन बरबाद हो गया ?

लीला : मुझे कोई पछतावा नहीं। तुम अपनी बात करो। अपने पछतावों को संभालो, उनकी छाया मुझ पर मत डालो।

मैं : सच तुम्हें कोई पछतावा नहीं ?

लीला : बात को बिगाड़ो मत।

मैं . मैं तुमसे कोई बहस नहीं करना चाहता।

लीला : तुम मुझे किसी बहस के क़ाबिल नहीं समझते।

मैं : बात को बिगाड़ो मत।

लीला : चालाकी मत करो।

मैं : मैं किसी बहस में तुम से जीत नहीं सकता।

लीला : हार-जीत की भाषा भूली नहीं ?

मैं : कहां भूली है। लेकिन यह आवाज़ यही···।

लीला : गोली मारो उस आवाज़ को।

मैं : तुम्हारा तुनकना अच्छा लगता है।

लीला : तुम्हें कुछ भी अच्छा नहीं लगता।

मैं : मुझे कुछ भी बुरा नहीं लगता।

लीला : मतलब तुम महात्मा हो !

मैं : काश कि मैं महात्मा होता !

लीला : इस अरमान को तुम्हारी वह आवाज़ मामूली नहीं मानती ?
मैं : उसे इस अरमान की सच्चाई से ही इनकार है।
लीला : मुझे भी।
मैं : मुझे भी।
लीला : अच्छा तो अब सो जाएं ?
मैं : अभी नहीं।
लीला : अब क्या होगा ?
मैं : अभी कुछ दूर और जाएंगे।
लीला : तुम जाओ, मुझे सोने दो।
मैं : अभी तुम्हें नींद नहीं आई।
लीला : नींद न सही, ऊब जो आ गई है।
मैं : आस्थावानों को ऊब नहीं आती।
लीला : आस्था भी साथ छोड़ती जा रही है। तुम्हें खुश होना चाहिए।
मैं : मुझे तुम्हारी आस्था का ही सहारा है।
लीला : रहने दो।
मैं : विश्वास करो।
लीला : तुम पर ? जिसे किसी पर विश्वास नहीं ?
मैं : किसी पर की मैं नहीं जानता, अपने पर नहीं।
लीला : हो भी कैसे ?
मैं : ख़ैर तो अब तुम भी ऊब की शिकायत करने लगीं ? इस उम्र में ?
लीला : शिकायत नहीं, इबादत। तुम्हारी ही तरह।
मैं : मैं इबादत नहीं करता।
लीला : तुम्हारी शिकायत ही तुम्हारी इबादत है।
मैं : मेरी कोई खराबी तुमसे छिपी हुई नहीं।
लीला : क्या कहलवाना चाहते हो ?
मैं : तुम मुझसे प्यार करती हो।
लीला : मैं तुमसे प्यार करती हूं।
मैं : एक बार फिर।
लीला : मैं तुमसे प्यार करती हूं। बस, अब और दूर नहीं जाऊंगी।
मैं : मैं तुम्हें प्यार करता हूं।
लीला : मुझे नींद आ रही है।
मैं : तुम्हें विश्वास क्यों नहीं आता ?
लीला : तुम्हें आता है ?
मैं : हां।

लीला : तुम्हारी 'हां' में 'न' बोल रही है ।
मैं : तुम्हारे कान ग़लत सुन रहे हैं ।
लीला : अच्छा अब सो जाओ ।
मैं : तुम जानती हो मुझे इस तरह नींद नहीं आएगी ।
लीला : यह खेल खोखला होता जा रहा है ।
मैं . तो कोई ठोस खेल खिलाओ ।
लीला : जुमलेबाज़ी छोड़ दो ।
मैं : छोड़ दी ।
लीला : आज उस रास्ते पर कोई और मिला था ?
मैं : तुम जानती हो उस रास्ते पर और कोई नहीं होता ।
लीला : ऐसा तुम कहते हो, मैं जानती नहीं ।
मैं : तुम्हें इस पर भी विश्वास नहीं ?
लीला : मैं समझती हूं कि तुम उस तरफ़ इस उम्मीद पर जाते हो कि तुम्हें वहां कोई मिल जाएगा ।
मैं : तुम ग़लत समझती हो । मैं कई बार तुम्हें समझा चुका हूं कि मैं वहां किसी उम्मीद पर नहीं जाता, या कहूं कि सिर्फ एक ही उम्मीद पर जाता हूं, और जानता हूं कि वह पूरी नहीं होगी ।
लीला : अगर वह पूरी हो गई तो मैं क्या करूंगी ? मेरा क्या होगा ?
मैं : यही तो मैं सोचता रहता हूं, इसीलिए उस हद से उधर नहीं जा पाता जिसके बाद इस सोच की खींच ख़त्म हो जाए ।
लीला : इस सोच की खींच को ख़त्म करना चाहते हो ?
मैं : हां ।
लीला : क्यों ?
मैं : आज़ाद हो जाना चाहता हूं ।
लीला : मुझसे ?
मैं : तुम से भी ।
लीला : फिर प्यार का दावा क्यों ?
मैं . वह दावा नहीं । सच्चाई है ।
लीला : फिर आज़ादी की जरूरत क्यों ?
मैं : क्योंकि है ।
लीला : अब इस उम्र में ?
मैं : हां ।
लीला : क्यों ?
मैं : नहीं जानता ।

लीला : मैं कल से तुम्हारे साथ जाया करूंगी।

मैं : वह रास्ता तुम्हारे लिए नहीं।

लीला : यह फ़ैसला मैं करूंगी।

मैं : उस रास्ते पर मैं अकेला ही चलूंगा।

लीला : तलाक़ दे दो।

मैं : इतनी मामूली बात मत करो।

लीला : संन्यास ले लो।

मैं : नहीं।

लीला : आत्महत्या कर लो।

मैं : नहीं।

लीला : तो तुम आज़ाद नहीं हो सकोगे।

मैं : मैं तुम से सहमत हूं।

लीला : तो तड़पना छोड़ दो।

मैं : कैसे ?

लीला : उस रास्ते को भूल जाओ।

मैं : भूलूं न भूलूं वह भी छूट जाएगा।

लीला : ख़ुद छोड़ दो।

मैं : ख़ुद ही छूट जाएगा।

लीला : तब तक ?

मैं : मुझे बरदाश्त करो।

लीला : जो आज्ञा।

मैं : नाराज़ हो ?

लीला : हां।

(ख़ामोशी)

लीला : आज उस रास्ते पर कुछ नया दिखाई दिया ?

मैं : नहीं।

लीला : कोई नया पेड़ ?

मैं : नहीं।

लीला : परिन्दा ?

मैं : नहीं।

लीला : पत्थर ?

मैं : नहीं।

लीला : गढ़ा ?

मैं : नहीं।

लीला : विचार ?
मैं : नहीं।
लीला : याद ?
मैं : नहीं।
लीला . विकार ?
मैं : नहीं।
लीला : यातना ?
मैं : नहीं।
लीला : हैरानी ?
मैं : नहीं।
लीला : ख़ाक ?
मैं : नहीं।
लीला : निराशा ?
मैं : नहीं।
लीला : नहूसत ?
मैं : नहीं।
लीला : कोई सवाल छूट तो नहीं गया ?
मैं : नहीं।
लीला : आज कितनी दूर गये थे ?
मैं : कैसे बताऊं ?
लीला : पैमाइश नहीं की ?
मैं : नहीं।
लीला : अब क्या पूछूं ?
मैं : अभी तो बहुत-से सवाल बाक़ी हैं।
लीला : उकता गयी हूं।
मैं : मैं भी।
लीला : तो सो जाएं ?
मैं : अभी नहीं। अभी कई सवाल बाक़ी हैं।
लीला : कल से आगे तो गये ही होगे ?
मैं : हां।
लीला : लेकिन इतना आगे नहीं कि लौटने का ख़्याल न आता ?
मैं : हां।
लीला : लौटने का ख़्याल आया था ?
मैं : ज़रूर आया होगा।

लीला : याद नहीं ?

मैं : नहीं।

लीला : तब तो बहुत दूर निकल गये होगे ?

मैं : मुमकिन है ।

लीला : लेकिन इतनी दूर नहीं कि···।

मैं : क्या कहलवाना चाहती हो ?

लीला : यह खेल बन्द करो ।

मैं : यह खेल बन्द करो ।

लीला : हंसाने की कोशिश मत करो ।

मैं : कोशिश अब कोई भी नहीं करता ।

लीला : तो हर शाम उस तरफ़ कैसे जाते हो ?

मैं : बग़ैर कोशिश के ।

लीला : क्यों ?

मैं : आदत पड़ गयी है ।

लीला : अगर किसी शाम न जाओ तो क्या होगा ?

मैं : नहीं जानता ।

लीला : किसी शाम न जाकर देखो तो ।

मैं : कोशिश करनी पड़ेगी ।

लीला : तो क्या होगा ?

मैं : कोशिश का सिलसिला फिर शुरू हो जाएगा।

लीला : अब कोई सिलसिला शुरू नहीं हो सकता।

मैं : सच ?

लीला : नहीं। लेकिन ज्यादा लम्बा नहीं हो सकता ।

मैं : अब एक इंच एक कोस के बराबर महसूस होता है।

लीला : किस आशा से जाते हो ?

मैं : बता चुका हूं ।

लीला : फिर बताओ ।

मैं : कि किसी शाम इतनी दूर निकल जाऊंगा कि लौटना नामुमकिन हो जाएगा ।

लीला : यह आशा है या अभिलाषा ?

मैं : शायद दोनों ।

लीला : अब तुम्हें गुस्सा क्यों नहीं आता ?

मैं : आता तो है, दबा जाता हूं, दबाने में दिक्क़त नहीं होती ।

लीला : इस पर तो और गुस्सा आना चाहिए ।

मैं : नहीं आता।

लीला : गुस्से के बग़ैर, कोशिश के बग़ैर, ख़्वाहिश के बग़ैर, उम्मीद के बग़ैर—तुम जीवनमुक्त हो गये हो!

मैं : ओछा वार मत करो।

लीला : तुम जीवनमुक्त हो जाना चाहते हो?

मैं : हां, लेकिन हो नहीं पाऊंगा।

लीला : वह रास्ता तुम्हें कहीं नहीं ले जाएगा।

मैं : मैं वहीं जाना चाहता हूं।

लीला : तुम कहीं नहीं जा पाओगे।

मैं : यह शाप है या भविष्यवाणी?

लीला : अब आंखें मूंद लो।

मैं : मैंने तो कब की मूंदी हुई हैं।

लीला : मैंने भी।

मैं : अंधेरे में मुस्कराने का अनुभव।

लीला : बहते ख़ून की ख़ामोशी।

मैं : क़ब्र पर खिला फूल।

लीला : खोयी हुई बच्ची।

मैं : मेरी मुस्कराहट मिट गयी।

लीला : मेरी भी।

मैं : बच्चों को याद करती हो?

लीला : रोज़ इसी वक़्त क्यों पूछते हो?

मैं : करती हो?

लीला : नहीं।

मैं : मैं भी नहीं।

लीला : बच्चे याद आते हैं?

मैं : रोज़ इसी वक्त क्यों पूछती हो?

लीला : आते हैं?

मैं : हां।

लीला : मुझे भी।

(ख़ामोशी)

लीला : अब हम दोनों एक-से हो गये हैं।

मैं : क़रीब-क़रीब।

लीला : एक-सी आवाज़ में बोलते हैं।

मैं : क़रीब-क़रीब।

लीला : हमारे सब भेद दूर हो गये हैं।

मैं : क़रीब-क़रीब।

लीला : अब हम जुड़वां भाई-बहन नज़र आते होंगे।

मैं : क़रीब-क़रीब।

लीला : वह याद दोहराओ।

मैं : कौन-सी ?

लीला : जब तुम स्कूल में पढ़ते थे।

मैं : अपने उस मास्टर के बूढ़ मां-बाप वाली ?

लीला : हां।

मैं : एक ज़माना था तुम्हें उस याद पर गुस्सा आता था।

लीला : वह याद दोहराओ।

मैं : हम उस मास्टर को कभी रावण कहते थे कभी श्रवणकुमार। जब वह दांत पीस-पीस कर हमारे बाल खींचता था तो उसका रूप रावण का सा होता था।

लीला : उसके मां-बाप के बारे में बताओ।

मैं : उसके मां-बाप बहुत बूढ़े थे। हमें बहुत बूढ़े नज़र आते थे। हम कोई न कोई बहाना बनाकर उस मास्टर के घर सिर्फ़ उन्हें देखने के लिए जाया करते थे। उन्हें देखकर हमारे मन में अजीब-अजीब ख़्याल उठते थे। वे हमेशा बेसुध और सीधे लेटे दिखायी देते थे। आंखें खुली और छत पर टिकी हुई। चेहरे सूखे और चुसे हुए। शरीर निश्चल और ख़ामोश। चारपाइयां साथ सटी हुई। हमने कभी उन्हें कराहते नहीं सुना था। न ही कुछ मांगते। उनका कमरा नीचे था, मास्टर और उसकी पत्नी ऊपर रहते थे। हम कभी ऊपर नहीं जाते थे। नीचे वाले कमरे की दहलीज़ पर खड़ होकर उन बूढ़ों को देखते रहते थे—सांस रोके—जैसे मौत को देख रहे हों। उनके कमरे का दरवाज़ा हमेशा खुला रहता था। हम जानते थे कि वे बिलकुल बहरे हो चुके थे। हम समझते थे कि दुनिया-भर में उन से ज्यादा बूढ़ा कोई नहीं होगा। हमें कुछ पता नहीं चलता था कि मां कौन है और बाप कौन। उनकी मौत एक ही दिन हुई थी। कोई कहता कि पहले मां मरी थी और उसके दस पंद्रह मिनिट बाद बाप। उनकी अरथियां एक साथ निकली थीं। हम उनके पीछे-पीछे श्मशान तक गये थे। उनके सुनंसान लिंगहीन चेहरे मैं किसी भी क्षण देख सकता हूं, इस क्षण भी देख रहा हूं।

लीला : मैं भी।

मैं : उनकी मौत के बाद उरा मास्टर ने दांत पीसने और हमारे बाल खींचने

बन्द कर दिये थे और हमने उसे रावण कहना।

लीला : हम भी शायद मरने से पहले वैसे ही हो जाएं। हमें देख कर भी शायद कोई यह न कह सके कि मैं कौन हूं और तुम कौन।

मैं : अंधेरे में मुस्कराने का आनन्द।

लीला : नींद में जैसे मौत हो रही हो।

मैं : या मरते-मरते जैसे नींद आ रही हो।

लीला : अब तो हमारी उपमाएं भी एक-सी हो गयीं।

मैं : क़रीब-क़रीब।

लीला : और हमारे भय।

मैं : क़रीब-क़रीब।

लीला : और हमारी बीमारियां।

मैं : क़रीब-क़रीब।

लीला : और हमारी भाषा।

मैं : क़रीब-क़रीब।

लीला : आख़िर तक हर ख़्याल को कस के रखोगे?

मैं : आख़िर तक हर ख़्याल की ख़ाक छानूंगा। क़रीब-क़रीब आख़िर तक।

लीला : आख़िर तक कमोबेश का हिसाब रखोगे?

मैं : आख़िर तक हर शब्द पर शक करता रहूंगा।

लीला : क्यों?

मैं : शब्द को अर्थ में बदलने की कोशिश में।

लीला : यह कोशिश क्यों?

मैं : पकड़ा गया।

लीला : यह कोशिश क्यों?

मैं : यह भी छूट जाएगी।

लीला : कब?

मैं : जब किसी शाम उस रास्ते पर इतनी दूर निकल जाऊंगा कि शब्द और अर्थ में कोई भेद नहीं रहेगा।

लीला : कल से मैं भी तुम्हारे साथ जाऊंगी।

मैं : पहले कह चुकी हो।

लीला : फिर कह रही हूं।

मैं : क्यों?

लीला : तुम्हारा साथ देने के लिए।

मैं : मज़ाक़ मत करो।

लीला : वे दिन याद हैं जब हम साथ-साथ जाया करते थे?

मैं : मुझे सब दिन याद हैं। क़रीब-क़रीब।

लीला : वें दिन अच्छे थे।

मैं : ये दिन ज़्यादा अच्छे हैं।

लीला : क्यों?

मैं : अब कोई तनाव नहीं।

लीला : क़रीब-क़रीब।

मैं : अंधेरे में मुस्कराते हुए मरने का सा यह आनन्द।

लीला : तुम नहीं चाहते कि उस रास्ते पर तुम्हारे साथ चलूं?

मैं : तुम चाहती हो?

लीला : तुम्हें यक़ीन नहीं आता?

मैं : नहीं।

लीला : क्यों नहीं आता?

मैं : बस नहीं आता।

लीला : कब आएगा?

मैं : जब तुम्हें आ जाएगा।

लीला : हम एक-दूसरे के लिए बिलकुल नंगे हो गये हैं।

मैं : क़रीब-क़रीब।

लीला : बस अब और नहीं।

मैं : जो आज्ञा।

(ख़ामोशी)

लीला : तुम सच नहीं चाहते कि मैं उस रास्ते पर तुम्हारा साथ दूं?

मैं : फिर वही सवाल!

लीला : हां, फिर वही सवाल।

मैं : हर शाम! कितनी-कितनी बार!

लीला : तुम्हारी आवाज़ में खीझ की खनक नहीं रही।

मैं : तुम्हारी में शिकायत की।

लीला : मुझे टालो मत। जवाब दो।

मैं : मुझे ख़तरा है कि तुम साथ रहोगी तो मैं यही सोचता रहूंगा कि तुम क्या सोच रही हो।

लीला : मैं वही सोचूंगी जो तुम। क़रीब-क़रीब।

मैं : मुझे ख़तरा है कि तुम साथ रहोगी तो मैं आख़िर तक नहीं जाऊंगा। कभी भी।

लीला : वह तो शायद वैसे भी न जा पाओ।

मैं : मुझे ख़तरा है कि तुम साथ रहोगी तो मैं ख़ामोश नहीं रह सकूंगा, ख़ाली

नहीं हो सकूंगा।

लीला : इन ख़तरों का सामना कब करोगे ?

मैं : शायद कभी भी नहीं।

लीला : और अगर मैं तुम्हारी इजाज़त के बग़ैर किसी रोज़ तुम्हारे साथ उस रास्ते पर चल निकलूं तो ?

मैं : क्या कहलवाना चाहती हो ?

लीला : कुछ नहीं।

मैं : तो ठीक है।

लीला : क्या ठीक है ?

मैं : सब ठीक है।

लीला : अंधेरे में सब कुछ स्वीकार कर लेने का आनन्द।

मैं : बारिश के बोल।

लीला : किसी आंख की आवाज़।

मैं : अब सो जाएं।

लीला : अभी नहीं।

मैं : अपना हाथ मेरे हाथ में दो।

लीला : अपना झुर्रियाला हाथ···।

मैं : मेरे झुर्रियाले हाथ में दो।

लीला : कैसा महसूस होता है ?

मैं : जैसे कोई बूढ़ा गुड्डा किसी बूढ़ी गुड़िया से ब्याह रचा रहा हो।

लीला : मेरी झुर्रियों को सहलाओ।

मैं : कैसा महसूस होता है ?

लीला : जैसे अंगुलियां मेरी हों, झुर्रियां तुम्हारी।

मैं : तुम्हारी दाढ़ी बढ़ती जा रही है।

लीला : तुम्हारी घटती जा रही है।

मैं : मैं हजामत बनाना बन्द कर दूंगा।

लीला : मैं शुरू कर दूंगी।

मैं : अंधेरे में मुस्कराने का आनन्द।

लीला : मैं भी कल से उस रास्ते की सैर शुरू कर दूंगी।

मैं : अकेली ?

लीला : अकेली।

मैं : मैं अपना वक़्त बदल लूंगा।

लीला : जब मैं लौटा करूंगी तुम मुझ से पूछोगे···।

मैं : हो आयी ?

लीला : मैं जवाब दूंगी, हां हो आयी।
मैं : आज कैसा रहा ?
लीला : मैं जवाब दूंगी, ठीक रहा।
मैं : हर रोज़ की तरह ?
लीला : मैं ज़वाब दूंगी, हां।
मैं : मतलब, ठीक नहीं रहा।
लीला : मैं जवाब दूंगी, हां।
मैं : छिपाती क्यों हो ?
लीला : मैं जवाब दूंगी, कहां छिपाती हूं ?
मैं : अंधेरे में गुम हो जाने का आनन्द।
लीला : एक-दूसरे में।
मैं : अब सो जाएं।
लीला : हां।

× × ×

इस स्वप्न में वह एक पालने में पड़ी मुसकरा रही है। उसकी आंखें खुली हैं लेकिन वह सोयी हुई है और मुसकरा रही है। उसकी मुसकराहट में शरारत का नमक घुला हुआ है। हक़ीक़त में मैंने कभी उसे इस तरह मुसकराते हुए नहीं देखा। हक़ीक़त में कभी उसे किसी पालने में पड़े नहीं देखा। उसकी आंखों में भी वही नमकीन शरारत फूट रही है जो उसके होंठों से। हक़ीक़त में मैंने कभी उसकी आंखों को इस तरह मुसकराते नहीं देखा, उसकी आंखों और होंठों में ऐसी अनुकूलता नहीं देखी। हक़ीक़त में उसकी मुसकराहट हमेशा मीठी महसूस होती है, उसकी आंखें हमेशा सुशील। इतने छोटे-से पालने में वह इतने आराम से लेटी हुई है। मेरी इस दुविधा के दबाव से पालना पलंग में बदल जाता है। महसूस होता है जैसे कोई चुभन अचानक दूर हो गई हो। पालने में पड़ी मुसकराती वह एक पहेली नज़र आयी थी; पलंग में लेटी वह स्वप्न-संगिनी नज़र आ रही है। पलंग किसी नीले ताल पर झूल रहा है। वह उसमें अवस्त्र पड़ी मुसकरा रही है और सो रही है। उसकी मुसकराहट में शरारत झूल रही है। उसकी शरारत में उसकी आंखें झूल रही हैं। उसकी आंखों में आकाश झूल रहा है। मेरी आंखों में यादें झूल रही हैं। पलंग में पालना झूल रहा है, पालने में वह। उसकी देह के हल्के नीले आलोक से लगता है जैसे अभी-अभी कोई देवता उससे अलग हुआ हो। उसकी देह पलंग के साथ-साथ झूल रही है। पीड़ा और प्रत्याशंका से परे। धरती से इतनी ऊपर कि धरती नज़र न आये; आकाश के इतनी पास कि आकाश धरती नज़र आए। अब उसकी आंखें आधी बंद हैं, होंठ आधे खुले। उसकी शरारत कोई नया गुल खिला रही है। आंखों और होंठों की नमकीन शरारती मुसकराहट उसके

समूचे शरीर में रची हुई महसूस होती है। मानो वह देवता फिर उसकी देह में दाखिल हो रहा हो। आंखों पर होंठों का गुमान होता है, होंठों पर किसी खूबसूरत फ़ालतू आंख का। मैं न जाने कहां अटका हुआ यह सब देख रहा हूं। अपना आकार नज़र नहीं आता, अपने विकार व्यर्थ नज़र आते हैं। लेकिन मैं उनकी व्यर्थता से मुक्त नहीं हूं। होता तो मैं भी झूल रहा होता। उसके साथ उसी पलंग पर। इस आलम में भी मैं तर्क से आज़ाद नहीं। इस मौन में भी मुझे अपने संशय की सायं-सायं सुनाई दे रही है। उसे शायद मालूम हो कि मैं कहीं छिपा लटका उसे देख रहा हूं, इसीलिए उसकी आंखों और होंठों में नींद के बावजूद शरारत का नमक है। मैं उस नमक को चाटना चाहता हूं। अचानक उसकी एक शिकायत याद आ जाती है : तुमने कभी मेरे शरीर को अपने शब्द नहीं दिये। सुनकर हैरानी हुई थी। जैसे उसने अपनी किसी मनोकामना की एक ऐसी नंगी तसवीर मेरे सामने ला खड़ी कर दी हो जिसकी मैंने कभी कल्पना तक नहीं की थी। मैंने उस शिकायत का कोई जवाब नहीं दिया था। मेरे पास उस शिकायत के जवाब में एक शिकायत ही थी : तुमने कभी मेरे शब्दों को अपना शरीर नहीं दिया। इस स्वप्न में शायद वह मेरी इस शिकायत को दूर कर रही हो। उसकी आंखों में हल्की नीली रौशनी का रचाव है, उसके होंठों में गहरी नीली ख़ामोशी का। उसके बालों का बादल उसके माथे की क्यारी पर छाया हुआ है। कुछ देर तक मैं उस बादल में बैठा रहता हूं। फिर उसके कानों के फूलों को सूंघता हुआ उसकी आंखों को चूमना शुरू कर देता हूं। महसूस होता है होंठ तितलियों से खेल रहे हों। कुछ देर बाद उसकी नाक से फिसल कर मेरे होंठ उसके होंठों से जा मिलते हैं। अब उसकी देह की महक मेरे मुंह में आबाद हो रही है, मेरी जीभ उसकी जीभ को जिला रही है। मेरे अंगूठे उसकी भवों को सहला रहे हैं, अंगुलियां उसके गालों को। कुछ देर बाद उसकी गरदन का गुदाज़ मेरी जान निकाल लेता है, लेकिन उसके सीने पर बैठी दो फ़ाख्ताएं मेरे हाथों में आकर मुझे बहाल कर देती हैं। उसके कन्धों की रौनक देखता हुआ मैं उसके पेट में पड़ी एक खूबसूरत गांठ पर जा रुकता हूं। यहां से उसके शरीर का निचला प्रदेश शुरू होता है—घुंघराली त्रिकोण में से उठता हुआ नीला धुआं, रानों की रेशमी ढलानें, नितम्बों की पिचकी हुई महराबें, पिण्डलियों की लौकियां, पैरों के परिंदे। मैं बार-बार उसके प्रस्तुत-अप्रस्तुत शरीर को किसी उतावले शोले की तरह लीलता रहता हूं और वह हर बार और शुद्ध, और अक्षय हो जाता है। उसे शायद मेरी उपस्थिति की ख़बर है न मेरे प्रहारों की। वह पलंग पर बिछी पड़ी झूल रही है। किसी तसवीर-सी, किसी स्वप्न-सी, किसी तसवीर के स्वप्न-सी, किसी स्वप्न की तसवीर-सी। कहना चाहता हूं : लीला, मैं तुम्हारे शरीर को अपने शब्द दे रहा हूं लेकिन तुम मेरे शब्दों को अपना शरीर कब दोगी ? तभी नज़र आता है कि उसके पहलू

में एक तरफ़ एक बूढ़ा लेटा हुआ है, दूसरी तरफ़ एक बालक। बूढ़े के बाल जैसे रुई के हों, उसका चेहरा जैसे तेल में चुपड़ी हुई कोई चमक। उसने ठोड़ी तक एक सफ़ेद चादर तान रखी है और ठोड़ी से ऊपर चेहरे पर एक सांवली मुसकराहट। बालक नंगा है और यूं सो रहा है जैसे कुछ ही देर पहले पैदा हुआ हो। मैं जहां हूं वहीं जड़ हो जाता हूं। जब चेतना लौटती है तो नज़र फिर उस पलंग के साथ-साथ झूलने लगती है। कई अन्दाजे और अन्देशे मन को दबोच लेना चाहते हैं। उन सबको एक तरफ़ झटक कर सारा ध्यान उसकी देह पर केन्द्रित कर देता हूं। महसूस होता है जैसे कोई देवता उस देह से अलग भी हो रहा हो, उसमें दाखिल भी। लेकिन अब उसकी मुसकराहट में शरारत का नमक नहीं, शील की शक्कर घुली हुई है। अब उसकी मुसकराहट उसके एक पहलू में लेटे बूढ़े की मुसकराहट की बेटी नज़र आती है और दूसरे पहलू में लेटे बालक की मुसकराहट की मां। चाहता हूं कि कोई ऐसी आवाज़ या आहट दूं कि वे तीनों चौंक उठें, या तो एक-दूसरे से लिपट जाएं या बिलकुल अलग हो जाएं। नहीं, चाहता नहीं। डरता हूं कि अनायास कोई ऐसी आवाज़ या आहट दे दूंगा कि वे तीनों चौंककर या तो एक-दूसरे से इस तरह लिपट जाएंगे कि मैं कभी उन्हें अलग नहीं कर सकूंगा, या इस तरह अलग हो जाएंगे कि मैं कभी उन्हें एक साथ देख नहीं सकूंगा। सन्नाटा यह आश्वासन देता है कि मुझसे कोई आवाज़ या आहट नहीं होगी। लेकिन इस आश्वासन के गर्भ में भी यह अन्देशा उछल रहा है कि यह सन्नाटा अटूट नहीं, कि यह इन तीनों की या इन तीनों में से किसी की किसी हरकत या हैरानी से भी टूट सकता है, और अगर यह टूट गया तो कोई अनर्थ हो जाएगा। लेकिन ये तीनों तो इस पलंग में यूं पड़े दिखाई देते हैं जैसे किसी तसवीर में हों, वह तसवीर किसी स्वप्न में हो और उस स्वप्न का स्रष्टा मैं हूं। वैसे यह मेरा भ्रम भी हो सकता है। मेरा नहीं, केवल भ्रम, जिसे मैंने अपनी सुरक्षा के लिए अपना लिया हो। इस ऊंचाई पर मुझे कोई भ्रम नहीं होना चाहिए, इस शून्यता में मुझे कोई अन्देशा नहीं होना चाहिए। यह ऊंचाई भी शायद एक भ्रम ही है, यह शून्यता एक स्वप्न-दोष। संशय का सांप यहां भी साथ है। इसे नीचे फेंक देना चाहिए। फेंक देता हूं अब उसे नीचे की ओर लहराते-जाते देख रहा हूं। लगता है जैसे सांप जैसा कोई परिन्दा हो जो गिर रहा हो, उड़ भी। जब वह नीचे के अंधेरे में गुम हो जाता है तो नज़र फिर पलंग के साथ झूलने लगती है। ज़रूर कहीं कुछ ग़लत है। संशय फिर लौट आया है। किसी भी क्षण इन तीनों की नींद टूट सकती है। लीला की आंखों से क़हर बरसने लगेगा, बूढ़े की मुसकराहट की झिल्ली उतर जाएगी, बालक अपने भोलेपन से बाहर आ जाएगा। किसी भी क्षण वह इस पलंग को छोड़ इस रात की करारी हवा में किसी ऐसी अदा में इठलाना शुरू कर देगी कि मैं जलकर राख हो जाऊंगा। नीचे के सारे भय मुझे यूं दबोच रहे हैं जैसे मेरा

आकार मुझे मिल गया हो, जैसे स्वप्न दुःस्वप्न में बदल गया हो, जैसे असली मामूलियत फिर लौट आयी हो। जी चाहता है कि उसके साथ लेटे बूढ़े और बालक को जगा दूं। लेकिन वह भी जाग उठेगी। एक साथ इन तीनों का सामना कैसे करूंगा जबकि मैं इनमें से किसी एक का सामना करने के लिए भी तैयार नहीं। पहले तैयारी करनी चाहिए। अपने भीतर झांकना चाहिए। भीतर आग लगी हुई है। उसे बुझाने के लिए आंखों में पानी नहीं। बूढ़े की सफ़ेद चादर खींचकर लीला पर डाल देनी चाहिए। चादर के नीचे बूढ़ा शायद नंगा हो। उसकी मुसकराहट हिलती हुई नज़र आती है। अब मैं इनके पैताने खड़ा हूं। अब मुझे अपना आकार नज़र आ रहा है। अब मैं अपने व्यर्थ विकारों के क़ाबू में हूं। अगर लीला को मेरी मौजूदगी की ख़बर है तो शायद उसे यह ख़बर भी हो कि मेरे मन में कैसी-कैसी ख़ाक उड़ रही है। आवाज़ देकर पूछ लेने का ख़्याल आता है लेकिन अपने गूंगेपन का संगीन भय मुंह खोलने नहीं देता। याद आता है कि कभी अपने एक कमरे को एकदम ख़ाली कर देने की मुहिम शुरू की थी। इस याद की अप्रासंगिकता को उड़ाने के लिए ही शायद यह सोच लेता हूं कि यहां धरती से इतनी ऊंचाई पर इस शून्य में लटका हुआ भी मैं उसी कमरे को ख़ाली करने की नाकाम कोशिश कर रहा हूं। यह पलंग भी शायद उसी कमरे में से उड़कर यहां आ लटका है और मुझे सुझा रहा है कि मैं कभी उस कमरे को ख़ाली करने में सफल नहीं हो पाऊंगा, कि मुझे सफलता का तरीक़ा नहीं आता, कि मुझे कोई तरीक़ा नहीं आता सोचने का, न न सोचने का, भागने का, न न भागने का-कि मुझे कुछ भी नहीं आता, कि मुझे पैदा ही नहीं होना चाहिए था। हर मामूली इंसान इसी तरह सोचता है और चाहता है कि कोई आवाज़ आये : तुम्हें सब कुछ आता है, तुम पैदा न होते तो संसार कैसे चलता, तुम असफल नहीं। हर मामूली इंसान चाहता है कि वह अपनी मामूलियत को मार डाले और अगर ऐसा करना उसके लिए असंभव हो तो वह उसे इतने सच्चे दिल से स्वीकार कर ले कि उसी स्वीकार्य के बूते पर सन्त बन जाए। हर मामूली इंसान संत बन जाने के स्वप्न देखता है। मैं भी शायद वही स्वप्न देख रहा हूं। इस शायद के साथ ही यह स्वप्न टूट जाता है। लीला साथ बिस्तर में पड़ी नींद में यूं मुसकरा रही है जैसे कोई बच्ची कोई मीठा स्वप्न देख रही हो।

× × ×

एक पुल नजर आता है। किसी कसी हुई कमान या कटे हुए नाख़ून या पतले चांद-सा। शायद दो पहाड़ों को आपस में मिलाता हुआ। पहाड़ नज़र नहीं आते, पुल हवा में टंगा हुआ नज़र आता है। मैं पुल पर खड़ा हूं। नीचे देख रहा हूं। किसी जंगले या मुंडेर का सहारा नहीं। गला सूखा हुआ है। नीचे सफ़ेद धुंध उबल रही है। धुंध से परे शायद कोई नदी हो। पत्थरों के बीचोंबीच किसी गीले बाल या

सांप-सी बल खाती लेटी हुई। फिसल या डगमगा कर धुंध में से होता हुआ उस नदी में गिर सकता हूं। हवा के तेज़ झोंके से भी पैर उखड़ सकते हैं, किसी की फूंक से भी। तीनों संभावनाएं सुख देती हैं। अचानक पानी की आवाज़ सुनायी देती है। अंधेरे में पानी की आवाज़ नीला आतंक पैदा कर रही है। मेरा गला कुछ और सूख जाता है। ऊपर देखता हूं तो अजीब-सा उजाला उड़ता हुआ नज़र आता है। नीचे नदी, ऊपर बादल। छलांग लगाकर नदी में कूद जाना चाहिए या उड़कर बादल पर सवार हो जाना चाहिए। तभी लीला की बेरहम हंसी सुनायी देती है। वह मुझे झंझोड़ रही है और पूछ रही है, हकला क्यों रहे हो?

× × ×

मैं एक गांव में घूम रहा हूं। गांव ख़ाली है। छोटे-बड़े उपलों से नज़र आते झोपड़ों में से अंधेरा फूट रहा है। मेरा गला सूखा हुआ है। हाथ बार-बार उसे यूं सहला देता है जैसे कोई बड़ा किसी बच्चे को। मैं यहां क्यों आया, क्या रह रहा हूं, किस शख़्स या शै की तलाश में हूं? मुझे कुछ मालूम नहीं। शायद उस जगह को ढूंढ रहा हूं जहां से छलांग लगा कर टांग तोड़ ली थी। एक पतला कुबड़ा पुल याद आता है। ऊपर बादल था, नीचे नदी। वहां से कूदने या उड़ जाने की ख़्वाहिश हुई थी। लेकिन वहां से कूदा या उड़ा नहीं था। लीला की हंसी ने रोक लिया था। झोपड़ों के मुंह खुले हैं। मुझे पानी चाहिए। यह गांव मेरे गले की तरह सूखा है। पपड़ाये हुए खेत नज़र आते हैं। एक कुत्ता एक झोपड़े में से निकल भौंकना शुरू कर देता है। उसके मुंह में से अंधेरे के सिवा कुछ नहीं निकलता। मेरे मुंह में से भी कभी-कभी आवाज़ के बजाय अंधेरा ही निकलता है। इस समय अगर कुछ कहना चाहूं तो शायद अंधेरा उगल कर ही रह जाऊं। अब कुत्ता मेरी तरफ़ एक टक देख रहा है। उसकी आंखें दो नीले ज़ख़्मों की तरह जल रही हैं। मुझे पानी चाहिए। गांव वाले शायद पानी की तलाश में ही कहीं और मारे-मारे भटक रहे होंगे। यह कुत्ता गांव की रखवाली कर रहा होगा। यह इतना भूखा और प्यासा नज़र आता है कि अगर मैं गिर-मर जाऊं तो यह मुझे खाना-पीना शुरू कर देगा। देखता हूं कि कुत्ता अब यूं गिरा पड़ा है जैसे मर रहा हो। शायद वह डर रहा हो कि मैं उसे खाना-पीना शुरू कर दूंगा। मुझे पानी चाहिए। कुत्ते से नज़र हटा कर मैं फिर गांव में घूमना शुरू कर देता हूं। शायद हर झोपड़े के अन्दर मौत छिपी बैठी है। मुझे पानी चाहिए। एक झोपड़े से पीठ लगाकर बैठ जाता हूं। पानी की आवाज़ सुनायी देती है। महसूस होता है जैसे मौत सुनायी दे रही हो। लीला साथ होती तो पानी मिल जाता आंखें खोलता हूं तो लीला सामने खड़ी नज़र आती है।

× × ×

एक क़ब्रिस्तान नज़र आता है। मैं इसका मुआइना कर रहा हूं। शायद

इसमें कुछ नयी लाशें दफ़नायी जाएंगी। मुझे शायद यही देखने के लिए यहां भेजा गया है कि इसे हरा-भरा करने के लिए कितना पानी चाहिए, कैसी लाशें चाहिए। मैं यूं खड़ा हूं जैसे किसी क़ब्र में से कोई लाश निकल कर खड़ी हो गयी हो। किसी क़ब्र पर कोई फूल या पत्थर पड़ा नज़र नहीं आता। क़ब्रिस्तान तो हरे-भरे होते हैं। उन्हें आंसुओं का पानी मिलता है। उनमें आहों की हवा चलती है। अगर मैं किसी क़ब्र के पास बैठ रोना शुरू कर दूं तो शायद उसमें से घास फूट आये। मेरी आंखों में पानी नहीं। मेरा गला सूखा हुआ है। रोने के लिए पानी पीना होगा। याद आता है कि पानी की तलाश में ही भटकता-भटकता यहां आ गया हूं। एक गांव याद आता है। छोटे-बड़े उपलों से झोपड़े याद आते हैं। उनमें से फूटता हुआ अंधेरा याद आता है। एक सोया या मरा पड़ा कुत्ता याद आता है। हर झोपड़े में छिपी बैठी मौत नज़र आती है। वही गांव इस क़ब्रिस्तान में बदल गया है। मैं घूम-फिर कर वहीं आ पहुंचा हूं जहां पानी की आवाज़ सुनी थी और सोचा था मौत सुन रहा हूं, जहां आंखें खोलने पर लीला सामने खड़ी दिखायी दी थी। मुझे पानी चाहिए। इस क़ब्रिस्तान को पानी चाहिए। उस गांव को पानी चाहिए था। मैं रोना चाहता हूं लेकिन मेरी आंखें मेरे गले की तरह सूखी हैं, इस क़ब्रिस्तान की तरह वीरान हैं। मैं एक क़ब्र के साथ पीठ लगाकर बैठ जाता हूं। लीला साथ आ बैठती है। आंखों में आंसू आ जाते हैं, गला तर हो जाता है। शायद क़ब्रिस्तान अब हरा-भरा हो जाए।

× × ×

हम एक गाड़ी के आख़िरी डिब्बे में आमने-सामने बैठे अपनी-अपनी खिड़की से बाहर देख रहे हैं। बाहर बंजर भूमि चकराती हुई सी पीछे छूटती जा रही है। कोई पेड़ नहीं, कोई परिन्दा नहीं, कोई मवेशी नहीं, कोई इंसान नहीं,। कोई झोपड़ी नहीं। नंगी धूप में पीछे की ओर भागती धरती है और सन्नाटा है। गाड़ी बेआवाज़ चल रही है, हम दोनों बेआवाज़ बैठे हैं। मैं लीला से पूछना चाहता हूं, हम कहां जा रहे हैं, वह भी शायद मुझसे यही पूछना चाहती हो। मैं उसकी तरफ़ देखने से कतरा रहा हूं, वह मेरी तरफ़ देखने से। मुझे ख़तरा है कि अगर हमारी नज़रें टकरा गयीं तो हम रोना शुरू कर देंगे या पानी के लिए तड़पना। शायद हम पानी की ही तलाश में कहीं जा रहे हैं। आम तौर पर मैं अकेला ही जाता हूं। आज वह भी मेरे साथ हो ली है। अचानक देखता हूं कि बाहर बंजर भूमि के चक्कर कुछ धीमे पड़ने लगे हैं। सर खिड़की से बाहर निकाल कर आगे की तरफ़ देखता हूं तो पता चलता है हमारा डिब्बा कट गया है और बाक़ी की गाड़ी इतनी तेज़ हो गयी है कि जल्द ही ग़ायब हो जाएगी। मुझे घबराहट तो होती है लेकिन इतनी नहीं कि उसे दबा न सकूं। लीला बेख़बर नज़र आती है। कुछ देर बाद हमारा डिब्बा एक वीरान प्लेटफ़ार्म पर जा रुकता है। वक़्त बदल गया है। धूप की जगह मैले अंधेरे ने ले

ली है। कहीं कोई हरकत नज़र नहीं आती, कहीं से कोई आवाज़ नहीं आती। शायद यहां पानी हो। लीला मुसकरा देती है। मैं डिब्बे से उतर कर इधर-उधर देखता हूं। कहीं कोई नल या मटका या बहिश्ती नज़र नहीं आता। दूर पीछे की तरफ़ एक दफ्तरनुमा कमरा नज़र आता है। वहां जाकर देखता हूं तो एक कोने में सुराही पड़ी दिखायी देती है। दौड़ कर उसे उठा लेता हूं। वह ख़ाली है। उसे फ़र्श पर पटक देना चाहता हूं, फिर शोर के डर से उसे बहुत ही एहतियात से उसी कोने में रख देता हूं। एहतियात पर हंसी आती है, हंसी पर गुस्सा। गुस्से के साथ ही यह चिंता चिपक जाती है कि लीला अकेली घबरा रही होगी। दौड़ता हुआ बाहर आता हूं तो एक बूढ़ा कुली दिखायी देता है। उससे पूछता हूं, गाड़ी कहां गयी? वह जवाब देता है, गाड़ी नहीं डिब्बा। मैं झल्ला कर कहता हूं, डिब्बा ही सही, वह गया कहां? कुली कहता है जहां उसे जाना था। मैं जवाब देता हूं, आपने मुझे आवाज़ क्यों नहीं दी; उस डिब्बे में लीला बैठी हुई थी; मैं पानी की तलाश में नीचे उतरा था। कुली मुसकरा रहा है; शायद इसलिए कि मैंने उसे 'आप' कहा है। अगर अब 'तुम' या 'तू' कहूंगा तो उसे हंसी आ जाएगी। वैसे वह शायद मेरी सफ़ाई और बेवकूफ़ी पर ही मुसकरा रहा हो। वह कुली है, मुसाफिरों को आवाज़ें देना उसका काम नहीं। और फिर उसे क्या पता कि लीला कौन है, मेरी क्या लगती है। मुझे पूछना यही चाहिए था कि वह डिब्बा अपने आप चला कहां गया, इतनी जल्दी ग़ायब कैसे हो गया? वैसे इस सवाल पर भी वह मुसकरा सकता था। कुछ लोगों को मुसकराने की आदत होती है। ख़ैर, इससे कुछ और पूछने से पहले इधर-उधर की बातें करनी चाहिए, फिर पूछना चाहिए कि वह डिब्बा कहां गया, मैं लीला को कहां ढूंढू, डिब्बे को जाते देख लीला ने शोर मचाया था या नहीं, वह ख़ुद उस वक़्त कहां था, क्या कर रहा था, स्टेशन के बाक़ी लोग कहां हैं। इसे बता देना चाहिए कि लीला मेरी बीबी है। लेकिन अब नहीं। अब तो यह ख़ुद ही समझ गया होगा। इधर-उधर की बातें करूंगा तो और बिगड़ जाएगा। समझेगा मुझे लीला से बातें ज़्यादा प्यारी हैं। लेकिन लीला ने शोर क्यों नहीं मचाया? शायद उसके मुंह से कोई आवाज़ न निकली हो। ग़नीमत है कि मेरे मुंह से निकल रही है। कुली से पूछता हूं, जब डिब्बा छूटा था तो आप यहीं खड़े थे? कुली पूछता है, कौन-सा डिब्बा? मैं जवाब देता हूं, वही जो कुछ देर पहले यहां आकर रुका था, वही जिसकी आप अभी-अभी बात कर रहे थे। कुली कहता है, आप भी अजीब आदमी हैं, आपकी बीबी आपको यहां छोड़कर न जाने कहां ग़ायब हो गयी है और आप उस डिब्बे की रट लगाए हुए हैं! वह मुझे क्यों छोड़ने लगी, मैं जवाब देता हूं, कुसूर सारा आप लोगों का है। और आपका नहीं, वह तैश में आकर पूछता है, जो उसे अकेली छोड़ ख़ुद प्लेटफार्म की सैर करने निकल गये? मैं पूछता हूं, यह भी कोई सैर करने

की जगह है ? मैं तो उसके लिए पानी लेने उतरा था। उसी के लिए, अपने लिए नहीं ? वह पूछता है, अपने लिए भी, मैं स्वीकार कर लेता हूं। तो कहां है पानी ? वह कड़क कर पूछता है। वह भी तो नहीं मिला, मैं जवाब देता हूं। मेरा ख्याल था कि यह सुनकर उसे मुझ पर तरस आ जाएगा और वह जिरह छोड़ मेरी मदद करना शुरू कर देगा। लेकिन उसका मुंह और टेढ़ा हो जाता है, आवाज़ और कड़वी। दोनों हाथ खंजरों की तरह हिला-घुमाकर वह पूछता है, आप समझते हैं यहां पानी के चश्मे फूट रहे हैं ? यह कहकर वह एक क़दम मेरी ओर बढ़ आता है, मैं एक क़दम पीछे हट जाता हूं। वह एक क़दम और आगे बढ़ आता है लेकिन अबकी बार मैं पीछे नहीं हटता। इससे डरना ठीक नहीं। इसके हाथ ख़ाली हैं, उम्र मुझसे ज्यादा। इसका सामना डटकर करना चाहिए। अब हम इतने पास-पास खड़े हैं कि उसकी दाढ़ी मेरी छाती को छू रही है, मेरे बूट उसके नंगे पैरों के अंगूठों को। मैंने पहले उसकी दाढ़ी पर ध्यान नहीं दिया था। इसी दाढ़ी के रौब में आकर मैं उसे 'आप' कह रहा था। वह कुली कम, मौलवी ज़्यादा नज़र आता है। उसकी सांसों की आवाज़ मुझे सुनायी दे रही है, उसके जिस्म की महक मुझे आ रही है। इससे पेश्तर कि मैं अपने आपको रोक सकूं मैं दोनों हाथों से उसकी दाढ़ी को पकड़कर कहता हूं, मैं कई दिनों से प्यासा हूं, ख़ुदा के लिए मुझे कहीं से दो घूंट पानी दिलवा दीजिए, उम्र भर आपका एहसान नहीं भूलूंगा। वह फ़ौरन दो क़दम पीछे हट जाता है। उसके होंठों को फिर एक मुसकराहट ने मरोड़ लिया है। पानी दिलवाने के बजाय वह फिर कोई ताना देने वाला है। अरे साहिब, आप तो सिर्फ़ दिनों से प्यासे हैं, हमारी तो सारी उम्र ही प्यास में कट गयी; आपको हम से पानी की भीख मांगते हुए शर्म आनी चाहिए। मुझे सचमुच शर्म आने लगी है—ऐसी शर्म जिसका कारण एक नहीं, अनेक हैं। डिब्बे की खिड़की में से देखी बाहर दौड़ती हुई सूखी बंजर धरती याद आ जाती है। एक गांव याद आता है जिसके छोटे-बड़े उपलों जैसे झोपड़ों में से अंधेरा धुएं की तरह फूट रहा था। एक उजड़ा हुआ क़ब्रिस्तान याद आ जाता है जिसे मैंने अपने आंसूओं का पानी दिया था। एक पुल याद आता है जहां से पानी की आवाज़ से पैदा हुआ नीला आतंक सुनायी दिया था। मैं यादों के नीचे दफ़न होता जा रहा हूं। मुझे संभल जाना चाहिए। इस बूढ़े कुली से सलाह लेनी चाहिए, इससे बहस नहीं करनी चाहिए वर्ना लीला का कुछ पता नहीं चलेगा। एक बार फिर उस जगह को नज़रों से टटोल लेता हूं जहां वह डिब्बा खड़ा था। शायद वह बाक़ी की गाड़ी से जा मिला हो। शायद लीला ने जंजीर खींच कर उस गाड़ी को खड़ा कर लिया हो और अब वह भी किसी से शिकायत कर रही हो कि मुझे इस सूने प्लेटफ़ार्म पर क्यों अकेला छोड़ दिया गया। सर उठाता हूं तो कुली उस दफ़्तरनुमा कमरे की तरफ़ जाता हुआ दिखायी देता है। लपक कर उसके पास पहुंच जाता हूं।

सुनिए, मैं कहता हूं, पानी न सही सलाह तो दीजिए कि मैं अब क्या करूं, किससे शिकायत करूं ? कुछ करने से कोई ख़ास फ़र्क़ नहीं पड़ेगा, शिकायत करने से तो बिलकुल नहीं, वह जवाब देता है। फ़र्क़ पड़े न पड़े, मैं कहता हूं, मैं कुछ किये बग़ैर चुप कैसे बैठा रहूं ? तो मत बैठिये, वह चिल्लाता है, मेरे पीछे क्यों पड़े हैं ? अब हम उस दफ़्तरनुमा कमरे के दरवाज़े के पास खड़े हैं। अचानक ख़्याल आता है कि शायद वह बूढ़ा कुली न हो, स्टेशन मास्टर हो। तब तो इसे 'आप' कहकर मैंने ठीक ही किया। शायद यह मेरी मदद इसीलिए नहीं कर रहा कि मैंने इसे कुली समझा था। इसने किसी तरह भांप लिया होगा कि मैंने इसे कुली समझा था। इतनी लम्बी दाढ़ी वाले तजरुबेकार आदमी के लिए किसी के मन की ऐसी किसी मामूली बात को भांप लेना मुश्किल नहीं। लेकिन इसके पास खड़े होकर इसके बारे में ही सोचना ठीक नहीं। अंदर से कुछ आवाज़ें आ रही हैं। कुली मुसकरा रहा है। अंदर जाकर किसी और से पूछना चाहिए। लेकिन यह बूढ़ा इस तरह दरवाज़े में खड़ा हो गया है जैसे यह दफ़तर न हो, इसका घर हो, जैसे यह मुझे अन्दर जाने से रोक सकता हो। बूढ़े को ख़ुश करने के लिए मैं भी मुसकरा देता हूं। मुझे मुसकराते देख वह ख़ुश होने के बजाय ख़फ़ा हो जाता है। कहता है, अब चूंकि दूसरे लोग लौट आये हैं, आपको मेरी सलाह की ज़रूरत नहीं रही। ऐसी बात नहीं, मैं जवाब देता हूं, मैं अब भी आपकी ही सलाह चाहता हूं, क्योंकि आपको मैं जानता हूं, दूसरों को तो मैंने अभी देखा तक नहीं। मेरा ख़्याल था इस ख़ुशामद पर वह ख़ुश हो जाएगा लेकिन उसका रुख रूखा बना रहता है। चाहते तो हैं, वह कहता है, लेकिन मेरी सलाह पर आप अमल नहीं करेंगे। आप कहिए तो, मैं जवाब देता हूं। मेरी सलाह तो यह है, वह कहता है, कि आपको फ़िलहाल कुछ भी नहीं करना चाहिए; हो सकता है जैसे आप उसके लिए पानी लेने उतरे थे, वह आपके लिए पानी लेने ही कहीं चली गयी हो। यह कहकर वह हंसना शुरू कर देता है और मैं यह सोचता हूं कि अंदर वाले लोग उसकी हंसी सुन बाहर आ जाएंगे। कोई बाहर नहीं आता। उसकी दाढ़ी हिल रही है। शायद यह कुली न हो, कोई पागल हो। हर रेलवे स्टेशन पर कम-अज़-कम एक पागल ज़रूर रहता है। शायद यह प्यास से ही पागल हो गया हो। पानी का ख़्याल आते ही मैं बूढ़े को एक तरफ धकेल कर अंदर चला जाता हूं। वहां लीला खड़ी पानी पी रही है। एक आदमी उसके पास वही सुराही लिए खड़ा है जिसे मैंने कुछ ही देर पहले उसी कमरे के एक कोने में देखा था। उस आदमी की आंखों से हिरस टपक रही है। उसने मेरी तरफ़ देखा तक नहीं। लीला पानी पिये जा रही है, वह आदमी उसकी सारी देह को। मेरे पीछे दरवाज़े में खड़ा बूढ़ा कुली भी यह सब देख रहा होगा। मुड़कर देखने की हिम्मत नहीं होती। लीला से यह पूछने की हिम्मत नहीं होती कि वह कहां ग़ायब हो गयी थी। उसे और पानी पीने से मना करने की हिम्मत नहीं

होती। मेरी अपनी प्यास मर गयी है।

× × ×

, हमारे बीच का फ़ासला न कम हो रहा था न ज़्यादा; यूं बना हुआ था जैसे हमारे साथ सैर कर रहा हो; बस इतना भर था कि हमारी ही साख्त का कोई तीसरा आसानी से उसमें समा सकता था और हमारे साथ-साथ चल सकता था। हम दोनों यूं चल रहे थे जैसे सीधी खींची दो समानान्तर लकीरों पर ताकि हमारे बीच का वह फ़ासला कमोबेश न हो। कोई द्रष्टा अगर आसपास होता तो कह सकता था कि हम उस फ़ासले की हिफ़ाज़त कर रहे थे. सैर नहीं, कि हम उसी फ़ासले की हवाख़ोरी के लिए ही वहां घूम रहे थे; कि हम उसे आबादी से दूर ले जाकर कहीं दबा देना चाहते थे।

जब हम घर से निकले थे तो स्याही ने भुरना शुरू नहीं किया था, परिन्दे ख़ामोश थे, पेड़ सोये खड़े थे, हवा गुम थी, सितारे गुम हो रहे थे। सड़क पर पहुंचते ही मैंने उसके और अपने बीच की खाली जगह को कनखियों से टटोला था। फिर आबादी से कुछ दूर निकल जाने के बाद अंगड़ाई लेने के बहाने मैंने उस खाली जगह को हाथ से भी टटोल लिया था। उस ख़ाली जगह में फ़ासले के सिवा कुछ नहीं था, कुछ नहीं महसूस हुआ था। मुझे आश्वस्त हो जाना चाहिए था लेकिन मेरी प्रत्या-शंका और गहरी हो गयी थी। मुझे डर था कि लीला मेरी चोरी पकड़ कर हंसना शुरू कर देगी। इधर मैंने उसकी हंसी से डरना शुरू कर दिया है। इधर उसकी हंसी बहुत बेरहम होती जा रही है। मुझे उसमें बदले की भावना की खनक सुनायी देने लगी है। इधर मुझे यह बहम हो गया है कि लीला मुझसे मेरी तमाम भूलों और दुर्बलताओं का बदला लेना चाहती है और उसकी बेरहम हंसी उसके इस इरादे की एक घोषणा है। जब से उसने इस तरह बेरहमी से हंसना शुरू किया है, हम आपस में कोई लम्बी बात या बहस नहीं कर पाते। अगर शिकायत करूं तो वह कहती है, अब लम्बी बात या बहस के लिए बचा ही क्या रह गया है। उसकी आवाज़ में मुझे अपनी आवाज़ सुनायी दे जाती है। शिकायत करना चाहता हूं कि वह मेरी नक़ल क्यों उतार रही है। यह सोचकर चुप हो जाता हूं कि वह मानेगी नहीं कि वह मेरी नक़ल उतार रही है, अगर मान लेगी तो साथ ही हंसते हुए यह भी कह देगी कि मुझे शिकायत नहीं करनी चाहिए, खुश होना चाहिए कि उसने मेरी आवाज़ को अपना लिया है। इधर मेरी हर बात का जवाब उसने यूं देना शुरू कर दिया है जैसे किसी तीसरे को सुना रही हो, किसी ऐसे तीसरे को जो हर घड़ी हमारे साथ रहता हो, उसकी तरफ़दारी करता हो।

आजकल मुंह अंधेरे जब हम सैर को निकलते हैं तो शायद वही तीसरा हमारे बीच हमारे साथ-साथ चल रहा होता है। इसीलिए मैं बीच की उस खाली जगह को टटोलता रहता हूँ। उसकी नज़र बचाकर। कभी कनखियों से, कभी अंगड़ाई

लेने या बाजू सीधी करने के बहाने हाथ से। इस डर के बावजूद कि वह मेरी चोरी पकड़ लेगी और बेरहमी से मेरे वहम पर हंसना शुरू कर देगी। मेरा ख्याल है कि उसे मेरे इस वहम का आभास भी है और मेरे इस डर का भी। उसका दावा है कि उससे मेरा कोई वहम और डर छिपा नहीं रह सकता। उसके इस दावे से मेरा दम खुश्क हो जाता है। मैं उसके बारे में ऐसा कोई दावा नहीं करता, न ही कर सकता हूं। मुझे भी उसके कुछ वहमों और डरों का आभास है लेकिन उसके हर वहम और डर का नहीं। वैसे वह कहती है कि उसे कुछ डर तो है लेकिन वहम एक भी नहीं। मेरे अपने वहम और डर एक-दूसरे से जुदा नहीं होते, ज़्यादा देर तक जुदा नहीं रहते। असल में मेरा हर वहम किसी-न-किसी डर की ही चरम परिणति है। आजकल जब हम मुंह अंधेरे सैर कर रहे होते हैं तो मेरे कई वहम और डर भी सैर में शरीक हो जाते हैं और मैं यह सोच-सोच कर सूखता रहता हूं कि लीला को उनकी शिरकत की पूरी ख़बर होगी। सैर के दौरान हमारी आंखें सामने की स्याही में गड़ी रहती हैं, हमारे मुंह बंद रहते हैं, हमारे बाजू यूं हिलते-झूलते रहते हैं जैसे दो बूढ़े सिपाही किसी दु:स्वप्न में कोई कड़ी काली क़वायद कर रहे हों।

इस मुंह अंधेरी सैर का सुझाव मैंने एक दु:स्वप्न के संकेत पर ही दिया था। लीला की सहज स्वीकृति पर हैरानी हुई थी। वह सैर की शौक़ीन नहीं। मैंने उसे यह नहीं बताया था कि इस मुंह अंधेरी सैर की प्रेरणा मुझे अपने एक दु:स्वप्न से मिली थी। लीला की नींद दु:स्वप्नों से नहीं मुचती। खुद मुझे इतने दु:स्वप्न आते हैं कि अपनी नींद की तुलना छलनी से करता हूं। मेरे अधिकतर स्वप्न दु:स्वप्न ही होते हैं। ग़नीमत यह है कि उनमें से अधिकतर याद नहीं रहते; मुसीबत यह है कि उनकी दी हुई दहशत को कभी भूल नहीं पाता। मेरे बहुत-से डर और वहम इसी दहशत के जाए हैं। जब से लीला ने मेरी हर बात पर बेरहमी से हंसना शुरू किया है, मैंने उसे अपनी दहशत की धूल में शरीक करना बंद कर दिया है। इसलिए मुझ पर मेरी दहशत का दबाव और बढ़ गया है। कभी-कभी तो सांस लेना भी दूभर हो जाता है। मन-ही-मन इंतज़ार करता रहता हूं कि किसी सुबह सैर के दौरान लीला पूछ लेगी, अब तुम मुझे अपने दु:स्वप्नों के बारे में क्यों नहीं बताते? वैसे ऐन मुमकिन है कि उसे मालूम हो कि इस मुंह अंधेरी सैर का सुझाव मैंने किसी दु:स्वप्न के संकेत पर दिया था। इधर मुझे यह वहम हो गया है कि उसे कभी-कभी मेरे स्वप्न दिखाई दे जाते हैं, मुझे कभी-कभी उसके; कि जो बात हम एक-दूसरे से वैसे नहीं कर पाते, स्वप्नों के बहाने करने की कोशिश करते रहते हैं; कि हमारी तमाम दूरियों का अंत हमारे किसी साझे स्वप्न में ही होगा। अपने इस नये वहम की ख़ूबसूरती खौफ़नाक नज़र आती है। लीला को बताने की ख्वाहिश तो होती है, हिम्मत नहीं होती। इंतज़ार करता रहता हूं कि किसी सुबह सैर के

दौरान वह अचानक कह देगी, मैं सब जानती हूं। सोचता हूं शायद उसे भी यही वहम हो। जब से लीला की बेरहम हंसी शुरू हुई है, जब से उसकी हंसी में मुझे बदले की भावना की खनक सुनाई देने लगी है, मैंने खुफ़िया तौर पर यह दुआ-सी मांगनी शुरू कर दी है कि मेरे सारे वहम उसे भी लग जाएं, कि मेरी सारी दुर्बलताएं उसे भी दबोच लें। उसे शायद मेरी इस खुफ़िया दुआ की भी ख़बर हो। इधर मुझे यह वहम भी होने लगा है कि उससे मेरा कोई विचार, वहम, अरमान, भय छिपा नहीं; कि मुझसे उसका कोई विचार, वहम, अरमान, भय छिपा नहीं। अजीब विडम्बना है कि सारी उम्र इस तमन्ना में गुज़ार दी कि लीला और मेरे बीच कोई भेद न रहे और अब जब शायद हमारे बीच कोई भेद बाकी नहीं रहा तो मैं इस स्थिति को एक वहम की सूरत में देख रहा हूं।

विडम्बनाओं की मुझे कभी कोई कमी नहीं हुई। इसीलिए अब चाहता हूं कि विडम्बनाएं सब समाप्त हो जाएं ताकि मैं खुद इत्मीनान से समाप्त हो सकूं। अपनी इस नई मुंह अंधेरी सैर को भी अपनी समाप्ति का ही एक प्रारूप मान लेना चाहता हूं। लेकिन अभी माना नहीं। इसीलिए अभी इत्मीनान नहीं मिला।

आज की सैर के दौरान मैं अपने उसी दुःस्वप्न को दुलार रहा था जिससे मुझे इस सैर का संकेत मिला था। उसमें हम किसी रेगिस्तान में चल रहे थे। हमारे पैर रेत में धंस-धंस जाते थे। मैं बार-बार उस रेत को घूर-घूर कर उससे पूछता था, तुम कीचड़ हो या रेत? लीला हर बार मेरी बात पर हंस देती थी। हमारे बीच का फ़ासला हमारे साथ-साथ चल रहा था। हमारी ही तरह रुक-रुककर। अचानक मैंने ज़िद्द पकड़ ली थी कि लीला मेरे साथ मिलकर हमारे बीच के उस फ़ासले को टटोले। अपनी ज़िद्द की भाषा मुझे याद नहीं आ रही थी। लेकिन लीला की बेरहम हंसी साफ़ याद आ रही थी, उस हंसी का सन्नाटा साफ़ दिखाई दे रहा था। वह अपनी हंसी से मेरी ज़िद्द को तोड़ रही थी। मैं मान नहीं रहा था। बार-बार उससे कह रहा था—न जाने किस भाषा में—कि वह मेरे साथ मिलकर हमारे बीच बनी उस खाली जगह की तलाशी ले जिसमें शायद कोई तीसरा छिपा हुआ था। आख़िर उसने हंसना बंद कर दिया था और मेरी तरफ़ यूं देखा था जैसे मुझे अपनी ज़िद्द छोड़ देने का आख़िरी अवसर दे रही हो। हंसी के बग़ैर उसकी सूरत रेगिस्तान की सी हो गई थी। मेरी ज़िद्द में कुछ ज़र्दी-सी आ गई थी। तभी उसका बाजू एक आरी में बदल गया था, जिससे वह हमारे बीच के फ़ासले को काट रही थी और पूछ रही थी, कहां है वह तीसरा? कहां है?

मैं इस दुःस्वप्न को याद करता हुआ उसकी दहशत में रेत के भंवर में किसी बूढ़े भटके मुसाफ़िर की तरह गुम होता जा रहा था। लीला को आवाज़ देना चाहता था लेकिन जीभ तालू से चिपक गई थी। जी चाह रहा था कि वह मुझे आवाज़ दे। मेरी आंखें सामने के अंधेरे पर टिकी हुई थीं, जिसने अब भुरना शुरू

कर दिया था। अब हमें वापस घर की ओर चल देना चाहिए वर्ना अंधेरे का सहारा नहीं रहेगा। मैं रुक गया। वह भी रुक गई। हम दोनों ने एक साथ दो बूढ़े सिपाहियों की तरह एक ही झटके से अपना रुख़ घर की तरफ़ फेर लिया और यूं तेज़-तेज़ चलने लगे जैसे हमने किसी तीसरे को वहीं कहीं ज़िन्दा दफ़ना दिया हो और डर रहे हों कि वह क़ब्र फाड़ कर बाहर निकल आएगा और दौड़कर हमारे बीच बनी चल रही ख़ाली जगह में हमारे साथ-साथ चलता हुआ हमारे घर में घुस कर बैठ जाएगा।

प्रवास-गंगा

आज एक अजनबी मेरे पास मेरी बेंच पर आ बैठा। मेरी देह से एकाध अंगुली की दूरी पर। यूं जैसे वह बेंच उसकी भी हो, जैसे वह मेरे लिए अजनबी न हो, जैसे वह मेरी अजनबियत को एक ही झटके से खत्म कर देना चाहता हो, या जैसे वह मेरे कान में कोई ऐसा मंत्र फूंक देना चाहता हो जिससे मेरे मन की सारी मैल धुल जाए, मेरे जीवन का सारा जंजाल कट जाए। मैं बरसों से किसी ऐसे चमत्कार की प्रतीक्षा में हूं। इस प्रतीक्षा में आशा की आभा नहीं। बैठने के पहले या बाद उसने किसी आवाज़ या इशारे या निगाह से मुझसे इजाज़त या मुआफ़ी नहीं मांगी। मुझे उसकी सहजता असाधारण तो लगी ही, उससे ईर्ष्या भी हुई। मैं किसी अजनबी के इतना क़रीब किसी बेंच पर कभी वैसी सहजता से नहीं बैठ सकता, नहीं बैठा। मैं तो ख़ैर कोई भी क़दम सहजता से नहीं उठा सकता। मुझे तो ख़ैर हमेशा हर व्यक्ति कमोबेश अजनबी ही जान पड़ा है। मेरी दृष्टि में दोष है, कई दोष हैं। सिर्फ़ दृष्टि में ही नहीं। मैं हमेशा ख़ाली बेंच की ही तलाश में रहता हूं ताकि किसी से कोई इजाज़त या मुआफ़ी न मांगनी पड़े, कुछ बताना या पूछना न पड़े। मैं अगर कहीं गुम हो जाऊं तो शायद ही किसी से सही रास्ता पूछ सकूं। मैं कई बार गुम हो चुका हूं, हर बार अपनी ही भटकनों ने मुझे सही रास्ता दिखाया है, या ऐसा रास्ता दिखाया है जिसे मैंने हार कर सही मान लिया है। वह बेंच अक्सर ख़ाली नज़र आती है, इसीलिए मैं उसे अपनी कहने-समझने लगा हूं। कभी-कभी ख़याल आता है कि मैं उसे अपनी समझने लगा हूं, इसीलिए वह अक्सर ख़ाली रहती है। कई बरसों से इस मौसम में तक़रीबन हर शाम कुछ देर के लिए मैं उस बेंच पर बैठकर पानी को निहारता आ रहा हूं, अंधेरे से खेलता आ रहा हूं, अंधेरे की तह तक उतरने की अकारण कोशिश करता आ रहा हूं, और यह इंतज़ार करता आ रहा हूं कि किसी शाम डूब जाऊंगा—अंधेरे के पानी में, अंधेरे और पानी में। इस इंतज़ार में भी उम्मीद का उजाला नहीं होता। हर बरस यहां यह मौसम कुछ हफ़्तों के लिए ही आता है। कभी-कभी ख़याल आता है कि अगर यह मौसम कुछ लम्बा होता तो शायद मैं अब तक डूब चुका होता।

लेकिन इस खयाल में ज़्यादा दम नहीं होता, इसकी खाक जल्द ही उड़ जाती है, मेरे हर खयाल की खाक की तरह।

नहीं, वह बूढ़ा अजनबी मेरा ही कोई प्रतिरूप या प्रतिबिम्ब नहीं था। उसकी देह शायद मुझसे दुगनी थी। उसकी-सी सहजता का साया तक मुझमें नहीं। उसका रंग गोरा था। नहीं, उसे देखकर मुझे कोई भय नहीं हुआ, यह आशंका नहीं हुई कि वह मेरा ही भूत या भविष्य है, यह वहम नहीं हुआ कि मेरा ही कोई अन्दरूनी हौआ साकार हो गया है। वह मुझे एक ठोस अजनबी ही लगा, किसी दूसरी दुनिया का दूत नहीं। और अब तो मैं उन तमाम क़िस्से-कहानियों से ऊबने भी लगा हूं जिनके नायक हमेशा किसी-न-किसी आईने से दो-चार होते रहते हैं जिन्हें हर अंधेरे में हर मोड़ पर हर सूरत में अपना ही अक्स नज़र आता रहता है, जिन्हें अपने ही साये से रिहाई नहीं मिलती, जिन्हें हर अजनबी पर अपने किसी जानी दुश्मन का गुमान होता है यानी कि अपनी ही खोयी हुई संभावनाओं के किसी पुतले या प्रतीक का, संक्षेप में जो हमेशा अपनी ही तलाश में भटकते भुरते रहते हैं। मैं तो अपने आप से इतना उकताया हुआ रहता हूं—अपने आप से ही नहीं, अपने हर संभव रूप से भी—कि भूले से भी किसी आईने के सामने से नहीं गुज़रता, मज़ाक़ में भी किसी अजनबी को अपना आईना नहीं कहता, ग़लती से भी किसी दूसरे को अपना भूत या भविष्य नहीं मानता। मैं तो शायद अंधा होता जा रहा हूं, अंधा हो जाना चाहता हूं। मैं अब डूबना चाहता हूं, ढूंढ़ना नहीं। नहीं, मैं अपने आप से आज़ाद नहीं हुआ, सिर्फ़ उकता गया हूं। आज़ादी की उम्मीद मर चुकी है। मैं फिर भी जिन्दा हूं। ज़ाहिर है।

तो मुझे यह खतरा नहीं था कि कुछ देर बाद वह अजनबी अब मेरी तरफ़ रुख करेगा तो मैं चौंक उठूंगा या उसे पहचान कर बेहोश हो जाऊंगा। मैं अब किसी भी चमत्कार पर चौंकता नहीं। यह बात नहीं कि मैं चमत्कारों से घिरा रहता हूं। अपने इस अनावश्यक इंकार पर हंसी आती है। बेहोशी से मुझे कोई भय नहीं होता। मैं शायद उन लोगों में से हूं जो बेहोश हो ही नहीं पाते, जिनके होशोहवास आखिर तक अपने ठिकाने से नहीं हिलते। मेरे खतरे मामूली थे। मिसाल के तौर पर यह कि वह मुझसे बात करने से बाज़ नहीं आएगा, कि वह मुझसे मेरा नाम-काम पूछ लेगा, कि वह मेरे देश के बारे में अन्दाज़ा लगाएगा, कि वह उस दरिया की तारीफ़ में कुछ कह देगा या इस मौसम की जल्द ही होने वाली मौत के बारे में। मुझे असली खतरा यही था कि वह खामोश नहीं रह सकेगा, कि मुझे उससे निराशा होगी, सिर्फ़ उससे हीं नहीं बल्कि मानवीय मामूलियत से, उसके एक और नमूने या प्रमाण से, उस मामूलियत से जो क़रीव-क़रीब हर मौन की आड़ में छिपी रहती है, जो मौन टूटते ही नंगी होकर सामने आ बिछती है। इसीलिए मैं बिला वजह और बार-बार उसका अनुभव या दीदार करते

रहने में कोई खूबी नहीं देखता। अगर वह मेरी आंखों से ओझल रहे तो मुझे अच्छा ही लगता है। चेतना से ओझल तो वह ख़ैर कभी भी नहीं होती। इसीलिए शायद यह कोशिश-ख़्वाहिश और प्रबल रहती है कि वह आंखों से ओझल रहे। नहीं, मैं मौन को, हर मौन को, ख़ास तौर पर अपने मुरझाए हुए मौन को, ग़ैर-मामूली नहीं समझता। न ही मुझे इस भ्रम का भरोसा है कि मौन मामूलियत का विकल्प या इलाज है। कहा ना कि मौन भी आम तौर पर मामूलियत को पर्दे में रखने का एक साधन भर होता है—खास तौर पर वह मौन जो अटूट न हो, असली न हो। नहीं, मैं मामूलियत को किसी असाधारण अभिशाप का दर्जा भी नहीं देना चाहता, मैं उसे एक ऐसी साधारण मानवीय नियति ही मानता हूं, जिससे निजात तो नामुमकिन है, परहेज़ नामुमकिन नहीं। और मैं इस नियति के सहज स्वीकार को एक अभिशाप मानता हूं। इस लिहाज़ से मैं अपने आपको अभिशप्त मानता हूं, लेकिन सिर्फ़ इसी लिहाज़ से नहीं, सिर्फ़ इसी लिहाज़ से हरगिज़ नहीं। वैसे ऐसा भी नहीं कि मेरा सारा समय इस अभिशाप की शिकायत करने या इसे दूर करने के उपाय खोजने में ही कटता हो। मेरा समय कैसे कटता है, किस कठिनाई से कटता है, किन-किन मामूली मूर्खताओं में कटता है, कैसे मामूली मौन में कटता है—यह सब किसी को कभी नहीं बता पाया। मारे शर्म के मुंह अक्सर बीच में ही बंद हो जाता है और आंखें ज़मीन में गड़ जाती हैं। मानवीय मामूलियत को छोड़ भी दूं, अपनी मामूलियत की आगाही मुझे हर क्षण रहती है, इसलिए भी मैं चाहता रहता हूं कि मौन की चट्टान उस पर से इधर-उधर न हो। लेकिन···ख़ैर। इस अंधेरे में और नीचे उतरना ज़रूरी नहीं।

ज़रूरी क्या है? मुझे मालूम था यह सवाल अवसर पाते ही मुझ पर झपट पड़ेगा। इसे अवसरों की कमी नहीं। यह सवाल नहीं, कोई और ही बला है। इसीलिए इसका मेरे पास कोई जवाब नहीं। इसके बावजूद इसे टालना, टालते रहना, ज़रूरी है, वर्ना जीना और मुहाल हो जाए। ज़रूरी क्या है? जिन्दा रहना, जिन्दा रहते चले जाना। हर हालत में। हर हौल के बावजूद। सारी नहूसतों के बीच। सब बीमारियों के साथ। इस आशंका को मारकर कि इस जीने से शायद मर जाना बेहतर हो। ज़िन्दा रहना क्यों ज़रूरी है? मुझे मालूम था यह सवाल झपटने में देर नहीं करेगा। यह पहले सवाल से कहीं ज़्यादा ज़हरदार है। अगर वह कोई बला है तो यह उसका बाप। इसका जवाब शायद किसी के पास नहीं। जिनके पास है वे ख़ामोश रहते हैं। फिर भी इसे टालना, टालते रहना और भी ज़रूरी है, वर्ना मरना अनिवार्य हो जाए। ज़िन्दा रहना ज़रूरी है क्योंकि आत्महत्या की हिम्मत नहीं। अपनी बात कर रहा हूं, उनकी नहीं जो यह हिम्मत कर चुके हैं या कर सकने का दम भरते हैं। नहीं, मैं आत्महत्या को किसी दर्शन का दर्जा नहीं देना चाहता, न ही उसपर कोई दार्शनिक कशीदाकारी करना चाहता हूं, न ही

आत्महत्या के दार्शनिक विरोधियों से उलझना चाहता हूं, और न ही यह दावा करना चाहता हूं कि आत्महत्या ही मामूलियत के एहसास या कांपलेक्स को मार डालने का एकमात्र तरीक़ा है। मैंने सुना है कि अधिकतर आत्महत्यारे बहुत मामूली होते हैं—इतने मामूली कि उन्हें अपनी मामूलियत की पहचान तक नहीं होती, आगाही तो एक तरफ़ रही—कि उनकी समस्याएं सब मामूली होती हैं, इतनी मामूली कि उनसे तंग आकर आत्महत्या कर लेना किसी मच्छर या मक्खी से तंग आकर आत्महत्या कर लेने के बराबर नज़र आए। लेकिन एक मुसीबत और भी है। उचित ऊंचाई से देखा जाए तो हर प्राणी की हर समस्या मामूली नज़र आती है। ग़नीमत है कि वैसी ऊंचाई हरएक की पहुंच में नहीं। जिनकी में कभी-कभी आ भी जाती है वे ज़्यादा देर तक उसपर टिक नहीं पाते, जल्द ही फिसलकर अपने असली धरातल पर आ जाते हैं। मैं उन्हीं लोगों में से एक हूं। जो हो, आत्महत्या अपने में एक मामूली क़दम नहीं। मामूली-से-मामूली इनसान भी आत्महत्या के बाद अपनी मामूलियत से ऊपर उठ जाता है। लेकिन अगर यह सच है तो मैं यह क्यों नहीं मान लेता कि आत्महत्या ही मामूलियत का एक मात्र उपाय है? एक तो इसलिए कि सच्ची मामूलियत को मैं निरुपाय मानता हूं, अमर मानता हूं। दूसरे इसलिए कि आत्महत्या मामूली व्यक्ति का अंत तो कर देती है, मामूलियत का अंत नहीं करती। तीसरे इसलिए कि अंत भी कोई उपाय नहीं। और चौथे इसलिए कि अगर यह मान लूं तो यह सवाल उठ खड़ा होगा कि मैं आत्महत्या क्यों नहीं कर लेता? ख़ैर, इस सवाल का सच्चा जवाब तो यही है कि हिम्मत नहीं। फिर भी, फिर भी···।

एक बात और। अंत अगर उपाय नहीं तो क्या अनन्त का सहारा लिया जाए? अनन्त का तो ज़िक्र तक मेरे लिए आसान नहीं। महसूस होता है जैसे कोई छोटा-सा मुंह कोई बहुत बड़ी-सी बात कर रहा हो। अनन्त से इनकार तो नहीं कर सकता, लेकिन उसे किसी समाधान या सहारे के तौर पर भी नहीं ले पाता। यह असमर्थता भी शायद मामूलियत की ही अलामत हो। इस तरह सोचूंगा तो हर चीज़ मामूलियत की अलामत नज़र आएगी यानी कि ज़िन्दगी भी। वह तो ख़ैर है ही। मौत की ही तरह। जो पैदा होता है और जैसे-तैसे जी-भर लेने के बाद जैसे-तैसे मर जाता है, वह मामूली है। जो पैदा नहीं होता, वह मरता भी नहीं, लेकिन क्या 'वह' है? और अगर है तो 'वह' क्या है? यह सवाल नहीं, स्याही है। उस अजनबी के पास आ बैठने के पहले मैं इस स्याही का सामना भी कर रहा था। संस्कारों का असर है या वैसे ही, बहता पानी और डूबता सूरज देखकर अनायास अनन्त सिर पर सवार हो जाता है। नहीं, मैं हर शाम दरिया के किनारे बिछी अपनी उस बेंच पर बैठकर सिर्फ़ इसी स्याही में उतरने की कोशिश नहीं करता, लेकिन जिस अंधेरे की तह तक पहुंचने की कोशिश करता हूं उसमें इस स्याही का

अंधेरा भी शामिल रहता है।

उस अजनबी के आ बैठ और जम-सा जाने के बाद भी मैंने अपनी जगह नहीं छोड़ी। इस पर अब मुझे आश्चर्य ही हो रहा है, गर्व नहीं। आश्चर्य अपनी हरकतों पर अब भी होता रहता है, गर्व अक्सर नहीं। अपनी छानबीन न जाने क्यों करता रहता हूं। इससे कोई आनन्द—विकृत या वैसा—मुझे नहीं मिलता। इससे मेरा आत्म-अज्ञान कम होता है न आत्मग्लानि। फिर भी इस छानबीन से छुटकारा नहीं। कह लूं कि लत-सी पड़ गई है। बरसों से इसी का बन्दी हूं, इस छानबीन से छलनी हूं। अब इसे छोड़ना असम्भव नज़र आता है। इसे छोड़कर करूंगा क्या, जाऊंगा कहां, वक़्त कैसे काटूंगा। अब इसकी जड़ों की खोज बेकार नज़र आती है, उन्हें उखाड़ना असम्भव भी नज़र आता है, अनावश्यक भी। इतना अज़ाब ही काफ़ी है कि···नहीं, कोई भी अज़ाब काफ़ी नहीं, मेरे लिए, किसी के लिए भी, जरूरी हो या न हो। और मेरे लिए तो यह शायद ज़रूरी भी है, क्योंकि इसी की बदौलत मैं अपनी और सर्वव्यापी मामूलियत का सामना भर कर लेता हूं, कभी-कभी, और उसे सह भी लेता हूं, लगातार। कभी मुसकराकर, कभी मितिलाकर, कभी तिल-मिलाकर। अपनी छानबीन से आनन्द नहीं मिलता, आत्म-अज्ञान कम नहीं होता, आत्म-ग्लानि का अन्त नहीं होता, लेकिन वक़्त कट जाता है। वह तो इसके बग़ैर भी कटता ही रहता। वक़्त की नियति ही है कटना। लेकिन अगर इसी बहाने कट जाता है तो शिकायत क्यों? शायद इसीलिए कि सारा इसी बहाने नहीं कटता, कि इसके बावजूद इतना बचा रह जाता है कि उसे काटने के लिए कई और जतन करने पड़ते हैं, कई और अज़ाब सहने पड़ते हैं।

मुझे 'अज़ाब' इतना अज़ीज़ क्यों?

वह अजनबी यूं बैठा था जैसे मुझसे बेख़बर हो। उसने शायद मुझे देखा तक न हो। इसीलिए शायद मेरी देह से एकाध इंच की दूरी पर आ गिरा है। उसका बैठना मुझे इसलिए नागवार नहीं गुज़रा था कि वह गिरने जैसा था। इसपर तो मुझे एक अनिवार्य हंसी ही आई थी। अगर उसके बैठने-गिरने से बेंच या मेरी कोई हड्डी टूट जाती तो बात दूसरी थी। तब शायद अपनी शुद्ध मामूलियत के दबाव में आकर उससे लड़ना-झगड़ना शुरू कर देता। मैंने अपनी हंसी को टिकने या फैलने नहीं दिया। उसने उसे सुना नहीं होगा। मेरी हंसी अक्सर बेआवाज़ होती है, जैसे किसी आशावान मुर्दे की हो। बैठ जाने के बाद तो उसने मुझे 'देख' ही लिया होगा, लेकिन मेरी उपस्थिति की कोई झलक मुझे उसकी मुखमुद्रा में दिखायी नहीं दी थी। हां, मैंने गरदन घुमाकर उसकी तरफ़ देखा था। शायद उस क्षण के लिए मैं न ज़ाने कैसे इस ख़तरे से आज़ाद हो गया था कि हमारी निगाहें टकरा गईं तो बातचीत से बचाव मुश्किल हो जाएगा। मेरी निगाहें उसके चेहरे को बुहार कर मेरी गरदन के साथ फिर दरिया की तरफ़ घूम गई थीं। अब मुझे

इतना भी याद नहीं कि उसका चेहरा कैसा था। सिर्फ़ उसकी बेगानगी याद है। वह शख़्स अपने आपमें डूबा हुआ नज़र आया। मैं आश्वस्त तो हुआ, कुछ निराश भी। वह यूं बैठा हुआ था जैसे सांस तक न ले रहा हो, जैसे उसे खतरा हो कि उसने ज़रा मी भी ढील दी तो मैं उसके साथ बातचीत शुरू कर दूंगा। मुझे होंठों-ही-होंठों में एक हंसी और आ गई और मैंने उसे भी मरोड़ डाला। उसके बैठने के ज़ाविए के कारण मुझे कनखियों से उसके चेहरे की एक तिरछी-सी फांक तो अब भी नज़र आ रही थी लेकिन मैं निश्चित हो गया था कि वह कोई पहल नहीं करेगा। निश्चित भी और किंचित् निराश भी। निराश सिर्फ़ इसलिए नहीं कि उसके बारे में मेरा अन्दाज़ा या खतरा ग़लत निकला था बल्कि इसलिए भी कि मानवीय मामूलियत के किन्हीं नमूनों से मैं वंचित रह जाऊंगा। मैं शायद उससे उसकी ख़ामोशी और बेख़बरी का बदला ले रहा हूं। घटिया बदला। मेरी निराशा शायद मनघड़न्त हो। मैं साफ़-साफ़ नहीं जानता कि मैंने उस वक़्त क्या सोचा था, कि मैं इस वक़्त क्या सोच रहा हूं।

इस तरह की बारीकियों में बहने की क्या ज़रूरत है? यह सवाल नहीं, अपने आपको सालने और संभालने का ही एक घिसा हुआ तरीक़ा भर है। मेरे पास ऐसे तरीक़ों की कोई कमी नहीं। मैं समझता हूं हर उस व्यक्ति के पास नहीं होती जिसने बरसों अपनी सोहबत और छानबीन में बरबाद कर दिए हों, और वह भी अपने देश से दूर किसी छोटे-से गुमनाम क़स्बे में, किसी झूठे जलावतन की तरह, किसी ऐसे काम में जो वह शायद अपने देश में रहकर भी कर सकता था, या शायद नहीं कर सकता था, लेकिन जो वह देश से दूर रहकर भी नहीं कर पा रहा। काम से मुराद नौकरी से नहीं, सिर्फ़ नौकरी से नहीं। मैं अपने आपको संभालने के लिए ही अपने आपको सालता हूं, अपने आपको सालने के लिए ही अपने आपको संभालता हूं। हर जलावतन—वह झूठा हो या सच्चा, अपनी मर्ज़ी से जलावतन हुआ हो या किसी मजबूरी या जब्र के कारण, भौतिक तौर पर सुखी हो या दुखी—अपने आपको कोसते रहने का आदी हो जाता है। अकेला होते ही वह अक्सर अपने आप पर पिल पड़ता है। कभी कागज़ को सामने रखकर, कभी किसी दरिया या दीवार को, कभी अपने स्वप्नों-दुःस्वप्नों में, कभी वैसे ही। वह अकेला न हो तो भी अकेला दिखाई देता है, महसूस करता है। और अगर वह किसी भी प्रकार और कोटि का कलाकार हो तो कई सवाल उसको निरन्तर नोचते रहते हैं: मैं यहां इस बेगाने आलम में कर क्या रहा हूं? मैं यहां आया क्यों? वापस क्यों नहीं चला जाता? अगर वहां होता तो भी क्या इतना ही वीरान होता? कहीं मैं सूख तो नहीं गया? वहां होता तो नहीं सूखता? हर कलाकार वास्तव में क्या प्रवासी नहीं होता? पलायन क्या अपराध है? मैं मुजरिम क्यों महसूस करता हूं? क्या मैं देशद्रोही हूं? इन बारीकियों का क्या फ़ायदा? कहीं मैं

पागल तो नहीं हो गया ? मैं आखिर चाहता क्या हूं ? अगर अब वहां लौट जाऊं तो क्या वहां जम सकूंगा ? जमने की ख़्वाहिश क्यों ? मैं आत्महत्या क्यों नहीं कर लेता ? वग़ैरह-वग़ैरह ।

मैं बरसों से इन सवालों की सलीब पर लटका हुआ हूं। इस इंतज़ार में कि जल्द ही जान निकल जाएगी । जान निकल जाने के ख़्याल से छोटा-सा सुख मिलता है। फिर उसपर छोटी-सी बेजान हंसी आ जाती है। जलावतनों की जान आसानी से नहीं निकलती । जान तो एक तरफ़, उनके मुंह से कोई बात भी आसानी से नहीं निकलती। बात तो एक तरफ़, कोई ख़याल भी उनके मन से आसानी से नहीं निकलता ।

वैसे कुछ बाहरी बारीकियों में इसलिए भी जाता हूं ताकि उन्हीं के बहाने कुछ देर के लिए अपनी छानबीन से पीछा छूटे । लेकिन इधर बारीकियां बीनने की भी लत-सी पड़ती जा रही है। इसी क़िस्म की बेकार मगर जानलेवा आदतों और लतों और लाचारियों के समूह को ही शायद व्यक्तित्व और चरित्र और स्वभाव के नाम दिए जाते हैं ।

मैं उस अजनबी के कारण उखड़ गया था, और उखड़ गया था । मेरी शाम का सन्तुलन और बिगड़ गया था। मेरी बेंच मुझसे छिन गई थी, मेरा एकान्त टूट गया था। मेरे विचारों के बिखराव पर उस अजनबी की उपस्थिति हावी होती जा रही थी। उस शाम के दरिया में किसी दूसरे की दख़लअन्दाज़ी शुरू हो गई थी। मेरे अंधेरे में कोई दूसरा घुस आया था । मैंने वहां से उठकर चल देने के किसी माक़ूल बहाने का तो नहीं, किसी ठीक क्षण का इन्तज़ार करना शुरू कर दिया था। नहीं, यह सब झूठ है। सच यही है कि मैं सकुचाया हुआ बैठा था। उस अजनबी की बग़ल में। यूं जैसे वह मेरा निगहबान हो और मैं किसी पागलख़ाने में से थोड़ी देर के लिए बाहर भेजा गया कोई बेचारा। हर जलावतन को यह वहम बराबर दबोचता रहता है कि वह पागल हो गया है या हो जाएगा, कि लोग समझते हैं कि वह पागल हो गया है या हो जाएगा।

उस आदमी के साथ एक कुत्ता भी था, जिसका ज़िक्र न जाने मैंने अभी तक क्यों नहीं किया। अब चाहूं तो कुछ वक़्त इसी सवाल की खाल उतारने में काट सकता हूं। चाहता तो हूं लेकिन फ़िलहाल इस चाह को दबाए रखूंगा। अगर कुत्ता न होता तो मैं शायद उठकर चल दिया होता। किसी औपचारिक-सी हरकत या आवाज़ के बाद। कन्धे सिकोड़कर या मुंह से लम्बी-सी सांस छोड़कर। नहीं, मुसकराते हुए उठना नामुमकिन होता। उस आदमी की तरफ़ देखकर उसे कोई जवाबी औपचारिकता दिखाने का अवसर देना भी। लेकिन उसके लंगड़ाते हुए कुत्ते ने मेरे धर्मसंकट में एक और गांठ डाल दी थी। मैंने कभी कुत्ता या कोई जानवर नहीं पाला। कभी ख़याल आया भी है तो मैंने उसे इस मज़ाक़ से टाल

दिया है : अपने आपको पालने का तो सलीक़ा नहीं, किसी और जानवर को क्या पालूंगा। अगर कभी कुछ पालूंगा तो बन्दर ही पालूंगा। हिम्मत शायद ही हो। मुझे कुत्तों से डर तो नहीं लगता लेकिन उन्हें देखकर उनके लिए प्यार भी नहीं उमड़ता। यही बात बच्चों के बारे में भी कह सकता हूं। और शायद बड़ों के बारे में भी। लेकिन बड़ों से तो ख़ैर ख़ौफ़ भी खाता हूं। उस ख़ौफ़ का कोई ठोस कारण या आकार नहीं होता। वह तो शायद मेरे किसी भी ख़ौफ़ का नहीं होता। मेरे हर ख़ौफ़ की जड़ मेरी अपनी ख़ाक में है, मेरी अपनी ख़ाक ही है। मैं स्वभाव और चुनाव से संकोची हूं। और एकांतवासी भी। और एकांत से आक्रान्त भी। यह मैं किसे बता रहा हूं ? अपने आपको, अपने फ़रिश्तों को। किसी दूसरे को ऐसी बोदी बातें बतायी ही नहीं जा सकतीं। ख़ास तौर पर किसी ऐसे दूसरे को जो मिलनसार हो, बेख़ौफ़ हो, सामाजिक हो, स्वस्थ हो, सुन्दर हो। ऐसे व्यक्ति से मैंने हमेशा ख़ुफ़िया तौर पर ईर्ष्या की है। और अपनी ईर्ष्या पर अवहेलना का खोल चढ़ाकर रखा है। अगर वह व्यक्ति औरत हो तो मेरी ईर्ष्या इश्क़ में बदल जाती है। इकतर्फ़ा इश्क़ में। जिसपर मैं अपने ख़ौफ़ का ख़ोल चढ़ा लेता हूं। वैसे मेरी इस उक्ति में एक असंगति है। शायद एक से अधिक हों, लेकिन मुझे इस क्षण सिर्फ़ एक ही नज़र आ रही है। बेख़ौफ़ व्यक्ति सामाजिक कैसे हो सकता है ? एक बात और। सामाजिक औरत से इश्क़ मेरे लिए नामुमकिन है। उसके साथ तो बलात्कार करने की ही ख्वाहिश होती है। वैसे मेरी अपनी असामाजिकता मेरी एकान्तप्रियता का कारण नहीं, उसका परिणाम भले ही हो। मेरी एकान्तप्रियता का मूल कारण मेरा अमिट आत्मसंशय है। शायद मेरी असामाजिकता का भी। शायद मेरे निरन्तर आत्मविश्लेषण का भी। शायद मेरे प्रवास का भी। शायद मेरी हर पीड़ा का भी, हर दुर्बलता का भी, हर दुराग्रह का भी। इस रौ को रोका नहीं तो लिख जाऊंगा कि मेरे अस्तित्व का मूल कारण भी मेरा अमिट आत्मसंशय ही है। और मेरे आत्मसंशय का मूल कारण मेरा यह विश्वास कि मैं दरअसल एक बहुत ही मामूली इनसान हूं। अपने इस विश्वास के विष को मारने के लिए ही मैं अपने आपको यह याद दिलाता रहता हूं कि हर इनसान कमोबेश मामूली होता है, कि मामूलियत एक रोग हो तो हो, पाप हरगिज़ नहीं, कि आत्मसंशय भी एक रोग ही है, पाप नहीं। लेकिन फिर मैं अक्सर फ़ैसला नहीं कर पाता कि रोग और पाप में चुनाव करना पड़े तो मैं किसे चुनूंगा। अपने आपको बनाये रखने के लिए तो ख़ैर मैंने यह ख़ुशफ़हमी भी पाल रखी है कि मामूली आदमी अक्सर अच्छे होते हैं, कि आत्मसंशयालु आदमी अक्सर बुरे नहीं होते, कि आत्मसंशय भी मामूलियत से ऊपर उठने का ही एक उपाय है—एक अपंग उपाय ! नहीं, मैं अपने आपको अच्छा साबित करने के फिराक में नहीं। सिर्फ़ इतना ही सोच और सुझा रहा हूं कि रोगी से परहेज़ तो शायद करना ही चाहिए, नफ़रत नहीं। यह अलग विडम्बना

है कि रोगी अपने आपसे, और अक्सर दूसरे रोगियों से भी, परहेज़ नहीं नफ़रत ही करता है।

जो हो, मुझे आत्मसंशय और एकान्त से आनन्द नहीं मिलता, अज़ाब ही मिलता है, लेकिन यह सम्भावना सोती नहीं कि साधना करता रहा तो अज़ाब आनन्द में बदल जाएगा या अज़ाब और आनन्द का अन्तर उड़ जाएगा, और तब मैं अपने आपको और दूसरों को दूसरी नज़र से देख सकूंगा, सामाजिक दुनिया में नया साज़ोसामान लेकर अपने लिए कोई नयी जगह बना सकूंगा। अपने काम को 'साधना' का सौम्य नाम देते हुए संकोच हो रहा है। सच्ची साधना संशयमुक्त होती होगी। फिर भी आत्मसंशय के बावजूद काम की ज़िद्द नहीं छूटी, इसीलिए काम को साधना कह गया। ज़ाहिर है कि वह न सोने वाली सम्भावना अभी तक साकार नहीं हुई, और मैं अन्त के क़रीब पहुंच गया हूं। यह ज़ाहिर नहीं कि उस न सोने वाली सम्भावना के बावजूद मैंने कभी अपने आपको इस आशा से नहीं छला कि वह किसी दिन साकार हो जाएगी। वह सम्भावना तो है लेकिन मेरी नहीं; मैंने उसे नहीं अपनाया। वह एक तार्किक सम्भावना मात्र है जिससे मुझे कोई सन्तोष नहीं मिलता। कभी-कभी मानसिक विलास के लिए उससे खेल ज़रूर लेता हूं, उसी तरह जैसे कभी-कभी कई और बेकार ख़यालों से खेल लेता हूं। मैंने इन्तज़ार का त्याग तो नहीं किया, उम्मीद का कर दिया है, एक मुद्दत हुई कर दिया था। उम्मीद के बग़ैर इन्तज़ार दूसरों के लिए असम्भव हो तो हो, मेरे लिए नहीं। सो मैं उस दिन का इन्तज़ार भी कर रहा हूं जब मैं अपने पिंजरे से बाहर की दुनिया में दाखिल हो सकूंगा और उस दिन का भी जब बाहर की दुनिया मेरे पिंजरे में आ सकेगी। यह इन्तज़ार अन्त तक चलेगा। यह दरअसल अन्तज़ार है, इन्तज़ार नहीं। नहीं, मैं उम्मीद और इन्तज़ार और अज़ाब से परे किसी ऐसे मुक़ाम पर अभी नहीं पहुंचा जहां से अन्त में अनन्त का उजाला नज़र आने लगे। इस इनकार की कोई ज़रूरत नहीं थी। हुआ शायद यही है कि मैंने कहीं भी पहुंचने की ज़िद्द छोड़ दी है। हुआ शायद यह भी नहीं। हुआ शायद यही हो कि मैं किसी ऐसे मुक़ाम पर आ रुका हूं जहां से कुछ नज़र नहीं आता, कुछ भी नहीं। हुआ शायद यह भी नहीं।

तो मैं लकड़ी का एक अधकुबड़ा बुद्ध-सा बना बैठा रहा, क्योंकि मैं अपने पास आ बैठे उस अजनबी को यह सोचने की छूट नहीं देना चाहता था कि मुझे उसका कुत्ता नापसंद था या कुत्ते नापसंद हैं। मुझे यह ख़तरा भी था कि अगर मैं उठ खड़ा हुआ तो वह बोल पड़ेगा : मेरा कुत्ता काटता नहीं. आप आराम से बैठिये, हम ही चले जाते हैं। यह ख़तरा निराधार था। यहां के लोग इस तरह के इसरार नहीं करते। मैं उस पर अपने वहां के आदाब थोप रहा था। कोई पियक्कड़ होता या हम किसी बार में बैठे हुए होते तो बात और थी। वह शख्स मुझसे बेख़बर था। अपने

में डूबा हुआ था या नहीं, मैं कह नहीं सकता लेकिन उसके चेहरे की जो फांक मेरी कनखियों से दिखायी दे रही थी वह एक दम रूखी; उसमें किसी कौतूहल की नमी नहीं थी। मुझे यह ख़तरा भी था—ख़तरों की मुझे कभी कोई कमी नहीं रही—कि मुझे उठता देखकर उसका कुत्ता भौंक कर यह जतला देगा कि उन दोनों को मेरी सूनी सूरत और बेअदबी पसंद नहीं। यह ख़तरा भी निराधार था—काश कि कह सकता मेरे सारे ख़तरे निराधार ही होते हैं—क्योंकि यहां के कुत्ते भी बिना मतलब नहीं भौंकते, और वह कुत्ता तो वैसे भी कुत्ता कम और बुजुर्ग ज़्यादा नज़र आता था। और वह भी अपने मालिक की तरह मुझसे बेख़बर बैठा हुआ था, जैसे बैठने के लिए ही आया हो बात करने के लिए नहीं। वह शायद उन कुत्तों में से था जो न भौंकते हैं न काटते हैं न दुम हिलाते हैं, जो अपने सारे भाव और भय अपनी कातर निगाहों में उंडेल देते हैं। बेज़ुबानों की निगाहें बहुत भारी होती हैं। अभी तक तो मैंने उस कुत्ते के बारे में कुछ नहीं सोचा था, लेकिन अब अचानक मैंने उसके बारे में बहुत कुछ सोचना शुरू कर दिया था। उसके मालिक को देखने के लिए तो मुझे गरदन घुमानी पड़ी थी, वह ख़ुद यूं बैठा हुआ था कि मैं उसे जी और आंख भर के देख सकता था। मैंने ऐसा किया नहीं। शायद इस डर के मारे कि उसके मालिक को बुरा लगेगा। वह सोचेगा कि इतनी देर तो मैं उन दोनों को नज़रअन्दाज़ करता रहा और अब यकायक उसके कुत्ते पर मोहित हो गया हूं। मैं मोहित नहीं हुआ था। मेरे मोहित होने का मौसम कब का बीत गया। क्योंकि कुत्ता मेरी नज़र के रास्ते में बैठा हुआ था और उसने आम कुत्तों वाली कोई हरकत नहीं की थी, इसीलिए शायद मैंने उसके बारे में सोचना शुरू कर दिया था। ख़ाली मन बैठना आसान नहीं। अगर वे दोनों मेरे पास न आ बैठे होते तो भी मैं ख़ाली मन न बैठ पाता। बेशक कामना यही रहती है कि बेंच पर बैठा-बैठा बहते पानी और घिरते अंधेरे को निहारता-निहारता समाधि में चला जाऊं। अन्तिम समाधि में। आत्महत्या की हिम्मत नहीं, इसलिए यह कामना और मोहिनी, और मज़बूत होती जा रही है कि किसी शाम जब सूरज डूब रहा हो, पेड़ पानी में उल्टे लटके हुए हों, पानी ख़ून की तरह चुपचाप बह रहा हो तो मैं अपनी उस बेंच पर बैठा-बैठा बुझ जाऊं और किसी को ख़बर तक न हो। हिम्मत की ही बात नहीं, आत्महत्या का हिंसक और सनसनीख़ेज़ पक्ष भी मेरा हाथ रोकता रहता है। इसलिए भी मैंने इधर अनायास अन्त के लिए सिहरना शुरू कर दिया है। मेरी अवस्था में पहुंचकर अधिकतर आस्थाहीन इनसान इसी तरह सिहरने लगते हैं, यह जानते हुए भी कि सिहरने से ज़रूरी नहीं कि उनका अन्त हो जाए, क़रीब आ जाए। मैं जानता हूं कुछ बूढ़े किस तरह घुल-घुल कर, एड़ियां रगड़-रगड़ कर मरते हैं। चल-फिर नहीं सकते, पाख़ाना-पेशाब नहीं कर सकते, खा-पी नहीं सकते, बोल-समझ नहीं सकते, किसी को पहचानते नहीं, कुचले हुए तिलचट्टे की तरह पड़े रहते हैं

लेकिन मरते नहीं। दूसरी तरफ़ कुछ ऐसे भी होते हैं जिनकी जान हंसते-खेलते निकल जाती है, या फिर नींद में, या किसी आवेश में एकदम। मैं नहीं जानता मेरी जान किस कैफ़ियत में निकलेगी। मैं चाहता हूं···। अपनी इस चूहा-चाह के बारे में इतना शोर मचाना ठीक नहीं।

उन दोनों की मौजूदगी के बावजूद और दूसरी तमाम सोचों के बीचोंबीच मैं अन्दर ही अन्दर अन्त के लिए सिहर रहा था। सोच रहा था कि अगर मैं इसी दम समाप्त हो जाऊं तो ये दोनों क्या करेंगे। कुत्ता शायद मेरी मौत को सूंघ कर भौंकना शुरू कर देगा, उसका मालिक उस पर झल्लाना। फिर वह इधर-उधर देखेगा, मेरी जेबों की तलाशी लेगा, जब उसे मेरा नाम-पता नहीं मिलेगा तो वह कहीं से पुलिस को फ़ोन कर देगा। यह सोच जल्द ही सूख गई। मुझे हैरानी नहीं हुई। हैरानी अब किसी बात पर नहीं होती, सिवाय इस बात पर कि मैं अभी तक ज़िंदा हूं। इस हैरानी में हर्ष का एक कण नहीं होता। नहीं, किसी-किसी शाम उसी दरिया में थरथराते किसी पेड़ या बादल या आकाश या चांद या विचार के टुकड़े पर सहसा अब भी चौंक उठता हूं। उस चौंक में शायद हर्ष का कोई कण भी चमक जाता हो।

मैं बैठा तो रहा लेकिन यह अन्देशा मेरी खामोशी के साथ बराबर चिपका रहा—ऊपर उस अजनबी और उसके कुत्ते की बेख़बरी और बेरुख़ी के बारे में जो कुछ सोच चुका हूं उसके बावजूद—कि वह ज़रूर अपने कुत्ते के बारे में कुछ कहना या सुनना चाह रहा होगा, कि उसका कुत्ता शायद इस इन्तज़ार में हो कि मैं अनायास उस पर हाथ फेरना शुरू कर दूंगा और उसका मालिक मुझे उसकी आदतों और ख़ूबियों के बारे में बताना। उस आदमी के चेहरे की तो एक तिरछी-सी फांक ही मेरी कनखियों में अटकी हुई थी, उसका कुत्ता हम दोनों के सामने कुछ इस तरह से पसरा हुआ था जैसे वह हम दोनों का हो, हमें अपने बारे में बात करने का बहाना दे रहा हो, और शायद यह सुझाव भी कि हम दोनों कसाव तोड़कर आराम से बैठ तो जाएं, अगर बात नहीं करना चाहते तो न सही। मैंने कभी कुत्ता या कोई और जानवर इसलिए भी नहीं पाला कि मुझे ख़तरा है कि मैं वक़्त-बेवक़्त यही सोचता रहूंगा कि यह कुत्ता या जानवर क्या सोच रहा है, और कभी-कभी दूसरों को भी बताता रहूंगा कि मैं उसकी सोच के बारे में क्या अन्दाज़े लगाता रहता हूं। कुत्तों के मालिक—खास तौर पर वे जिनकी कोई सन्तान न हो या जो अकेले रहते या रह गए हों—उनकी हर हरकत, अदा, बीमारी, आवाज़ और ख़ामोशी की व्याख्या करते नहीं उघाते होंगे। शायद वह कुत्ता अपनी खामोशी के ज़रिए मुझे यह भी सुझा रहा था : तुम भी मेरे जैसा एक सुघड़ सयाना चुप्पू-सा कुत्ता पाल लो तो शायद तुम्हें अपने आप से छुटकारा मिल जाए; छुटकारा तो तुम्हें शायद किसी भी ज़हमत से न मिले, लेकिन कम-अज़-कम कोई हमग़म तो मिल ही

जाएगा, किसी के साथ बेख़ौफ़ होकर ख़ामोश बैठ तो सकोगे, अपने आपको कोसने के अलावा किसी और को भी कोस तो सकोगे, हर शाम इस दरिया का दामन पकड़कर अकेले बैठे रहते हो, कुत्ता पास बैठा होगा तो और अकेले नज़र आया करोगे, महसूस करोगे कि इस अजनबी दरिया का नहीं, अपने कुत्ते का दामन पकड़े बैठे हो; चाहो तो अपने उस कुत्ते का नाम रख देना, 'अजनबी'।

मैंने अपने इस प्रवाह को मुश्किल से रोका। कुत्ते के मन पर अपना मन थोपने में मुझे मज़ा आने लगा था। अगर वे दोनों वहां न होते तो मैं पानी का मन टटोल रहा होता, उसमें थरथराते झीने सफ़ेद बादलों पर नज़र जमाकर अपना मन मारने की कोशिश कर रहा होता, दूसरे किनारे के पेड़ों की ओट में अस्त होते हुए सूर्य के पीले कांटे गिन-चुन रहा होता, यह सोच-सोच कर चकरा रहा होता कि इस बेगाने झुटपुटे में बैठा कर क्या रहा हूं, कि अगर कहीं और होता तो भी क्या कर रहा होता, कि कुछ करना क्यों ज़रूरी है, कि मेरे यहां या वहां या कहीं और होने न होने से, कुछ करने न करने से, कुछ कर सकने न कर सकने से, किसी भी स्थिति में कोई सुधार न होता, कि किसी भी स्थिति में सुधार क्यों ज़रूरी है, कि मैं उन बदनसीबों में से हूं जो किसी स्थिति को सुधार-बिगाड़ सकते हैं न स्वीकार कर सकते हैं, कि वे बदनसीब भी बुरे क्या है, कि उन्हें बदनसीब कहना ज़रूरी क्यों है, कि उन्हें कुछ भी क्यों न कह लो वे बदनसीब हैं और मैं उनमें से एक हूं। इसी तरह चकराते-चकराते जब सिफ़र पर जा गिरने को होता तो आत्महत्या का ख़याल हर शाम की तरह उड़ता हुआ आता, कुछ क्षणों के लिए पर तोलकर चेतानाकाश में रुका रहता, और फिर एकाएक ग़ायब हो जाता। आंखें कुछ देर के लिए रिक्तता में गड़ी रहने के बाद फिर गीले अंधेरे को टटोलना शुरू कर देतीं। कई पश्चात्ताप अपनी तैराकी के कमाल दिखाते, कई अरमान इधर-उधर इतराते नज़र आते। कुछ पुरानी पीड़ाएं करवटें बदलती जान पड़तीं, कुछ बूढ़ी यादें जान निकालने की व्यर्थ कोशिश करतीं। उदासी अंधेरे की तरह घिरती चली आती, अंधेरा धुंएं की तरह बल खाता महसूस होता। एक लम्बी सांस की लकीर खिंचती और मिट जाती। और तब मैं एक ठण्डी मुसकराहट होंठों में दबाए उठकर अपने ठिकाने की तरफ़ चल देता। अपना ठिकाना—जो न ठिकाना है न अपना—मेरे मन की ही तरह वीरान, मेरे तन की ही तरह जरा हुआ। उसकी वीरानी को दूर करने में उतना ही अनमना और असफल रहा हूं जितना अपने मन की वीरानी को दूर करने में। नहीं, दूर नहीं, कम करने में। किसी भी दोष या अभाव को एकदम दूर कर देने की कोशिश का दुःसाहस मैंने कभी नहीं किया; उसे कम करने की कोशिश की हिमाक़त से बाज़ मैं कभी नहीं आया। कभी किसी कोशिश में सफल नहीं हुआ। कभी किसी असफलता से आंख नहीं चुरायी। सिफ़र को छूते हुए आदमी को भी किसी-न-किसी तिनके का सहारा मिल ही जाता है। मुझे अपने प्रति इस नंगी

निर्ममता का सहारा है। नहीं, मुझे कोई सहारा नहीं। किसी भी सहारे के बग़ैर इनसान एकदम मरता नहीं। मैं इस अप्रिय हक़ीक़त की एक नीमज़िंदा हारी हुई हंसती हुई मिसाल हूं। यह मैं किसे ठग रहा हूं, किसके सामने इतरा रहा हूं! अपने आपको, अपने सामने।

ख़ैर तो कुत्ते की सोच के बारे में अपनी सोच के प्रवाह को जैसे-तैसे रोक लेने के बाद भी मैं वहां से उठा नहीं। हर हरकत का अपना एक उचित क्षण होता है। वहां से उठने का क्षण यक़ीनन ही निकल गया था। मैं उसकी लकीर को ही पीट सकता था, पीट रहा था। वह कमबख़्त भी काफ़ी पिट चुकी थी। लेकिन और कोई चारा नहीं था। उन दोनों के रहते मैं पूरी आज़ादी और बेशर्मी से निपट निजी और नाकारा ख़यालों की ख़ाक नहीं छान सकता था और न ही पानी, हवा, अंधेरे वग़ैरह में डूब जाने की कोशिश कर सकता था। सो मैंने फिर वहां बैठे रहने के कारणों-परिणामों-ख़तरों के बारे में सोचना शुरू कर दिया। मैं कोई विचारक वग़ैरह नहीं। यह अनावश्यक विचार क्यों? ताकि अन्दर से आवाज़ आये तुम बड़े भारी विचारक हो। नहीं, अन्दर से ऐसी उदार झूठी आवाज़ कभी नहीं आई, कभी नहीं आएगी। अन्दर अब कोई नहीं, कुछ नहीं। अगर है तो गूंगा हो गया है। अगर नहीं हुआ तो भी अब उदार झूठी आवाज़ें नहीं देता, और उसकी निर्मम सच्ची आवाज़ें अब मुझे सुनाई नहीं देतीं। और न ही मुझे उनकी ज़रूरत है। ज़रूरत हो न हो, उन्हें मैं जानता हूं, उनसे मेरी जान बराबर निकलती रहती है। सच्ची निर्मम आवाज़ों की मुझे कोई कमी नहीं। वे हर तरफ़ से आती हैं। हर वक़्त आती हैं। अन्दर से नहीं आतीं, यही ग़नीमत है। मैं कहने यह जा रहा था कि यह जो मैं बार-बार 'सोचने' का ज़िक्र करता हूं, वह सिर्फ़ सुविधा के लिए, इसलिए नहीं कि मेरे मन में कहीं भी यह भ्रम है कि मैं सोच सकता हूं, कि मैं कोई छोटा-मोटा विचारक हूं। मेरे मन में शायद ही अब कोई भ्रम बाक़ी बचा रह गया हो। मैंने मार-मार कर सबको भगा दिया है। नहीं, मैंने ऐसा कुछ नहीं किया। मेरे भ्रम खुद ही भाग गए होंगे। और सारे अभी भागे कहां होंगे। वर्ना मन ख़ाली न हो जाता। मन वीरान तो है, ख़ाली नहीं, ख़ाली हरगिज़ नहीं। उसकी वीरानी में भी कई भ्रम ज़रूर बैठे उबकाइयां ले रहे होंगे। वर्ना मैं ज़रूर पागल हो गया होता। दूसरा 'ज़रूर' ग़ैरज़रूरी है। ग़ैरज़रूरी क्या नहीं? मैं जानता था यह आवाज़ ज़रूर आएगी। अन्दर से नहीं, चारों तरफ़ से। तो क्या अभी तुम पागल नहीं हुए? मैं जानता था यह आवाज़ भी ज़रूर आएगी। कहीं-न-कहीं से। मुझे ऐसी बेलिहाज़ आवाज़ों की कोई कमी नहीं। मेरे कान छलनी हुए जा रहे हैं ऐसी ही आवाज़ों के कारण। रात को जब दिन का हिसाब लिखने बैठता हूं तो ये आवाज़ें उठ-उठकर मेरे हर लफ़्ज़ पर एतराज़ करती रहती हैं। दिन का हिसाब क्यों लिखता हूं? दिन में कोई ऐसी वारदात नहीं होती—मेरे साथ—कोई ऐसी मुसीबत नहीं

गुज़रती—मुझ पर—कोई ऐसा ख़याल नहीं गुज़रता—मेरे मन में से—कोई ऐसा आंसू नहीं लरज़ता—मेरी आंखों में—बस इतना ही काफ़ी है। अपने दिन का हिसाब इसी तरह लिखता हूं। अधूरा। अधूरे मन से। इस अधूरी उम्मीद से कि किसी रात इसी हिसाब के दौरान इतना रोशन हो जाऊंगा कि दूसरे दिन की दहशत का सामना करने में कोई दिक़्क़त नहीं होगी। दिन के दौरान दुनिया-भर में कई धमाके होते हैं। कहीं कोई हवाई जहाज़ जल गिरता है, कहीं कई बम फटते हैं, दुनिया के कई कोनों में लोग आपस में लड़-मर रहे होते हैं, तरह-तरह की बाधाएं हर तरफ़ फैलती रहती हैं, अख़बारें बुरी ख़बरों से अटी नज़र आती हैं, टी० वी० पर हर बड़ी बुरी घटना की जानदार सुन्दर तसवीरें बार-बार दिखाई जाती हैं—दिन के दौरान दुनिया-भर में ऊधम मचा सुनाई देता है। दिन में कई बार आंखें बन्द करके दुनिया के दौरे पर निकल जाता हूं, ख़ास तौर पर दुनिया के उस हिस्से के दौरे पर जिसमें मेरा जन्म हुआ, जिसमें जल-तप-बुझ कर मैं बड़ा हुआ, जिसका धूल भरा धुआं आंखों में लिए यहां हारा-मारा फिरता हूं, जिससे भाग कर यहां आ पड़ा हूं, जिसके लिए यहां पड़ा-पड़ा तड़पता रहता हूं, जिसकी पीड़ाओं के पहाड़ यहां से और अडिग नज़र आते हैं, जिसमें हर तरह का अन्याय फल-फूल रहा है, जिसमें भूख की पैदावार बढ़ती ही चली जा रही है, जो सारे जहां से अच्छा है, लेकिन जिसकी बुलबुलें बरसों से बेज़बान-सी हो गई हैं। उन अन्धे दौरों का बयान रात के हिसाब में तो मुमकिन नहीं होता, हिसाब के बाद की रात के दुःस्वप्नों में हर रोज़ होता है। उस बयान को भी अभी तक कोई इबारत नहीं दे सका। कोशिश कई बार की है। हर बार महसूस हुआ है जैसे कोई किसी ऐसे बेपनाह फैलाव को समेटने और संवारने की कोशिश कर रहा हो जिसकी सूरतें बेशुमार हों, जो निगाह में समा पाता हो न कल्पना में, जो तरह-तरह की बोलियां बोलता हो, तरह-तरह के भेस बदलकर बिजली की तरह कौंध जाता हो, जो कभी किसी ऐसे गुज़रे ज़माने के नज़्ज़ारे दिखाकर दिल खुश कर देता हो जिसकी आजकल कल्पना भी मुमकिन न हो और कभी एक ऐसे गये-बीते वर्तमान के जिसकी झलक भर से क़ै आए, और कभी ऐसे अनहोने भविष्य के जिस पर विश्वास न आए। मेरे दुःस्वप्नों का देश अभी मेरे बयान से बाहर है। अपने देश का जो दीदार मुझे अपने दुःस्वप्नों में होता है, वही अपने उन अन्धे दौरों के दौरान होता है। मेरी यादों के देश की धूल मुझे बहुत प्यारी है लेकिन जब उसे पकड़ने की कोशिश करता हूं तो हाथों में हवा ही आती है और उससे तसल्ली नहीं होती। इसलिए इन्तज़ार कर रहा हूं। चुप मार कर। उस घड़ी का जब शायद मेरे शून्य में से ही कोई ऐसी शक्ति फूटेगी जिसके सहारे मैं यहां बैठकर पीड़ा के उन पहाड़ों की कुछ ऐसी तसवीरें अपने शब्दों में उतार सकूंगा जिनमें वे पहाड़ दिखाई दें—कभी उड़ते हुए, कभी भुरते हुए, और कभी उसी तरह अडिग और अटल जैसे कि वे मुझे मेरे उन अन्धे दौरों

और दिव्य दुःस्वप्नों में नज़र आते हैं। तब तक मैं अपनी ख़ाक ही छान सकता हूं। चाहूं तो इस ख़याल से कुछ तसल्ली बटोर सकता हूं कि लोगों ने क़तरे में समन्दर और ज़र्रे में सारी क़ायनात देखने के दावे भी किये हैं। चाहूं तो भी इस ख़याल से कोई तसल्ली इसलिए नहीं बटोर सकता क्योंकि वैसे दावे करने का अधिकार मुझे नहीं, अभी नहीं—क्योंकि मेरी आंख में वैसी बीनाई नहीं, अभी नहीं। इस 'अभी' में दुबकी बैठी धीमी-सी लौ से लगन अभी तक बाक़ी है। शायद यह 'शायद' उस शर्म को छिपाने के लिए जो यह क़बूल करते हुए आती है कि मैं अभी तक इस ज़ोम से आज़ाद नहीं हुआ कि किसी-न-किसी लौ से लगन में ही मेरा कल्याण है, वह लौ चाहे कहीं ही क्यों न दुबकी बैठी हो, कितनी ही क्यों न धीमी हो। कल्याण की कामना तो है, उम्मीद हो न हो। कितनी बार इस सीधी-सी बात को दोहराऊंगा? कब तक? बार-बार। आख़िर तक।

इस उड़ान के बाद फिर उस बेंच पर उतरते हुए शर्म तो आती है लेकिन इतनी नहीं कि उड़ता ही रहूं।

तो अब जो ख़तरा मुझ पर बार-बार झपट रहा था वह हर उस स्थिति में मुझ पर झपट पड़ता है जिसमें मैं संयोगवश किसी अजनबी की सोहबत स्वीकार कर लेने पर मजबूर हो जाता हूं। मैंने उस अजनबी की सोहबत को स्वीकार नहीं किया था, न ही वैसा करने पर मजबूर हुआ था। उसकी उपस्थिति भर को सोहबत नहीं कहा जा सकता, न ही मेरे वहां बैठे रहने को मजबूरी। जो हो, जिस ख़तरे का सामना अब कर रहा था उसका शिकार कुछ एक बार पहले भी हो चुका था। अपनी उस बेंच पर नहीं, इसी कस्बे के एक बार में, जहां कभी-कभी जाकर ढेर हो जाता हूं। अपने ही जैसे कुछ और उजड़े हुए लोगों के बीच। और फिर वह ख़तरा उठ खड़ा होता है। अपने आपको निहत्था और नंगा करके उनमें से किसी एक के रहम और फ़ैसले पर छोड़ देने की ख़्वाहिश की सूरत में। और जब इस ख़्वाहिश को कुचल नहीं पाता तो उठकर उस आदमी या औरत के पास जा बैठता हूं। लड़खड़ाते हुए लफ़्ज़ों में उसे अपने ग़म की दास्तां सुनाने के लिए। यह जानते हुए भी कि मेरी दास्तान में कोई दम नहीं होगा, मेरे दर्द का धुआं उसे पसन्द नहीं आएगा कि मुंह खोलते ही मुंह बन्द कर लेने की ख़्वाहिश होगी, कि मुंह से हवा के सिवा कुछ नहीं निकलेगा, मछली की तरह नंगा और निहत्था तो हो जाऊंगा लेकिन मछली की ही तरह अपनी तड़प को कोई आवाज़ नहीं दे सकूंगा।

अगर वे दोनों पास न आ बैठे होते तो मैं रोज़ की तरह उस सुस्त रफ़्तार ख़ामोश दरिया को देख रहा होता, उसमें गिरे काले आकाश और बुढ़िया के बालों जैसे बादलों को देख रहा होता, दूसरे किनारे के पेड़ों की ओट में ऊंघते हुए सूरज को टटोल रहा होता, सोच रहा होता कि यहां परिन्दे क्यों इतने कम हैं और जो हैं मुझे उनके नाम क्यों नहीं आते, दूर के दरियाओं और परिन्दों के ख़्वाब ले रहा

होता, उनके नामों का उखड़ा-उखड़ा जाप कर रहा होता, और अपने अंधेरे में उतरने की कोशिश कर रहा होता। अगर मैं हर शाम की तरह उस बेंच पर अकेला होता तो पूरा अंधेरा हो जाने तक आराम से वहां बैठा रहता—दूसरे किनारे को धीरे-धीरे हरी काली दीवार-सी में बदलता देखता हुआ, इस किनारे के पेड़ों को दुआ मांगते हुए टेढ़-कुबढ़ बूढ़ों में बदलते देखता हुआ, अपने आपको राख के एक ढेर में बदलता देखता हुआ। अंधेरा होने से पहले ही पार्क ख़ाली हो जाता है। कुछ कच्चे प्रेमी ज़रूर इधर-उधर पड़े रहते होंगे, मैंने कभी किसी को देखा नहीं। मेरी नज़रें पानी या पेड़ों या घिरते अंधेरे या दूसरे किनारे पर ही टिकी रहती हैं। जब आकाश साफ़ न हो अंधेरे में पानी भयावह हो उठता है। बत्तियों के बावजूद। तब मैं अपने आप से पूछता हूं : इस ठण्डे अंधेरे में क्या कर रहे हो? जवाब में एक मुस-कराहट मिलती है और मैं उठकर अपने ठिकाने की तरफ़ चल देता हूं—जैसे कोई सब कुछ ग़ंवा देने के बाद कहीं दफ़न होने जा रहा हो। हर शाम इरादा बांधता हूं कि कल शाम यहां नहीं आऊंगा। हर रात सोने से पहले उस दरिया को, उसके दोनों किनारों को, उसके गूंगे पानी को, उसमें कांपते हुए उल्टे लटके पेड़ों को, अपनी बेंच को, इने-गिने बेनाम परिन्दों को, और सब कुछ को संभाले हुए महा-शून्य को हाज़िरनाज़िर मानकर अंधेरे से प्रार्थना करता हूं कि नींद मौत में बदल जाए ताकि दूसरे दिन का सामना न करना पड़े। जहां तक मैं जानता हूँ इस प्रार्थना में किसी शिकायत की सियाही नहीं होती। लेकिन नींद में मौत महात्माओं को ही आती है। मामूली इनसान मौत का इन्तज़ार ही कर सकते हैं या आत्महत्या। मामूली इनसान आत्महत्या भी नहीं कर सकते। मामूली इनसान जैसे-तैसे जैसी-तैसी ज़िन्दगी गुज़ारने में ही मस्त रहते हैं। मैं मस्त तो नहीं रहता लेकिन मामूली ज़रूर हूं। लानत-मलामत से मामूलियत मरती है न उसका एहसास, बल्कि दोनों और जी उठते हैं। मामूलियत के एहसास से मामूलियत की मार कम नहीं होती, बल्कि और ज़्यादा हो जाती है। बेंच पर बैठा-बैठा मैं इन्हीं बासी बेहूदा बौने बेगाने उद्‌गारों की धूल फांकता रहता हूं। मन और स्मृति काली हवा की तरह इधर-उधर उड़ते भटकते रहते हैं। देखने वाले किसी दूसरे को शायद यह शक होता हो कि मैं अपने देश से दूर बैठा अपनी आध्यात्मिक परम्परा का पालन कर रहा हूं, पानी के किनारे बैठा समाधि लगा रहा हूं, जबकि मैं अपनी मामूलियत का अर्क निकाल रहा होता हूं, और उस क्षण का इन्तज़ार कर रहा होता हूं जिसके बाद वहां बैठे रहना असम्भव हो जाता है। वह क्षण मौत की तरह आता है। किसी शाम मौत उस क्षण की तरह आ जाएगी। शायद।

जब मुझे फिर यक़ीन हो गया कि वह आदमी मुझसे कुछ कहे या पूछेगा नहीं तो मैंने सोचना शुरू कर दिया कि उसे पता चल गया होगा कि मैं मामूली तो हूं मिलनसार नहीं, इसीलिए वह ख़ामोश था और मुझे पहल करने का मौक़ा दे रहा

था क्योंकि बैठने के बाद उसे यह आभास भी हो गया होगा कि वह बेंच मेरी थी और वह एक अनचाहा मेहमान, इसीलिए अब वह न उठ सकता था न बोल, क्योंकि उठ जाने का मतलब होता कि उसने अपनी भूल को स्वीकार कर लिया है और बोलने का कि वह उस भूल को सुधारने की कोशिश कर रहा है, इसीलिए वह मुझसे बेख़बर होने का और दरिया में डूबे हुए होने का बहाना कर रहा है, क्योंकि बैठ जाने के बाद शायद उसके मन में यह ख़तरा भी उठ खड़ा हुआ हो कि मैं कोई ख़तरनाक विदेशी हूं, इसीलिए जब से आया है, हिला-डुला नहीं, सांस तक खुलकर नहीं ले रहा। उसके बारे में सोचते-सोचते मैं कुछ क्षणों के लिए अपने आपको भूल गया। उसका कुत्ता अगर शोख़ होता तो शायद मैं उसकी किसी शरारत पर हंस उठता, बर्फ़ टूट जाती, और हमारे बीच मामूली विचारों वग़ैरह का आदान-प्रदान शुरू हो जाता। लेकिन वह कुत्ता यूं लोथड़ा-सा बना पड़ा था जैसे उसे भी मामूलियत के बोझ ने मार डाला हो। उसके जिस्म के बादामी ढेर से बुढ़ापे की गन्ध अदृश्य भाप की तरह उठ रही थी। बूढ़ों को जवान कुत्ते पालने चाहिएं, जवान लोगों के साथ प्रेम करना चाहिए, जवान दोस्त-दुश्मन बनाने चाहिएं। बूढ़ों को कुत्ते पालने ही नहीं चाहिएं। ख़ास तौर पर अकेले और एकान्तपसंद बूढ़ों को। उनको जिनकी शाम किसी पार्क में कटती हो। किसी गूंगे दरिया के किनारे। जो हर वक़्त अपनी और दूसरों की मामूलियत से आक्रान्त रहते हों। ऐसे लोगों के कुत्ते भी उन्हीं के से हो जाते हैं—बुझे बैठे से, ख़ामोश, ख़ुश्क। लेकिन ज़रूरी नहीं कि यह बूढ़ा अकेला हो, एकान्त पसंद हो, मामूली हो, मामूलियत से आक्रान्त हो। हो सकता है एक बढ़िया बुढ़िया घर बैठी इसका इन्तज़ार कर रही हो, इसके लिए पकवान पका रही हो, इसकी वापसी के लिए तैयार हो रही हो। ज़रूरी नहीं कि वह बुढ़िया ही हो। ऐन मुमकिन है कि वह जवान हो, इस पर भी जान छिड़कती हो, इसके कुत्ते पर भी, हर शाम इसे अपनी आंखों से पिलाती हो और ख़ुद इसके हाथों से पीती हो। शायद तीसरी या चौथी हो। उस हालत में यह ज़रूर उस पर कड़ी नज़र रखता होगा और वह शायद इसकी निगरानी के बावजूद सीधे रास्ते से इधर-उधर होती रहती हो। ऐन मुमकिन है यह आज उससे लड़कर यहां आ बैठा हो। हो सकता है इसमें कई ऐसे असाधारण दोष या गुण हों कि कोई औरत ज़्यादा देर तक इसके साथ रह सकती हो न इससे दूर। इसके चेहरे की एक तिरछी फांक से इसके बारे में ज़्यादा अन्दाज़े नहीं लगाए जा सकते। इसके बारे में लगाए सब अन्दाज़ों में मेरे अपने दोष और अन्देशे मिले हुए हैं। जिस तरह मैं इसके बारे में ग़लत अन्दाज़े लगा रहा हूं, यह मेरे बारे में ग़लत अन्दाज़े लगा रहा होगा। हर एक को अपने ही पैमाने से नापने की लाचारी। अगर अचानक इसे आवाज़ दूं, क्यों साहिब, किन चिन्ताओं में डूबे हुए हैं आप, तो यह उछल पड़े। उछल नहीं सकेगा। बहुत मोटा है। मैंने कभी किसी अजनबी से इस तरह का सवाल नहीं

किया। किसी बार में धुत्त हो जाने के बाद भी नहीं। धुत्त हो जाने के बाद अपने आपकोनंगा और निहत्था कर देने की ख़्वाहिश तो होती है—किसी दूसरे को करने की हिम्मत नहीं होती। मैं अब धुत्त बहुत कम होता हूं। धुत्त हो जाने के बाद जिस सर्वव्यापी मामूलियत का दीदार होता है, उससे दिल और टूट जाता है। आंखें और खुल जाती हैं लेकिन दिखाई वहीं देता है जिसे देख-देखकर आंखें यूं भी दुखती रहती हैं। नहीं, अब कोई नशा कोई भ्रम पैदा नहीं करता, कोई नूर नहीं देता, कोई नया पश्चात्ताप नहीं उठाता, कोई नयी याद नहीं उभारता।

उसके अकेलेपन का अन्दाज़ा मैंने उसके बूढ़े कुत्ते से लगाया था, उसकी एकांत पसंदी का उसकी अटूट खामोशी से। लेकिन अगर मेरे ये अन्दाज़े ग़लत थे तो मेरी बेंच पर इस तरह जम कर बैठ जाने का उसे कोई अधिकार नहीं था। उसे अब तक पता इतना तो चल ही गया होगा कि बेंच मेरी है, या मैं उस बेंच को अपनी समझता हूं, वर्ना उसके बैठते ही या बैठ जाने के बाद मैं उठकर चल दिया होता—कोई औपचारिक आवाज़ पैदा करता हुआ या वैसे ही होंठ बिचका कर। उसे पता चला हो या न, मैं अब उसे यह जतलाने के लिए भी जमा बैठा था कि वह बेंच मेरी थी। शायद इस जिद्द ने भी मुझे बांध लिया हो कि मैं उसे वहां से उठाकर ही उठूंगा। मेरे उठने का वक़्त वैसे भी अभी नहीं हुआ था। मुझे घर लौटने की कोई जल्दी नहीं थी। मैं देखना चाहता था कि वह मुझ से कुछ कहे-पूछे बग़ैर कितनी देर तक वहां बैठा रहेगा—मेरी देह से एकाध अंगुली की दूरी पर। वैसे सच शायद यही हो कि मेरी सारी सोच, जिद्द, जड़ता, ख़ामोशी वग़ैरह की तह में यही उम्मीद ऊंघ रही हो कि उस अजनबी से मुझे कोई दिशा-दीक्षा मिल जाएगी, कि वह अजनबी कोई पहुंचा हुआ पीर-दस्तगीर साबित होगा, कि वह मुझे गले से लगा लेगा या मेरा गला घोंट देगा, कि वह भी मेरी तरह पूरे अंधेरे के इन्तज़ार में था, कि उसकी सारी सोच, ज़िद्द, जड़ता, ख़ामोशी वग़ैरह की तह में भी यही उम्मीद ऊंघ रही होगी। सच यही नहीं हो सकता। सच के एक सौ एक रुख़ होते हैं। सच मेरे बस की बला नहीं।

उसका कुत्ता उम्र और अनुभव में हम दोनों से बड़ा था या नहीं, मैं नहीं कह सकता, क्योंकि कुत्तों के बारे में बहुत कम जानता हूं। इनसानों के बारे में भी मैं ज़्यादा नहीं जानता। मेरे अज्ञान की कोई सीमा नहीं। ख़ैर, मुझे उस कुत्ते की नस्ल तक का कोई अन्दाज़ा नहीं। कुत्ता सो रहा था या सोने का बहाना कर रहा था, मैं नहीं जानता। लेकिन रह-रहकर मुझे यह ख़याल उकसा रहा था कि वह हमारी ख़ामोशी के ख़िलाफ़ था, कि वह ख़ुद ख़ामोश इसलिए था ताकि हमें बात करने में आसानी हो, कि उसे मालूम था कि मैं उसे किसी बात का बहाना या विषय नहीं बनाना चाहता था। कोई-न-कोई ख़याल तो रह-रहकर उस अजनबी के मन में भी उठ ही रहा होगा। रह-रहकर न सही, वैसे ही सही। जो हो, हमारी

ख़ामोशी में अब अंधेरा रचता जा रहा था, मेरे अंधेरे में यह अन्देशा कि अगर पूरा अंधेरा होने तक हम दोनों उसी तरह ख़ामोश बैठे रहे तो कुछ कहने-पूछने के बजाय हम एक-दूसरे पर झपट पड़ेंगे। इस अन्देशे में आशा की परछाईं भी थी। नहीं, मैं किसी पर किसी भी अंधेरे में झपट नहीं सकता। यह मानते हुए शर्म आती है कि मैं चाहता हूं कि कोई अजनबी किसी अंधेरे में मुझ पर झपट कर मुझे अंधेरे से मुक्त कर दे। हर अंधेरे में अपने क़ातिल का इन्तज़ार करता हूं। इस इन्तज़ार के साथ भी यह उम्मीद किसी बाल की तरह चिपकी रहती है कि वह क़ातिल मसीहा भी हो। हर असफल आत्महत्यारा चाहता है कि कोई कुशल हत्यारा उसका काम तमाम कर देने के बाद उसे दोबारा जिन्दा कर दे और कहे, जा तू जीवन-मुक्त हो गया। और किसी का पता नहीं, मैं तो यही चाहता हूं। नहीं, और किसी का कुछ पता हो न हो, अपना कुछ पता नहीं। इसीलिए अंधेरे में हूं, अंधेरे में रहता हूं, अंधेरे में पनाह लेता हूं, अंधेरे से दुआ मांगता हूं, अंधेरे को ख़ुदा मानता हूं। यह स्वीकारोक्ति अन्तिम नहीं। हर अकेला और एकान्त पसंद इनसान वक़्त पा कर अनेक और परस्पर विरोधी शिकायतों और ख़्वाहिशों का पुतला बन जाता है, इसीलिए उसकी कोई स्वीकारोक्ति अन्तिम नहीं होती। एकान्त और मौन आम इनसान के लिए नहीं। उसे दूसरे चाहिएं, दूसरों का शोर चाहिए।

वह आदमी अभी तक उसी ज़ाविये पर बैठा हुआ था। मैं अपना ज़ाविया थोड़ा-सा बदल देता तो भी मुझे उसका पूरा चेहरा शायद ही नज़र आता। लेकिन अगर मैं अपना रुख़ उसकी तरफ़ फेर लेता तो शायद वह अपना रुख़ मेरी तरफ़ फेर देता। मैं ऐसे दो टूक साक्षात्कार के लिए तैयार नहीं था। मुझे ख़तरा था कि अगर उसकी आंख से आंख मिल गई तो वह एक आईने में बदल जाएगा। इस ख़तरे का कोई ठोस आधार नहीं था। हर अजनबी से डरने का मूल कारण लेकिन यही ख़तरा है। स्वप्नों में कुछ एक बार ऐसे अनुभव हो चुके हैं। उन्हीं का लाल आतंक हर उतरते अंधेरे में मुझे चांप लेता है और किसी अजनबी की आंख से आंख मिलाने नहीं देता। वैसे हर अजनबी की उपस्थिति से एक-सी झंकार पैदा नहीं होती। उसकी उपस्थिति से जो हो रही थी, ख़तरनाक थी। जैसे-जैसे अंधेरा बढ़ता जा रहा था, पानी काले ख़ून में बदलता जा रहा था, आकाश और पराया होता जा रहा था, पेड़ कुबड़े पहरेदारों में बदलते जा रहे थे और मौन एक सन-सनाती धमकी में, वैसे-वैसे झंकार ज़्यादा होती जा रही थी, ज़्यादा ख़तरनाक होती जा रही थी। मैं कोई जोखिम नहीं उठाना चाहता था। मुझे एक बार का नीला अंधेरा याद आ रहा था। एक काली लड़की अकेली नाच रही थी। मैं एक बूढ़े काले बारमैन के सामने स्टूल पर बैठा पी रहा था और उस लड़की को देख रहा था। जूकबाक्स की नीली आवाज़ के साथ-साथ वह लड़की गुनगुना रही थी और नाच रही थी। उसकी स्कर्ट बहुत तंग और छोटी थी, उसका बदन बांका और

भोला, उसकी आंखें बड़ी और बंजर। बार में बारमैन के अलावा एक और आदमी था। वह गोरा था। उसका सूट नीला था। मैंने उसकी आंख से आंख नहीं मिलाई थी। मैं पी रहा था और उस नाचती हुई उदास काली लड़की को देख रहा था। मैं जानता था कि वह गोरा आदमी एकटक मुझे देख रहा था। मैं जानता था कि मुझे उठ जाना चाहिए। लेकिन वह काली लड़की नाच रही थी और जूकबाक्स का नीला गाना बहुत उदास था और मुझे कहीं जाने की जल्दी नहीं थी और मैं नशे के उस नीले प्रदेश में प्रवेश कर चुका था जहां से लौटना आसान नहीं। मुझे मालूम था कि वह गोरा आदमी मुझे गाली देने के लिए या मुझ पर अपना गिलास फेंकने के लिए तैयार हो रहा था। उसका नीला सूट यूं नज़र आ रहा था जैसे वर्दी हो। मैं अपने आपको उसके बारे में सोचने से रोक रहा था, क्योंकि मुझे ख़तरा ही नहीं यक़ीन था कि वह मेरी सोच को साफ़ पढ़ लेगा और मुझ पर झपट पड़ेगा। मैं नाचती हुई निहत्थी काली लड़की को देख रहा था और उस गोरे आदमी की गाली का इन्तज़ार कर रहा था। जूकबाक्स में से फूटता हुआ नीला गाना नीले अंधेरे में बल खा रहा था और वह नाचती हुई काली लड़की उसे अपने बल खाते हुए बदन के इर्द-गिर्द लपेटती जा रही थी और मैं नशे के नीले प्रदेश में बसता-रसता जा रहा था, लेकिन मेरी चेतना का एक जगमगाता कोना उस गोरे आदमी की झपट का इन्तज़ार कर रहा था। इसीलिए जब उसका गिलास मेरी पीठ से टकराया और उसकी गालियां मेरे कानों में पड़ीं तो चौंक उठने के बावजूद मुझे अजीब-से इत्मीनान का एहसास भी हुआ। वह बूढ़ा काला बारमैन लपक कर उस गोरे आदमी के पास पहुंचकर उसे शान्त करने की कोशिश कर रहा था, मैं अपनी गीली पीठ सहला रहा था और उस काली लड़की को देख रहा था जो अब ऊंची आवाज़ में वह नीला गाना गा रही थी और खुले बदन से नाच रही थी, मानो वह भी अपने तरीक़े से उस आदमी को शान्त करने की कोशिश कर रही हो। वह आदमी जो उगल रहा था उसका सार मेरे नशे के नीले प्रदेश में कुछ धमकियों की सूरत में दौड़ रहा था : भाग जाओ यहां से वर्ना गोली से उड़ा दूंगा, तुम्हारे मुल्क को फ़ना कर दूंगा, ज़हरीली गैस छोड़ दूंगा, एटमबम गिरा दूंगा। काले कुत्तों की हरामी औलाद तुम हो कौन? क्या समझ रखा है बाप का घर? जाओ भागो यहां से, चले आते हैं अपनी मां का नाच देखने। काटकर घुसेड़ दूंगा वह···। मैं उसकी तरफ़ पीठ किए बैठा रहा था। शायद एक और गिलास या घूंसे या चाक़ू या गोली के इन्तज़ार में। मेरी आंखें नाचती हुई काली लड़की की आंखों से मिल जाने की कोशिश में थीं। मैं उसे अपना आईना बना लेना चाहता था। उसे जैसे मेरी ख्वाहिश की ख़बर मिल गई हो। उसने आंखें बन्द कर ली थीं और यूं झूलना-झूमना शुरू कर दिया था जैसे कपड़े उतार रही हो। उसका बांका भोला काला बदन बार के नीले अंधेरे में सुलग रहा था। उधर बारमैन उस भड़के हुए गोरे

आदमी को मेरी तरफ़ से इल्तिजा कर रहा था : रहने भी दो मिस्टर वाइट, बेचारा बैठा पी ही तो रहा है, छोड़ भी दो, न जाने किस देश का है। और वह गोरा आदमी कह रहा था : कोई बेचारा-वेचारा नहीं, हरामख़ोर है, मैं सब जानता हूं किस देश का है, मुंह उठाकर चले आते हैं यहां ऐश करने, काले कुत्तों की औलाद, हमारी औरतों के साथ ऐश उड़ाने, नामर्द कहीं के, सबको सूली पर टांग देना चाहिए, काट के मुंह में डाल देना चाहिए, एटमबम से उड़ा देना चाहिए···। और वह काली लड़की नीले ताल पर नाच रही थी, आंखें मूंदे, मुंह खोले, निहत्थी। और मेरा नशा चूर हो रहा था। मैं जानता था कि बारमैन मुझे और नहीं देगा। मैं जानता था कि काली लड़की गोरे आदमी के साथ जाएगी और वह उसे जी भर के पीटेगा। मैं नहीं जानता था कि मैं यह कैसे जानता था। मैं उस बार में पहली बार गया था। उस शहर में वह मेरी पहली रात थी। मैं जानता था कि बार से बाहर जाते वक़्त जब मैं गोरे आदमी के पास से गुज़रूंगा, तो वह मुझ पर झपटना चाहेगा और काला बारमैन किसी तरह उसे रोक लेगा। मैं जानता था कि मुझे कुछ नहीं होगा और मैं टैक्सी पकड़कर अपने उस ठिकाने पर पहुंच जाऊंगा जो न अपना होगा न ठिकाना। चलने से पहले मैं नाचती हुई काली लड़की की बड़ी बंजर आंखों में एक बार खुलकर झांक लेना चाहता था। मैं जानता था, मेरी ख्वाहिश पूरी नहीं होगी। मैं यह नहीं जानता था कि वह काली भोली बांकी लड़की रात-भर मेरी नींद में नाचती रहेगी और वह नीली वर्दी वाला गोरा आदमी रात-भर मुझे गालियां देता रहेगा और मैं रात-भर उसी बार के नीले अंधेरे में भटकता रहूंगा, कभी उस लड़की की आंखों की तलाश में, कभी उस गाने की नीलाहट की तलाश में, कभी उस बारमैन की तलाश में, कभी उस बात की तलाश में जो मैं काली लड़की की बड़ी बंजर आंखों से कहना चाहता था। मैं यह भी नहीं जानता था कि बरसों बाद उस शहर से दूर किसी क़स्बे के एक गूंगे दरिया के किनारे एक पार्क की बेंच पर बैठा-बैठा किसी शाम मैं भटकता-भुरता फिर उसी बार में जा पहुंचूंगा।

जितनी देर उस याद में खोया रहा, उस अजनबी से आज़ाद रहा। अब एक और ख़याल ने ख़ून सुखाना शुरू कर दिया : मेरे पास बैठा अजनबी कहीं वही मिस्टर वाइट तो नहीं जिसकी आवाज़ और गालियां तो मुझे याद हैं, सूरत एकदम मिट चुकी है, जिसकी सूरत जब याद करने की कोशिश करता हूं तो एक गोरा गुस्सा गुर्राता हुआ नज़र आता है। इस ख़याल को उड़ाने के लिए एक और अजीब ख़याल का सहारा लिया : क्यों न इसी तरह आंखें पानी पर टिकाए धीमी आवाज़ में वह नीला गाना गुनगुनाना शुरू कर दूं और बीच-बीच में उस गोरे की गालियां भी। और अगर हो सके तो बैठे-बैठे ही उस भोली काली लड़की के नाच की नक़ल उतारने की कोशिश भी करूं। अगर यह वही हुआ तो शायद मुझे मार डाले या

मुआफ़ी मांग ले। अगर कोई और हुआ तो समझेगा मैं पागल हूं, ख़तरनाक हो सकता हूं, और तब वह कुत्ते को लेकर कहीं और जा बैठेगा। दूसरे ख़याल का सहारा ज़्यादा देर तक नहीं लेना पड़ा क्योंकि पहला दूसरे के आते ही उड़ गया था—एक इशारा छोड़कर : यह वही तो शायद न हो, उसका कोई अवतार तो हो ही सकता है। इस इशारे के बाद भी मैं उठा नहीं, उल्टा और बैठ गया—यह देखने के लिए कि अब क्या होगा। कुछ नहीं हुआ तो मैंने फिर इन्तज़ार करना शुरू कर दिया—उसके उठ जाने का, पूरे अंधेरे का, किसी नये ख़याल का, किसी पुरानी याद का। अचानक इस इन्तज़ार में एक बेहूदा-सा अंदेशा अटक गया कि वह तो चला जाएगा, उसका कुत्ता वहीं पैरों में पड़ा रह जाएगा। मेरे अधिकतर अंदेशे बेहूदा होते हैं, उनमें से बहुत-से तो अंदेशे होते ही नहीं, कुछ और ही होते हैं—आशाओं, अरमानों, अभावों, दहशतों, संशयों वग़ैरह से बने कोई ऐसे अजीब भाव जिनके लिए मनोविज्ञान में शायद कोई नाम ही न हो।

मैं जानता हूं— उस वक़्त भी जानता था—कि अपनी दुविधा को दूर करने का एक ही उपाय था कि जी कड़ा करके उसकी तरफ़ सीधा देखूं, जब वह रुख़ फेरे तो उसकी आंख से आंख मिलाऊं, अगर वह आईने में बदल जाए तो भी अपलक देखता रहूं जब तक वह फिर एक बूढ़ा और भोला अजनबी नज़र न आने लगे। मैं जानता हूं-- उस वक़्त भी जानता था-- कि वह मुझे कोई नुक़सान पहुंचा सकता था न मैं उसे। हम दोनों किसी अस्पताल के कमरे में पड़े दो बीमार बूढ़ों की तरह थे और एक-दूसरे से कोई बात करने के बजाय अपनी-अपनी बीमारी में बन्द थे। उसकी ख़ामोशी का असली कारण वह जाने, मेरी ख़ामोशी का असली कारश यही था कि उससे कोई भी बातचीत करने के बाद और दौरान मुझे उससे, उस बातचीत से, अपने आपसे घोर निराशा होगी और उस निराशा का मूल उसकी, उस बातचीत की, मेरी अपनी मामूलियत में होगा, मौन जिसका उपाय हो न हो, विकल्प ज़रूर है। यह मैं शायद पहले सोच चुका हूं। मैं यह भी जानता हूं—उस वक़्त भी जानता था—कि मेरी जगह कोई और होता तो मज़े से मौसम की प्रशंसा या शिकायत कर रहा होता, कुत्ते की उम्र, नस्ल, नाम वग़ैरह के बारे में पूछ रहा होता, बता रहा होता कि दरिया के किनारे उस बेंच पर बैठने से उसकी शाम शान्ति से गुज़र जाती है। मैं यह नहीं जानता—उस वक़्त भी नहीं जानता था-- कि वह आदमी क्यों ख़ामोश था। मैं तो मामूलियत के एहसास का मारा हुआ हूं, उसे क्या तकलीफ़ थी। नहीं, यह सब ग़लत है। मैं कुछ नहीं जानता— उस वक़्त भी कुछ नहीं जानता था। अपनी जगह पर किसी की कल्पना उतनी ही कठिन है जितनी किसी की जगह पर अपनी। मेरे लिए। किसी के अंधेरे में उतरने की कोशिश करता हूं तो लगता है अपने अंधेरे में ही उतर रहा हूं। अपने अंधेरे में भी ज़्यादा नीचे कहां उतर पाता हूं। हो सकता है अंधेरा ज़्यादा गहरा न हो। मामूली

इनसान का अंधेरा भी इकहरा। हम सब अपने क़ैदी हैं। हम एक-दूसरे के लिए तड़प तो सकते हैं, एक-दूसरे का पिंजरा नहीं तोड़ सकते। हम उम्र-भर एक ही छत के नीचे पड़े एक ही बिस्तर में छटपटाते रहने के बाद भी अजनबी ही बने रहते हैं। हमसे मुराद मेरे जैसे वे सब मामूली इनसान जो अपनी मामूलियत को स्वीकार नहीं करते, उसे वरदान नहीं समझते।

इस जानलेवा बासी दार्शनिक आलोक के बाद कुछ और कहना करना सोचना अनावश्यक बल्कि असम्भव हो जाना चाहिए, लेकिन होता नहीं, होगा नहीं। कोई भी दार्शनिक आलोक, बासी या ताज़ा, जानलेवा नहीं होता। जान लेने के लिए पानी में या छत से कूदना ज़रूरी है, ज़हर फांकना ज़रूरी है, या इसी पाये का कोई और उपाय। जब और कुछ नहीं सूझता तो आत्महत्या का आलाप शुरू कर देता हूं। आराम मिले न मिले, मन और तन कुछ देर के लिए ज़रूर दहल जाते हैं।

अविद्या दुख की जननी है, ज्ञान अकर्म का जनक। मामूली इनसान की अविद्या उसके ज्ञान की ही बहन होती है। मामूली इनसान की अविद्या ग़ैरमामूली हो सकती है, उनका ज्ञान हमेशा मामूली होता है।

इन जानलेवा जुमलों से अपने मन में यह भ्रम पैदा करने की बेकार कोशिश कर रहा हूं कि मामूलियत के बावजूद कभी-कभी कोई पीली किरन काले पत्थर में से भी फूट निकलती है। लेकिन यह ऊलजलूल जुमलेबाज़ी अब और नहीं। सारी नाकाम कोशिशों और सारे नाकाफ़ी शब्दों का फ़ोकस कल शाम की कैफ़ियत पर ही रहना चाहिए।

बेंच से न उठने, न उठ सकने के कारण क्या वही थे जो बेंच पर बैठे रहने के? इस सवाल को सूली पर लटका छोड़ मैं न उठने, न उठ सकने का एक और कारण सामने रखना चाहता हूं। लेकिन उससे भी पहले अपनी चुप्पी का एक और कारण। अगर वह कुत्ता कुछ कम उदासीन होता तो मेरी चुप्पी टूट गई होती क्योंकि मुझे कुत्तों से प्यार न सही, नफ़रत भी नहीं, इसलिए मैं और कुछ करता न करता, उसे पुचकार तो ज़रूर देता और शायद उसके मालिक से उसका नाम वग़ैरह भी पूछ लेता। उसकी प्रशंसा में तो शायद ही कोई शब्द मेरे मुंह से निकलता; उसका नाम वग़ैरह पूछते वक़्त मेरे चेहरे पर कोई मुस्कराहट तो शायद ही उभरती; बोलते-बोलते मेरा गला शायद सूख जाता और मेरे तलुए पसीने से तर हो जाते। मेरे उखड़े हुए लबोलहजे से वह अजनबी शायद अन्दाज़ा लगा लेता कि मैं किस मुल्क का हूं और उस मुल्क से निकले मुझे कितना अरसा हो चुका है। और किसी बात के लिए न सही, अपने अन्दाज़े की तस्दीक़ के लिए ही वह मुझसे कुछ सीधे सवाल करता। और फिर शायद कहता कि दूसरी जंग के दौरान कुछ महीनों के लिए वह पंजाब या बंगाल में रहा था। शायद वह कुछ शहरों और शख्सों के

ग़लत-सलत नाम भी लेता। शायद आंख मारकर वहां की सुन्दरता के बारे में कुछ कहता। और शायद वहां की ग़रीबी के बारे में। शायद पूछता कि आबादी अब कितनी है, लोग गोमांस क्यों नहीं खाते, आइसक्रीम मिलती है या नहीं···।

कहीं यह सब पहले सोच तो नहीं चुका! तो क्या हुआ। सोचे हुए को सोचने का अपना दुख होता है, अपनी ऊब होती है।

वैसे अगर वह कुत्ता सचमुच करारा और चुलबुला होता तो तमाम दूसरे दबावों के बावजूद मैं वहां बैठा न रह सकता। तो मेरे वहां से न उठने, न उठ सकने का एक कारण यह भी था कि वह कुत्ता सचमुच करारा और चुलबुला नहीं था। करारे और चुलबुले कुत्तों और बच्चों को मैं बिलकुल बरदाश्त नहीं कर पाता। करारी और चुलबुली औरतों को भी नहीं। मेरी सोयी पड़ी हिंसा जाग उठती है। दूध पीते बच्चों और पिल्लों की बात दूसरी है। उनकी चुलबुलाहट मुझे अच्छी लगती है।

कल शाम से पहले शायद ही मैंने कभी किसी कुत्ते को अपनी जड़ता के लिए मुजरिम ठहराया हो।

मुझे क्या अच्छा लगता है, क्या नहीं; मैं क्या बरदाश्त कर सकता हूं, क्या नहीं; मेरे न उठने या बैठे रहने के क्या और कितने कारण थे; मेरी चुप्पी क्यों नहीं टूटी; मेरी मामूलियत का मूल क्या है—इन सवालों का अर्थ आख़िर क्या है? कुछ भी तो नहीं। मैं ख़ुद आख़िर हूं क्या, हूं, कौन हूं? कुछ भी तो नहीं। मैं बहाने से कोई बड़ा सवाल नहीं उठा रहा, सिर्फ़ अपने छोटे-से अहम् का सर कुचल रहा हूं।

अपने ऊपर किए गए इस प्रहार से जी कुछ हल्का हो गया, हौल कुछ कम हो गया, आगे रेंगने की कुछ प्रेरणा मिली।

हां तो अब अपने अनमन को टटोलता हूं तो पाता हूं कि उस कुत्ते की गम्भीर ख़ामोशी ने ज़रूर मुझे बहुत प्रभावित किया होगा। शायद अपने मालिक से ज़्यादा नहीं उसके मालिक ने मुझे प्रभावित नहीं किया था, आतंकित किया था। प्रभाव बड़ा या आतंक? मेरा मतलब शायद यह हो कि अगर वह अजनबी अकेला होता तो उसके प्रभाव या आतंक के बावजूद मैं यहां से चल दिया होता। नहीं, मेरे वहां से . हिल पाने से मुझ पर या किसी और पर कोई मुसीबत नहीं आ पड़ी। उल्टा फ़ायदा ही हुआ। मुझे एक और बाल की खाल उतारने का बहाना मिल गया। वह तो ख़ैर हर हालत में मिल ही जाता। अगर उठकर चल दिया होता तो भी इसी तरह के काले नुक़्ते निकाल रहा होता। दोनों हालतों में हासिल कुछ भी नहीं होता। तो फिर रोना-धोना किस बात का? इसी बात का। हालांकि हासिल क्या करना चाहता हूं—सिवाय मुक्ति और शान्ति के—मैं नहीं जानता।

असली सवाल—जिसका सामना नहीं कर रहा, नहीं करना चाहता—और ही है। सामना न सही, उसका ज़िक्र तो कर ही देना चाहिए। शायद कर ही दिया हो। एक बार और सही। सवाल है कि मैं उस अजनबी और उसके कुत्ते के पास आ बैठने से इतना परेशान क्यों हो उठा था, मैंने सहज उनका स्वागत क्यों नहीं किया, सहज ही उनसे इजाज़त लेकर वहां से उठ क्यों नहीं गया, सहज उन्हें भुल क्यों नहीं पा रहा, बेकार इतनी मामूली-सी अघटना को इतना तूल क्यों दे रहा हूं? यह तथाकथित असली सवाल सीधा और दोटूक नज़र तो आता है लेकिन है नहीं। इसकी आंतें कम लम्बी और उलझी हुई नहीं। इससे तो वह बाल ही बेहतर। नहीं, बेहतर वह भी नहीं, वह भी इसी सवाल का ही एक नन्हा-सा रूप है। उसकी खाल भी अभी पूरी तरह नहीं उतरी। उसे खाल समेत एक तरफ फेंक देना चाहिए। नहीं, ज़ल्दबाज़ी करने की ज़रूरत नहीं। कुछ सवाल और कुछ बाल जान के बवाल होते हैं, उन्हें आप फेंक सकते हैं न फूंक मारकर उड़ा सकते हैं, उनका साथ आखिर तक सहना पड़ता है।

खैर, तो उस कुत्ते की खता यही थी कि वह करारा और चुलबुला नहीं था और न ही कुछ कम उदासीन; उसकी ख़ूबी यह थी कि वह सोया हुआ था या सोया हुआ होने का बहाना कर रहा था, मानो हमें एक-दूसरे से निबट लेने का मौक़ा दे रहा हो, और हम एक-दूसरे से निबटने के बजाय बेजान-से बैठे थे। दो रूठे हुए बूढ़े भाइयों की तरह। मैं डूबते सूरज को ठीक तरह से देख रहा था न ख़ुद ठीक तरह से डूब पा रहा था। सो मैंने सहसा एकटक उस सोए हुए कुत्ते को निहारना शुरू कर दिया। उन तमाम अंदेशों के बावजूद जिनसे बचने के लिए मैं वहां से उठकर चल देना चाहता था और उनके बावजूद भी जिनसे बचे रहने के लिए उस क्षण तक मैंने आंख भरकर उन दोनों को एक बार भी नहीं देखा था। मैं अचानक इतना बेधड़क कैसे हो गया? ऐसे नन्हे-मुन्हे चमत्कार मेरे जीवन में अक्सर होते रहते हैं। उनसे और कोई नुक़सान हो न हो, यह भ्रम बना रहता है कि कोई शक्ति है जो मेरे आश्चर्य को मरने नहीं देती। लोग उस शक्ति को ईश्वर कहते हैं, मैं अंधेरा। कुत्ते का रंग बादामी था। जैसे कि मैं पहले देख चुका था। लेकिन अभी तक मैंने उसके रंग को लेकर उसे रौंदा नहीं था। मेरे देश में हर तीसरे कुत्ते का रंग बादामी होता है, उसी तरह जैसे हर दूसरी औरत का गन्दमी। इसीलिए शायद बादामी रंग के कुत्तों में मुझे कभी कोई ख़ास बात नज़र नहीं आयी। मेरे देश में रंगभेद बहुत है, इस देश से कम नहीं। सो मैं उस बादामी रंग के ढीले-ढाले ढोल से कुत्ते को देख रहा था और सोच रहा था कि उसमें कोई ख़ास बात नहीं। उसके डीलडौल से लगा जैसे वह सूअर बनते-बनते कुत्ता बनके रह गया हो। उसकी आंखें गीली थीं और कान गिरे-गिरे से। जैसे वह आंखों को रोने से रोक रहा हो, कानों को सुनने से। उसके बाल बादामी घास से दिखायी देते

थे। उसे देखते-देखते मैं सहसा करुण हो उठा। उसके लिए, उसके मालिक के लिए, अपने लिए, हर मामूली जीव के लिए, हर मामूली जीवन के लिए। अपना यह पिघलाव मुझे अजनबी तो लगा, अरुचिकर नहीं। अक्सर अन्दर-बाहर से एकदम रूखा-सूखा रहता हूं। आर्द्रता से ऊपर या नीचे। उचाट और चुका-चुका-सा। किसी भूले-भटके मुसाफ़िर की तरह। जो अपने हमसफ़रों से बिछुड़ गया हो। अक्सर पीने के बाद भी मैं पिघलता नहीं। बहुत पी जाने के बाद भी नहीं। बल्कि और पत्थर हो जाता हूं। हंसी आती है न रोना। बहुत पी जाने के बाद यूं महसूस होता है जैसे कड़कती धूप में सारा कूड़ा नंगा सूखता हुआ नज़र आ रहा हो। बार का नीला अंधेरा भी धधकती धूप उगलने लगता है। ख़ैर। उस बादामी कुत्ते ने मेरी टकटकी को टालने के लिए ही मानो अपनी गीली आंखें खोल दीं। अब अपनी बगल में बैठे उस बुत की ओर देखना एक साथ और कठिन और अनिवार्य हो गया महसूस हो रहा था। उसके चेहरे की वह तिरछी-सी फांक मेरी कनखियों से ओझल हो गई थी, लेकिन उसकी आंखें शायद मेरे चेहरे को बुहार रही थीं। इतनी देर तक उसने अपने बैठने और देखने का ज़ाविया नहीं बदला था और अब मुझे अपने कुत्ते को निहारता देख उसने मुझे निहारना शुरू कर दिया था। मुझे अच्छा नहीं लगा। इसलिए भी मैं उसका सामना न करने की ज़िद्द या मूर्खता पर अड़ा रहा। अपनी इस जिद्द या मूर्खता को खड़ा रखने के लिए और इसकी सफ़ाई पेश करते रहने के लिए मैं कई तर्क तराश रहा हूं। पूरी तसल्ली एक से भी नहीं हो रही। न ही पूरी निराशा। मेरे कान अपने साथी की निगाहों की आंच से लाल हुए जा रहे थे। मेरी अपनी निगाहें कुत्ते को निहार चुकने के बाद फिर पानी पर तैर रही थीं। पानी में गिरी पड़ी आकाश की कांपती हुई सलवटों का रंग डूबते हुए सूरज ने बदल दिया था। पानी ख़ुद एक शफ़्फ़ाक़ नारंगीय रेगिस्तान में बदलता जा रहा था। दिन का देहान्त हो रहा था। आकाश और पानी मिलकर उस अन्त को एक उत्सव में बदल रहे थे। और तभी अचानक न जाने कैसे मुझे यह विश्वास हो गया कि वह कुत्ता ज़्यादा दिन ज़िन्दा नहीं रहेगा। यूं महसूस हुआ जैसे किसी ने मेरे कान में यह सूचना डाल दी हो। मैं मन-ही-मन चौंक उठा। अगर मैंने आंख उठाकर उस आदमी की तरफ़ देख लिया होता तो शायद मुझे मेरी आशंका की झलक ही नहीं तस्दीक भी मिल जाती। इसीलिए मैंने आंख नहीं उठायी। एक तरंग उठी कि आंख उठाए बग़ैर ही उस आदमी से पूछ लूं कि उसके कुत्ते को कैंसर था या कोई और रोग, फिर उसे सलाह दूं कि वह उसे मरवाए नहीं, अपनी मौत मरने दे। साथ ही यह ख़तरा उठ खड़ा हुआ कि वह मेरी अनधिकार दख़ल-अन्दाज़ी से नाराज़ हो जाएगा और शायद यह पूछना भी शुरू कर दे कि मुझे कुत्तों को देखकर ही उनकी बीमारी और मरणासन्नता पहचान लेने की सिद्धि कैसे मिली। मैं शाम का अन्त किसी बूढ़े अजनबी के साथ बहस या झगड़े में नहीं

करना चाहता था। मैं खामोश रहा। कुछ देर बाद मुझे कुत्ते की देह से उसकी मौत की महक आनी शुरू हो गई। अब मेरी खामोशी में मेरी ईर्ष्या घुलने लगी और ईर्ष्या में यह कामना कि उस आदमी को मेरी देह से मेरी मौत की महक आ रही हो, कि वह सोच रहा हो कि वह मुझसे अपने पूर्वाभास के बारे में कुछ कहे या न कहे, मुझे मेरे अन्त का संकेत दे या नहीं, कि वह मुसकराकर मुझसे कहना चाह रहा हो कि अंधेरे ने मेरी प्रार्थना स्वीकार कर ली थी, कि अब सिर्फ़ तारीख तै करना बाक़ी था, कि अब मुझे अन्त के इन्तज़ार में आख़िरी कुछ दिन मस्त रहकर गुज़ार लेने चाहिएं। इस कल्पना से मुझे एक अजीब काला-सा नमकीन आनन्द मिल रहा था—धीरे-धीरे डूबने का आनन्द, जिसमें बचा लिए जाने की असम्भावना का नशा भी मिला रहता है, कुछ पा लेने और कुछ खो देने के अनुभव का नूर भी।

अपनी प्रज्ञा की पुष्टि करने का विचार मेरे मन में कई बार उठा; कई बार बैठा। मेरे मन को मसलने वाले हर विचार की तरह। और मैं उसका उठना-बैठना देखता रहा। अब सोचता हूं यह ठीक ही हुआ। क्योंकि अगर मैंने उस आदमी से उसके बादामी कुत्ते की बीमारी और भावी मौत के बारे में कुछ कह दिया होता, कुछ भी कह दिया होता, तो हमारी बातचीत का रुख मौत की ओर मुड़ जाता। मैं उस अजनबी से मौत के बारे में कोई बात नहीं करना चाहता था। मैं उस अजनबी से यह सीधा सवाल नहीं करना चाहता था कि उसे मेरी देह से मौत की महक आ रही थी या नहीं। मैं इस कल्पना का काला नमकीन आनन्द तो ले रहा था कि उसे शायद मेरी मौत का पूर्वाभास हो, मौत से मेरे मोह का पूर्वाभास हो, आत्महत्या में मेरी गंभीर रुचि का ज्ञान हो, लेकिन मैं इस कल्पना की सच्चाई की तस्दीक़ नहीं करना चाहता था, न ही मौत के लिए अपनी हर रात की प्रार्थना के बारे में, आत्महत्या को लेकर अपनी धारणाओं और दलीलों के बारे में उससे कोई बात करना चाहता था। उसके कुत्ते की मौत के बारे में जो पूर्वाभास मुझे अचानक हो गया था, वह एक तरफ़ तो मुझे उस अजनबी के क़रीब ले गया था तो दूसरी तरफ़ उसके सामने नंगा और निहत्था होने की ख़्वाहिश से मुक्त भी कर गया था। लेकिन ख़तरा अभी भी बना हुआ था। मेरे ख़तरों की यह ख़ासियत है कि वे आख़िर तक बने रहते हैं। इस ख़तरे को बिगाड़ने की ख़्वाहिश से शायद मैं यह चाहने लगा था कि वह अजनबी मेरे सामने नंगा और निहत्था हो जाए। लेकिन नहीं, यह कहना कठिन है कि किसी भी ख़तरे के साए में मैं दर-असल क्या-क्या चाहने लगता हूं। जो हो, मैं यह तो चाह ही रहा था कि शाम का अंत जल्द ही हो जाए। और डर रहा था कि अगर हम दोनों में से किसी एक ने अब एक लफ़्ज़ भी बोल दिया तो हम एक-दूसरे की ज़िन्दगी में उलझ जाने से बाज़ नहीं आएंगे। इस डर में ख़्वाहिश की ख़ाक भी ज़रूर रही होगी। उसके कुत्ते

की भावी मौत का पूर्वाभास मुझे अनायास हो गया था। हर क्षण वह पूर्वाभास और पुख़्ता होता जा रहा था। जब तक मैं ख़ामोश रहूंगा, मेरा यह पूर्वाभास मेरे और इस अजनबी के बीच एक पुल की भूमिका नहीं निभा सकता। अगर इसे मालूम है कि इसका कुत्ता मर रहा है और मुझे उसकी देह से मौत की महक आ रही है तो यह और भी ज़रूरी हो जाता है कि मैं ख़ामोश रहूं ताकि पहल का इल्ज़ाम मुझ पर न आए। इल्ज़ाम आएगा कहां से? जहां से आए, मुझ पर न आए। मुझे और इल्ज़ाम नहीं चाहिएं। अगर इसने ख़ामोशी तोड़ दी और पूछ लिया कि मुझे इसके कुत्ते की बीमारी और भावी मौत का ज्ञान कैसे हुआ तो मैं इस ज्ञान से साफ़ इनकार कर दूंगा। नाराज़ होने का अभिनय करते हुए कहूंगा: आपको मुझसे इस क़िस्म के ज़ाती सवाल पूछने का कोई अधिकार नहीं; कुत्तों के बारे में मेरी जानकारी सिफ़र के बराबर है; जिस कुत्ते को मैं आज पहली और शायद आखिरी बार देख रहा हूं, उसकी बीमारी और भावी मौत का ज्ञान मुझे हो कैसे सकता है, आप ज़रा सोचिए तो; मुझे अपने आपसे ही फ़ुरसत नहीं, मैं आपके कुत्ते के बारे में क्या जानूं; अपने बारे में मेरी जानकारी सिफ़र के बराबर है, मुझे क्या पड़ी है कि मैं आपके कुत्ते की मौत के बारे में अपना मग़ज़ खपाऊं; मुझे अपनी मौत से ही फ़ुरसत नहीं ··· वग़ैरह-वग़ैरह।

मैं पानी को निहारते-निहारते ख़ुद पानी हुआ जा रहा था, कुत्ते की मौत के बारे में सोचते-सोचते ख़ुद मरा जा रहा था। शाम के आख़िरी दौर में जो ख़याल और ख़तरे मरे अन्दर उमड़-घुमड़ रहे थे, उनका सही सिलसिला और तसवीर नहीं उतार पा रहा। उनका सिलसिला उस वक़्त भी सही नहीं था, उनकी तसवीर उस वक़्त भी साफ़ नहीं थी।

दो तीन बार सोच चुका हूं कि कुत्तों के बारे में मेरी जानकारी बहुत कम है। दरअसल किसी भी जानवर के बारे में मैं ज़्यादा नहीं जानता। इनसान के बारे में तो बिल्कुल ही नहीं। दरअसल किसी भी चीज़ या विषय के बारे में कोई ठोस ज्ञान है न जानकारी। और न जाने कितने ही ऐसे विषय हैं जिनके बारे में मैं कुछ भी नहीं जानता—ज्ञान के स्तर पर न जानकारी के स्तर पर। इस अज्ञान का ज्ञान मुझे है, शुरू से है। लेकिन नहीं। अपने इस अज्ञान के ज्ञान में भी कई दोष होंगे, इसीलिए अभी तक इससे मुझे कोई राहत नहीं मिली, यह शक दूर नहीं हुआ कि अभी भी अपने घोर अज्ञान को कम करने की कामना अन्दर कहीं ज़िन्दा है, दूसरी हज़ारों कामनाओं की तरह अन्दर ही अन्दर से मुझे कुतर रही है। कभी-कभी अपने अंदर को इस शक के प्रकाश में देखता हूं तो दहल जाता हूं। हौलनाक दृश्य नज़र आते हैं। बयान से बेगाने। अब एक ही सहारा है——कोई भी कामना पूरी नहीं होगी, किसी भी कामना की कुतरन ज़्यादा देर तक नहीं चलेगी, कोई भी अज्ञान कम नहीं होगा। यह सहारा भी ज़्यादा मज़बूत नहीं, इसीलिए शायद

इससे कुछ राहत मिलती है। अब अगर यह निराशावाद है, नेतिवाद है, नियतिवाद है, पराजयवाद है तो हो ! बरसों अपनी कामनाओं का शिकार रहा। बरसों अपने अज्ञान को कम करने की कोशिशों में बरबाद कर दिये। हज़ारों किताबें पढ़ीं। हर किताब में हज़ारों निशान लगाए। लाल और नीले। सैकड़ों कापियां भर डालीं। रट्टे लगाए। पुस्तकालयों में भूत की तरह मंडराता रहा। किताबों की दुकानों में घंटों एक टांग पर खड़े होकर तपस्या की। फूलों के नाम याद किये, परिन्दों की बोलियां सुनीं, वक्ताओं के भाषण झेले, सेमिनारों को सहन किया, तितलियों के पंख पहचानने की कोशिश की, इतिहास का मर्म और क्रम जानना चाहा, भाषा-विज्ञान की भूल-भुलैयों में भी भटक कर देख लिया, विज्ञान के वैविध्य से चकित होता रहा, गणित की गहराइयों में बार-बार गुम हुआ, दर्शन के बन्द दरवाज़े से कई बार सर फोड़ा, अध्यात्मवाद से आतंकित होके भी देख लिया, ज़र्रे-ज़र्रे का जिगर चीरने वालों से प्रभावित होके भी देख लिया...। बस, बस, बस। आवेश को लगाम दो। इतना ही काफ़ी है। इतना भी नहीं होना चाहिए था। हर दावे के प्रमाण पिरोने की प्रथा को पीटना ज़रूरी नहीं। अपनी कोशिशों को बढ़ाना-चढ़ाना भी ज़रूरी नहीं। कुछ भी ज़रूरी नहीं। मुझे किसी से कोई तमग़ा नहीं लेना है। मुझे कोई तमग़ा नहीं देगा। कभी शायद तमग़ों की तमन्ना भी रही हो, अब नहीं। अब कोई तमन्ना नहीं। अब मैंने मान लिया है कि मेरा अज्ञान अक्षय है। क्या सचमुच कोई तमन्ना नहीं? क्या सचमुच मान लिया है? इन सवालों को मत उठाओ ! इन्हें सोया ही रहने दो। सैकड़ों दूसरे ख़तरनाक सवालों के साथ। अगर अज्ञान की गर्म गोद चाहते हो तो इन सवालों को मत छेड़ो।

कुछ देर के लिए बह भी गया था, बहक भी। भला हो अपनी बुज़दिली का कि उसने रोक लिया। लेकिन यह सच है कि मेरा अज्ञान असीम है। जिस दिन इस सच को स्वीकार कर लूंगा, उस दिन मेरा कल्याण हो जाएगा। शायद। नहीं, शायद भी नहीं। मेरा कल्याण असंभव है। अपने अज्ञान को स्वीकार कर लूंगा तो अपने अन्य अनेक दोष आवाज़ देंगे, हमें भी स्वीकार करो। मेरे दोष असंख्य हैं।

अपने दोषों की महिमा मत गाओ।

कहना यह चाहता था कि ज्ञानियों का तो कहना ही क्या, मुझे तो जानकार लोगों से भी बहुत ईर्ष्या होती है। और वितृष्णा भी। वे हर स्थिति में अपनी जानकारी की नुमाइश करते रहते हैं। मुझे नुमाइशों से नफ़रत है। बेशक मेरी इस नफ़रत का मूल कारण यही है कि मेरे पास अपने दोषों के सिवा नुमाइश के लिए कुछ है नहीं। मेरी असामाजिकता का मूल कारण भी शायद यही अभाव है। हर सफल सामाजिक प्राणी नुमाइश पसन्द होता है; हर असफल प्राणी असामाजिक होता है; हर असामाजिक प्राणी असफल होता है।

ये पीली उक्तियां मेरे अज्ञान में से फूट रही हैं या मेरी ईर्ष्या में से या मेरी

असफलता में से या तीनों में से ? अज्ञान और असफलता को आत्मसात् कर लो तो ईर्ष्या का अंत हो जाता है और आपके अन्तर से मार्मिकता की कोंपलें फूटने लगती हैं। ऐसा मैंने सुना है, अनुभव अभी तक नहीं किया। मेरी उक्तियां इसी-लिए पीली हैं। उनमें मार्मिकता की लालिमा नहीं। अभी नहीं। कभी भी नहीं होगी।

यह बहकी-भटकी-सी बात कुत्तों के बारे में मेरी सीमित जानकारी से शुरू होकर मेरे असीम अज्ञान और असामाजिक और असफल जीवन तक फैल गई। कुत्तों के बारे में इतना तो मैं भी जानता हूं कि उनकी उम्र का पैमाना इनसान की उम्र के पैमाने से जुदा होता है, कि वे अक्सर अपने मालिकों से पहले बूढ़े हो जाते हैं और मर जाते हैं, कि उनके मालिकों से अक्सर उनका बदबूदार बुढ़ापा और बीमारी देखे नहीं जाते, और वे उनकी और अपनी यन्त्रणा का अंत कर देने के लिए उन्हें कोई टीका लगवा या गोली खिला या दग़वा कर उन्हें आख़िरी नींद सुला देते हैं। वैसे अगर ये उपाय अनुपलब्ध हों तो मजबूरन वे उन्हें अपनी मौत भी मरने देते होंगे। किसी पहाड़ की चोटी पर या गुफ़ा में रहने वाले किसी संन्यासी या सनकी और उसके अत्यंत बूढ़े या बीमार कुत्ते की अंतिम यातना की कल्पना से कांप रहा हूं। उसकी अपनी अंतिम बीमारी और अत्यंत बुढ़ापे की कल्पना से भी। अपनी अंतिम बीमारी और अत्यंत बुढ़ापे की कल्पना से भी।

मुझे वही कल्पनाएं क्यों पसंद हैं जिनसे कंपन पैदा हो, वही ख़याल क्यों सूझते हैं जिनसे दहशत पैदा हो ? सोचने की बात हैं, समझने की नहीं।

अभी-अभी ख़याल आया है कि एक उम्र के बाद सब बूढ़ों को सनकी या संन्यासी हो जाना चाहिए और किसी पहाड़ की चोटी पर या अंधेरी गुफ़ा में जा बैठना चाहिए। या फिर किसी पेड़ की मचान में। एक बूढ़े कुत्ते को साथ लेकर। यह ख़याल मेरे देश की ख़ूबसूरत ख़ाक में घुला-मिला रहता है, वहीं से आया होगा। पहले भी कई बार आया होगा लेकिन मैंने उसे बैठने नहीं दिया होगा। मैं उस उम्र को पार कर चुका हूं। संन्यासी तो नहीं हुआ, सनकी हो गया हूं। किसी पहाड़ की चोटी या अंधेरी गुफ़ा या पेड़ की मचान में पनाह लेने के बजाय इस बेगाने क़स्बे में आ पड़ा हूं। जब सनक और बढ़ जाएगी तो शायद दिन-रात इसी दरिया के क़िनारे इसी बेंच पर बैठा रहूंगा। लेकिन कोई बैठने नहीं देगा। पागलख़ाने या जेल भिजवा देंगे। लेकिन ऐसा भी तो हो सकता है कि उससे पहले किसी दिन हिम्मत हार या बांध कर पानी में कूद मरूं। क़स्बे के कुछ लोग कुछ दिनों तक मुझे याद रखेंगे, इस बेंच पर बैठकर मेरे बारे में बातें करेंगे, कहेंगे—अजीब सनकी इनसान था; अकेला बैठा-बैठा पानी को निहारता रहता था; कोई पास आ बैठे तो उठ जाता था; एक शाम का ज़िक्र है कि एक बूढ़ा कुत्ता और उसका मालिक…।

नहीं, अभी इस रौ में बहने का आलम नहीं आया। अपने मरने के बाद की

अपनी महिमा की कल्पना की सारी काली संभावनाओं को समेटने के लिए जो निर्मम दृष्टि दरकार है, वह अभी मुझे नहीं मिली। पानी में कूद कर अपना काम तमाम कर देने की हिम्मत मैं शायद ही कभी हार या बांध पाऊं। मैं बुज़दिलों का बादशाह हूं। पैदाइशी।

मैंने अपना सर्वसत्यानाश सच बोल-बोल के कर रखा है। अपने खिलाफ़ सच बोल-बोल कर। लोग अपनी बलाएं लेते हैं, मैं अपना गला घोंटता रहता हूं। लोग अपने दोषों को छिपाते हैं, मैं उन्हें धूप में बिछाता रहता हूं। लोग अपने आपको सहलाते हैं, मैं अपने आपको सालता रहता हूं। लोग अपने गुण गाते हैं, मैं अपने अवगुण। लोग अपनी सफलताओं पर इतराते हैं, मैं अपनी असफलताओं से कतराता हूं, मैं इतराता अपनी किसी भी बात पर नहीं। ज़रूर मुझे यह वहम बरग़लाए हुए है कि अपनी खाल उधेड़ते रहना सिर्फ़ बीमारी ही नहीं, एक तरह की इबादत भी है—अपने अहम् की आहुति। नहीं, 'ज़रूर' नहीं, शायद। शायद की शय्या को नहीं छोड़ना चाहिए। 'ज़रूर' की शरण अभी नहीं। शायद कभी भी नहीं। जब कभी झल्ला कर पूछता हूं कि इस तरह के विचार मेरे मन को क्यों चरते रहते है तो जवाब मिलता है कि असफल आत्महत्यारों का मन ऐसे ही विचारों की चरागाह बन जाता है। इसे उनकी असफलता की सज़ा भी समझा जा सकता है और आत्महत्या का एक दूसरा तरीक़ा भी। अक्सर सोचता हूं कि अगर किसी को ऐसे विचारों में शरीक कर सकूं तो शायद आत्महत्या की ख़्वाहिश ख़त्म हो जाए। फिर पूछता हूं क्या सचमुच इस ख़्वाहिश को ख़त्म करना चाहता हूं। अक्सर जवाब मिलता है, पहले अपनी नियत को साफ़ करो, फिर अपने सवाल को, फिर अपने मन को, फिर अपने कानों को, और फिर पूरी एकाग्रता से पूछो। यह सब मेरे बस का नहीं। अगर यह सब मुझसे हो पाता तो इस तरह के सवाल मेरे मन में उठते ही नहीं। सवाल-जवाब का यह गोरखधन्धा बहुत पुराना है, इसीलिए इतना उलझा हुआ भी कि अब इसे सुलझा पाने का भी मैं ख़्वाब तक नहीं लेता, लेकिन इसे एक तरफ़ फेंक भी नहीं सकता। अक्सर सोचता हूं···नहीं, कुछ सोचता-वोचता नहीं। जिस बेहूदा उधेड़बुन को सुविधा के लिए 'सोचना' कह लेता हूं, उसका ज़िक्र करते हुए भी शर्म आनी चाहिए, आ रही है, आती रहती है, आती रहेगी—आख़िर तक। दुनिया के सामने कितने ही संगीन सवाल हैं—भूख, बीमारी, ग़रीबी, महामारी, ऊंच-नीच, युद्ध, सर्वनाश, पर्यावरण, धर्म, दंगे, भाषा, प्यार, पीड़ा, महंगाई, शोषण, रंगभेद, आत्मा, परमात्मा, मुक्ति, मौत···। और इन सबके बीच मैं अपनी उलझनों को संवार रहा हूं! यह कोड़ा किसी और ने लगाया होता तो शायद इतनी तकलीफ़ न होती जितनी हुई। कुछ देर तक आंखें बन्द किए मैं इस तकलीफ़ को समोता रहा। आंखें खोलीं तो पाया कि मैं उठने के लिए तैयार हो रहा था। हथेलियां बेंच को दबोचे हुए थीं और जूतों की

नोकें घास में लकीरें खींच रही थीं । नब्ज तेज़ी से चल रही थी, गला सूखता जा रहा था । इन अलामतों के साथ ही वे सारे ख़तरे भी उठ खड़े हुए थे जो हमेशा मुझे कोई भी क़दम उठाने से रोकने की हर मुमकिन कोशिश करते रहते हैं । ज्योंही उठना शुरू करूंगा, इसका आदेश सुनाई देगा, बैठे रहो; शायद ये दोनों भी मेरे साथ हो लें; शायद पूरी तरह खड़े हो जाने से पहले ही मुझे मिर्गी या दिल का दौरा पड़ जाए ।

मुझे मिर्गी नहीं पड़ती; मेरा दिल पत्थर है ।

और तभी अचानक वह अजनबी उठ खड़ा हुआ । अचानक लेकिन किसी झटके से नहीं । बस वैसे ही जैसे सब स्वस्थ लोग किसी भी शाम किसी भी दरिया के किनारे बिछे किसी बेंच पर किसी अजनबी के ख़ामोश पड़ोस में कुछ देर बैठ लेने के बाद उठ खड़े होते हैं । किसी संकोच या संतोष के बग़ैर । उसके कुत्ते को भी उसका साथ देने में कोई तकलीफ़ नहीं हुई । चलने से पहले उस आदमी ने कोई औपचारिक आवाज़ पैदा की न उसके कुत्ते ने । मैं आंख-कान लपेटे बैठा रहा । कह नहीं सकता कि चलने से पहले उस आदमी ने मेरे झुके हुए सर पर निगाह डाली थी या नहीं । कह सकता हूं कि चलने से पहले उसके कुत्ते ने मेरे पांव नहीं सूंघे थे । यह कहने की ज़रूरत नहीं कि उनके चल देने से मुझे राहत नहीं मिली, रंज ही हुआ । मेरी बेंच तो मुझे मिल गई लेकिन मेरी शाम का शून्य और गहरा हो गया था । अब उसी वक़्त मेरे वहां से उठ जाने का सवाल ही नहीं पैदा होता था । मैंने अपनी पीठ फिर बेंच की पीठ से लगा दी और महसूस किया जैसे ठंडी लकड़ी को गर्म लकड़ी ने छू लिया हो ।

वे दोनों बहुत धीरे-धीरे चल रहे थे—मालिक आगे-आगे, कुत्ता दो क़दम पीछे । उसकी दुम घास को छू रही थी—जैसे दुम न हो, रस्सा हो । चलने से पहले उसने मेरी तरफ़ नहीं देखा था लेकिन अब देख रहा था—जैसे मुआफ़ी भी मांग रहा हो और यह संकेत भी भेज रहा हो कि मैंने एक सुनहरा अवसर और खो दिया । मुझे ख़ुद भी यही महसूस हो रहा था । मैंने पछताना शुरू कर दिया था । अगर कोई पूछता क्यों पछता रहा हूं तो शायद मेरा भड़का हुआ जवाब होता, कहां पछता रहा हूं ! कुत्ते की कातर निगाह के जवाब में मेरे होंठों पर एक मुसकराहट यूं बिखर गई जैसे भुरभुरे काग़ज़ पर फीकी स्याही । अगर मैंने उस अजनबी की आंखों में झांका होता, उसकी आवाज़ सुनी होती, उसके चेहरे के उतार-चढ़ाव को देखा होता, उससे कोई भी बात की होती, तो अब उसकी मनःस्थिति को अपने अनुमानों में उतार रहा होता; सोच रहा होता कि उसने मेरे बारे में क्या-क्या सोचा होगा, मेरे देश, पेशे, वर्ग, व्यतीत जीवन-दर्शन के बारे में क्या-क्या अंदाज़े लगाए होंगे; अपने आपको समझा रहा होता कि सभी लोग सब लोगों को अपने अंदाज़ों का शिकार नहीं बनाते; सोच रहा होता कि इस वक़्त वह अज-

नबी भी अपने कोरे काग़ज़ों पर झुका मेरे बारे में ऐसा ही कुछ लिख रहा होगा; अपने आपको समझा रहा होता कि सभी लोग अपना समय कोरे काग़ज़ पर झुक कर अपने दिल की उधेड़बुन में नहीं गुज़ारते।

उसके पीछे-पीछे अनमना-सा चलता उसका कुत्ता मुड़-मुड़कर मेरी तरफ़ देख रहा था, मानो मुझे तसल्ली दे रहा हो—पछताओ मत, ऐसे अवसर और भी मिलेंगे, उन्हें भी इसी तरह खो मत देना, अब उठो और अपने ठिकाने को चल दो कि अब यहां कोई नहीं, कोई नहीं आएगा, मेरी चिंता मत करो, न ही मेरे मालिक की, हम दोनों बूढ़े तो हैं, तुम्हारी तरह बीमार नहीं। कुत्ते की चाल देख मुझे अपने देश की संवेदनशील और गुमसुम गाएं याद आ रही थीं—गलियों में घूमती हुई, घूरों को बीनती हुई, कचरा और काग़ज़ चबाती हुई, हर आने-जाने वाले को अपनी गीली भोली आंखों से यूं निहारती हुई जैसे उससे अपने गोपाल का अता-पता या उसकी अनुपस्थिति का कारण पूछ रही हों। इस याद के पीछे-पीछे इसी तरह की दूसरी दिल-तोड़ यादों का रेला न दौड़ आए, इस डर के मारे मैंने अपने आपको कसना-समेटना शुरू कर दिया। दरिया पराया हो गया था, आकाश अदृश्य। सूरज मर चुका था, पेड़ शायद उसी का मातम कर रहे थे, मैं लगभग बुझी हुई किसी आग के ढेर-सा सुलग रहा था।

आम तौर पर वहां की यादों के हमलों में अब ज़्यादा दम नहीं होता। मैं दरअसल उन हमलों को होने ही नहीं देता। सतर्क रहता हूं। ख़ास तौर पर शाम को। किसी भी याद को टिकने नहीं देता। फूंकें-सी मारता रहता हूं। मन को निचोड़-निचोड़ कर सूखा कर लेता हूं। किसी भी याद को मचलने तो हरगिज़ नहीं देता। मचलती हुई बेदम यादें भी बहुत मारू होती हैं। पहले पीकर पानी हो जाया करता था, अब पत्थर। नहीं, उस शाम में वहां की शामों के शून्य का कोई ख़ास अक्स मुझे दिखाई नहीं दिया था, उस अजनबी की किसी भी अदा या मुद्रा ने मुझे अपने किसी खोए हुए दोस्त या दुश्मन की याद नहीं दिलाई थी। उस कुत्ते की चाल न जाने क्यों मुझे वहां उड़ा ले गई थी। लेकिन मैं वहां ठहरा नहीं। अब मैं वहां ज़्यादा देर तक ठहरता नहीं। अब अन्दर भरी पड़ी रिक्तता के बावजूद मैं बाहर से कठोर होता जा रहा हूं। हुआ हूं या नहीं, दिखाई ज़रूर देने लगा हूं। किसी ऐसे पके हुए व्यक्ति की तरह जिसने अपनी व्यथा और व्यर्थता को किसी काले दर्शन का दर्जा या सहारा देकर उन्हें किन्हीं आध्यात्मिक उपलब्धियों में बदल दिया हो, उन्हें सच्चे दिल से स्वीकार कर लिया हो, या कम-अज़-कम अपनी हर रोज़ की रूहानी उलझनों से अलग रखने का राज़ सीख लिया हो। पहले मोम हुआ करता था, अब मिट्टी होता जा रहा हूं। या कम-अज़-कम चाहता यही हूं कि हो जाऊं। लेकिन चाहता कब नहीं था! चाहा तो मैंने हमेशा यही है कि हर हालत में किसी कोमल महात्मा की तरह मस्त रहूं, हर मैल और मामू-

लियत को मुसकराता हुआ सहूं, हर पेड़ से सूखे पत्ते की तरह गिरूं, हर पानी में तिनके की तरह बहूं। चाहा तो मैंने हमेशा यही है कि कुछ न चाहूं। और अब आख़िरकार शायद किसी भावुकतामुक्त मुक्के-सा हो गया हूं, या कम-अज़-कम दिखाई तो देने ही लगा हूं। यह बात अलग है कि अब भी कई बार अचानक इतना भुरभुरा हो जाता हूं कि लगता है जैसे कोई कड़ा दिखने वाला मकान अचानक खोखला नज़र आने लगे।

जो हो, कुछ देर के लिए मैं यहां के दरिया से दूर वहां जा पड़ा था—वहां के घूरों पर, जहां मेरे देश की संवेदनशील सूखी गाएं कचरा और काग़ज़ चबा रही थीं और अपने गुमशुदा गोपाल को याद कर रही थीं। लेकिन मैं ज़्यादा देर तक वहां भी नहीं, ज़्यादा दूर तक वहां भी नहीं गया, और मेरी वह कैफ़ियत हौल में नहीं बदली, क्षणिक तड़प तक ही सीमित रही। तड़प पर क़ाबू पा लेना आसान है, हौल पर नहीं। तड़प कारणों से जुड़ी रहती है, हौल उनसे आज़ाद होता है। तड़प के कारणों को अगर मिटाया या उड़ाया न भी जा सके, उन्हें मिटा या उड़ा पाने की संभावना हमेशा बनी रहती है। वैसे भी जिस स्थिति पर कारणों की सीमा बनी रहे, उसे संभालना असंभव नज़र नहीं आता। हौल के हमलों का कोई कारण नज़र नहीं आता, इसीलिए उनकी मार से कहीं कोई पनाह नहीं मिलती। तड़प का ज़ायका मीठा होता है, हौल का कोई ज़ायका नहीं होता। अपने हौल की बात कर रहा हूं, और अपनी तड़प की। तड़प कब हौल में बदल जाए, कुछ कहा नहीं जा सकता।

आज की तड़प हौल में नहीं बदली। यह करामात उस अजनबी की चाल की ही रही होगी, क्योंकि जैसे ही मेरी निगाह कुत्ते से हट कर उसके मालिक पर पड़ी, मैं वहां से यहां लौट आया और मुझे हंसी आ गई। पीछे से वह आदमी औरत नज़र आ रहा था। किसी मोटी मेम-सा। जिसने बाल आदमियों की तरह कटवा रखे हों, लिबास आदमियों का-सा पहन रखा हो, लेकिन जिसकी चाल में ज़नानेपन की ज़िद्द बची हुई हो। उसकी चाल ने मुझे अपने देश की आलसी अमीर पेटू औरतों की याद दिला दी थी जिनकी चटक-मटक और उछल-छलक पर हंसी, वासना और हिंसा की मिली-जुली प्रतिक्रिया एक साथ हुआ करती थी। हंसी उस आदमी पर नहीं उन औरतों पर ही आई थी। वासना-हिंसा-रहित हंसी, जिसने मेरी तड़प को हौल में बदलने से बचा लिया था, मेरा मूड बदल दिया था। अब वह कुत्ता अपने मालिक का ही एक चौपाया रूप नज़र आ रहा था। जैसे उसकी बहन या भाई हो। पीछे से उसका मटकाव अपने मालिक जैसा ही था। वे दोनों दरिया के किनारे-किनारे चलते-चलते पार्क की आख़िरी बेंच तक पहुंच गए थे। वहां से वापस मुड़ फिर दरिया के किनारे-किनारे चलना शुरू कर सकते थे, या बाएं की ओर उस रास्ते पर मुड़ सकते थे जो कुछ दूर जाकर एक गली-सी में गुम हो जाता था,

या दरिया में छलांग लगा सकते थे, या वहीं खड़े रह सकते थे, या मालिक उस बेंच पर बैठ सकता था और कुत्ता उसके क़दमों में। उनके और मेरे बीच फ़ासला और अंधेरा इतना ज़्यादा हो गया था कि अगर उनके रुख़ मेरी तरफ़ होते तो भी मुझे उनकी सूरतें दिखाई न देतीं। मैं देखना चाहता था कि वे क्या करेंगे। सारी शाम उनके बहाने या सहारे गुज़ार लेने के बाद मैं उनके साथ बंध-सा गया था। कुत्ते से मुझे किसी पहल की उम्मीद नहीं थी। वह अपने मालिक की मरज़ी का ग़ुलाम था। उसका मालिक एक मोटे-से धब्बे-सा खड़ा था जैसे पार्क का ही कोई पहरेदार हो। अंधेरे ने मर्द और औरत का भेद तो मिटा दिया था लेकिन मालिक और कुत्ते का नहीं। मैंने फ़ैसला कर लिया था कि अगर वे मेरी तरफ़ मुड़ते हुए दिखाई दिए तो मैं उठकर अपने उस ठिकाने की तरफ़ चल दूंगा जो ठिकाना था न अपना; अगर वह बाएं की तरफ़ मुड़ गए तो जब तक वे ओझल नहीं हो जाएंगे मैं उन्हें देखता रहूंगा; जितनी देर वे खड़े रहेंगे, मैं बैठा रहूंगा। इस फ़ैसले से मुझे कोई राहत वग़ैरा नहीं मिली थी, मेरे मन में कोई भ्रम वग़ैरा नहीं पैदा हुआ था, बस कुछ देर और उस अंधेरे में बैठे रहने का बहाना मिल गया था। ऐसे अनावश्यक फ़ैसले अब आसानी से हो जाते हैं। इसे ग़नीमत समझता हूं। एक ज़माना था कि यह भी नहीं हो पाता था। अब इन्हीं नन्हे-मुन्हे फ़ैसलों की बैसाखियों के सहारे टिक-टिक करता हुआ अन्त की ओर बढ़ रहा हूं।

जब वे आंखों से ओझल हो गए तो लगा जैसे मन से भी हो गए हों, गोया मेरी आंखों ने ही उन्हें मेरे मन से बाहर धकेल दिया हो। लेकिन ज़ाहिर है कि मन से बाहर वह नहीं गए।

अगर वह अजनबी मेरी बेंच पर न आ बैठा होता तो शायद मैंने शाम का एक क्षण भी उसे या उसके कुत्ते को न दिया होता। मतलब यह नहीं कि तब मेरी शाम कम मामूली होती। मतलब बस इतना-सा ही है कि मेरी शाम को लकीर से हटाने का श्रेय उस आदमी को ही जाता है, या उस संयोग को जिसके कारण वह मेरे पास आ बैठा। मतलब यह नहीं कि लकीर से हट जाने से मेरी शाम कम मामूली हो गई। मतलब बस इतना-सा ही है कि···नहीं, मतलब को अब और नहीं मसलना चाहिए। मामूली और कम मामूली अन्तर का कोई अर्थ नहीं। मेरी शाम के सिलसिले में।

तो अब मैं उस पीले अंधेरे में अकेला था। मेरी आंखें दरिया और अंधेरे को दुलार रही थीं। उठने से पहले मैं पानी के रोशन हिस्से को हवा में किसी लहलहाते हुए काले खेत में बदलते देखना चाहता था। पार्क ख़ाली हो चुका था। मेरा मन भी। क़रीब-क़रीब। पेड़ भी। पूरी तरह। इस पार्क में परिन्दे क्यों नहीं आते? दरिया के दूसरे किनारे के पेड़ों का पता नहीं, इस किनारे के पेड़ कमोबेश ख़ाली ही रहते हैं। यह ख़याल पहले कभी क्यों नहीं आया? हर ख़याल के आने का क्षण

शायद पूर्वनिश्चित हो। इस ख़याल का पीछा इस वक़्त नहीं, इस शाम नहीं।

जिस पानी में मछलियां न हों और जिसके ऊपर परिन्दे न उड़ें और जिसके किनारे खड़े पेड़ सुबह-शाम ख़ामोश और ख़ाली रहें, वह पानी अपूर्ण है। उसमें आंखों की जलन बुझती है न मन की अशान्ति। मेरे लिए इस दरिया की कशिश का असली कारण शायद यही हो। इसकी अपूर्णता ही शायद मुझे इस मौसम में हर शाम यहां खींच लाती हो। नहीं, इस कशिश का कारण जुटाना जरूरी नहीं। पानी की आवाज़ ही मेरे लिए काफ़ी है। यह दरिया शोर नहीं करता। अक्सर ख़ामोश सुनाई देता है, इसकी आवाज़ में भी मुझे ख़ामोशी ही सुनाई देती है। इस वक़्त हवा में इसकी ख़ामोशी उड़ रही है। पानी सांस ले रहा है।

मुझे स्वप्नों में अक्सर पानी के नाना रूप दिखाई-सुनाई देते रहते हैं। बाढ़ की गड़गड़ाहट। शान्त महासागर। पानी के पहाड़। आंसुओं से दरिया। ऐसे अंधे कुएं जिनमें झांकते हुए महसूस हो आपने पाताल में झांक लिया हो। खेतों में दौड़ता-फैलता गुनगुना पानी। बेरहम बारिशें। जहाजों से लिपटी हुई पानी की ज़ंजीरें। पत्थरों से रिसता-बरसता पानी। भाप उगलता पानी। बूंदा-बांदी। छतों से टपकता पानी। गलियों में दौड़ता हुआ पानी। घड़ों से गुम पानी।

मेरी सबसे पुरानी यादों में से एक में मां मुझे अपने हाथों पर उठाए एक तूफ़ानी नदी को पार कर रही है; उसके पांव तेज़ बहाव में उखड़-उखड़ जाते हैं; उसके हाथ मुझे यूं ऊपर उठाए हुए हैं जैसे वह मुझे आकाश के हवाले कर रही हो। मैं खिलखिला रहा हूं, मेरी खिलखिलाहट में डर और निडरता एक साथ बज-गरज रहे हैं, मेरी आंखें कभी आकाश की तलाश में खो जाती हैं, कभी चढ़ते हुए पानी से यूं खेलने लगती हैं जैसे कोई पागल अंगारों से, पानी उछल-उछलकर मेरे पैरों को पकड़ने की कोशिश कर रहा है, मां उखड़ती-लड़खड़ाती हुई मुझे उसकी पहुंच से उपर रखने की, और इस याद में कहीं कोई आवाज़ सुनाई नहीं देती। सन्नाटे की सनसनाहट में डूबी हुई यह याद मुझे अक्सर आती है।

अगर इस क़स्बे में यह दरिया न होता तो इसे और इसमें अपनी तनहाई को बरदाश्त करना और कठिन हो गया होता। अगर इस क़स्बे में परिन्दे इतने कम न होते तो इसे और इसमें अपनी तनहाई को बरदाश्त करना कुछ कम कठिन हो गया होता। साल में तीन महीने यह दरिया जमा रहता है। एक महीने के लिए तो इतना सख़्त कि कुछ नौजवान इस पर स्केटिंग करने से बाज नहीं आते। हर साल दो-तीन स्केटर इसमें डूब मरते हैं। किसी बूढ़े के डूब मरने की ख़बर मैंने नहीं सुनी। जिन दिनों दरिया सख्त जमा हुआ होता है, मैं इससे दूर रहता हूं। तब यह मेरे स्वप्नों में जमा दमकता रहता है। कभी किसी झील के रूप में, कभी किसी जानवर के रूप में।

अगर इस दरिया का सहारा न होता तो अपने आपको बरदाश्त करते रहना और कठिन हो गया होता।

दिल को इसी तरह के ख़ाम ख़यालों से बहलाता रहता हूं। दिल बहल के नहीं देता। अपनी वीरानियों को इसी तरह कमोबेश करता रहता हूं। वे कमो-बेश हो के नहीं देतीं। खूब जानता हूं कि अगर यह न होता तो वह होता, अगर यहां न होता तो कहीं और होता, अगर यह मुसीबत न होती तो कोई और होती, अगर इस दरिया का सहारा न होता तो शायद किसी दरख्त का सहारा होता, अगर इस क़स्बे को और इसमें अपनी तनहाई को या अपने आपको बरदाश्त करते रहना कुछ और या कुछ कम कठिन हो गया होता तो भी अपनी वीरानियां दूर नहीं होतीं और उनके बावजूद मैं इस उम्र को जैसे-तैसे पहुंच ही गया होता और इसी तरह यहां या कहीं और अकेला बैठा ख़ैर मना रहा होता। 'अगर' की गरदान ग़लत। 'अगर' एक ऐसा मगरमच्छ जो सब कुछ निगल जाता है लेकिन उसका पेट नहीं भरता। 'अगर' 'मगर' का भाई। दोनों इस दुनिया को भोगने-सहने के लंगड़े बहाने। जिनका कोई और भगवान न हो, उनके भगवान। मेरे रखवारे। मेरी राख की साख रखने वाले। अगर इन दोनों का भी सहारा न होता तो··· भी मैं जैसे-तैसे जी ही रहा होता।

दरिया मेरे ठिकाने से ज़्यादा दूर नहीं। पैदल चलूं और अपनी चुकी हुई चाल से चलूं तो भी पार्क तक पहुंचने में आठ-दस मिनिट से ज़्यादा नहीं लगते। अगर अपने देश का कोई दरिया होता तो इस मौसम में सुबह-शाम यहीं बैठे-बैठे सुनाई देता रहता, रात-भर नींद में भी उसकी आवाज़ बहती रहती, जब कभी नींद टूट जाती तो पानी और हवा की भीगी-भीगी सायं-सायं आस-पास लहराती महसूस होती। मेरे देश के दरियाओं की आवाज़ें और ख़ामोशियां और तरह की हैं। शिकायत नहीं कर रहा, एक भोला-सा मुक़ाबला ही कर रहा हूं। यहां और वहां के छोटे-छोटे अन्तर उघाड़ते रहने की लत से लाचार हूं। यहां पड़े रहने के लिए और वहां की पकड़ को बनाए रखने के लिए ऐसा करते रहना ज़रूरी है। वहां मैं किसी गंगा, जमुना, कावेरी, नर्मदा, जेहलम, शिप्रा, रावी, ताप्ती, सरयू, सतलुज, ब्रह्मपुत्र, सरस्वती के किनारे किसी बेंच या चट्टान पर इस तरह और इतनी-इतनी देर के लिए कभी नहीं बैठा। वहां कभी मेरा ठिकाना किसी दरिया से आठ-दस मिनिट की दूरी पर कभी नहीं रहा। वहां के दरियाओं को मैंने अक्सर ऊपर से ही देखा है। पुल पर से। मां के हाथों पर पड़े-पड़े। गाड़ियों में बैठे-बैठे। जल्दी-जल्दी में। हां, एक बार जब गाड़ी किसी कारण से एक पुल पर रुक गई थी तो एक दरिया को आराम से देखने का अवसर मिला था। उस दरिया में बाढ़ आई हुई थी। पानी मटियाला था, शोर दहशतनाक। मैं खिड़की से सर निकाले उसमें झांकता रहा था और अपनी सबसे पुरानी याद की उस

तूफ़ानी नदी को देखता रहा था जिसमें उखड़ी-लड़खड़ाती मां मुझे अपने हाथों पर यूं उठाए हुए थी जैसे मुझे आकाश के हवाले कर रही हो। उस दरिया में कूद जाने की ख्वाहिश हुई थी। आंखें बन्द करके मैंने अपने जिस्म को किसी बाज़ की तरह उस खौलते हुए मटियाले पानी पर झपटते हुए देखा था।

इस वक़्त उस दरिया के अलावा अपने देश के कई पहाड़ी नदी-नालों की याद भी आ रही है। पत्थरों पर फिसलता हुआ अमृत-सा पानी। उसमें देह और कपड़े धोती-निचोड़ती पहाड़िनें। उसमें खेलते-मचलते नंग-धड़ंग बच्चे। उसके ऊपर उड़ते-उतरते परिन्दे। आस-पास खड़ी या गिरी पड़ी पहाड़ियां। धूप। खेत। ख़ामोशी। आकाश।

इस वक़्त पानी के अलावा अपने देश का सूखा भी याद आ रहा है। धरती की पपड़ियां। मुरझाई हुई फ़सलें। मवेशियों की लाशें। बच्चों की पसलियां। बड़ी-बड़ी आंखें। बूढ़ों की बंजर गुहार। सूखा आकाश। सूखे दरिया। कंकाल। खनखनाते ख़ाली बरतन।

सोने से पहले वहां के पानी में डूब रहा हूं। वहां के सूखे में सूख रहा हूं, नींद कैसे आएगी, कैसी आएगी!

सोने से पहले प्रार्थना करता हूं। अंधेरे में। अंधेरे से। अंधेरे की। प्रार्थना शुरू करने से पहले आंखें मूंदकर पड़ा रहता हूं। अंधेरे का असीम फैलाव एक बेपनाह बाग़ में बदल जाता है। अंधेरे के फूल, अंधेरे के लोग, अंधेरे के पेड़, अंधेरे की ख़ुश्बू, अंधेरे की हवा, अंधेरे के दरिया, अंधेरे के परिन्दे। उन सबको आंखों में समेट कर अंधेरे की एक मूर्ति बना लेता हूं। और फिर आंखें खोलकर उस मूर्ति से प्रार्थना करता हूं। नींद और मौत और मुक्ति के सिवा कुछ नहीं मांगता। शुरू नींद से करता हूं। गहरी नीद से। प्रार्थना करता हूं कि गहरी नींद में गहरे स्वप्न दिखाई दें। जिनसे दृष्टि मिले। जो दूसरे दिन याद रहें न रहें, दूसरे दिन की धूल को रोशनी दें। फिर जब नींद आनी शुरू हो जाती है और अंधेरे की मूर्ति में उजाला-सा रचने लगता है तो नींद के बजाय मौत मांगने लगता हूं। प्रार्थना करता हूं कि नींद गहरी होते-होते सुबह तक मौत में बदल जाए। इस प्रार्थना का प्रताप होता है या जिस्म की मजबूरियों का, नींद आ जाती है। नींद आ जाने के बाद ही शायद मुक्ति की प्रार्थना करता हूं। नींद तो आ जाती है, मौत नहीं आती, मुक्ति नहीं मिलती। ज़ाहिर है, नींद की या स्वप्नों की गहराई का कोई माप मेरे पास नहीं। कुछ स्वप्न याद रहते हैं, बहुत-से भूल जाते हैं। जो याद रहते हैं, पूरे याद नहीं रहते, जो भूल जाते हैं, पूरे भूलते नहीं। उनसे दूसरे दिन की धूल में कितनी और कैसी रोशनी आती है, इसका भी कोई माप मेरे पास नहीं। आजकल अक्सर मेरे हर अंधेरे में इस दरिया का दख़ल रहता है। आजकल अक्सर इस दरिया में वहां के दरियाओं का दख़ल भी रहता

है। आजकल मेरी वह मूर्ति कभी-कभी अंधेरे की बजाय पानी की भी हो जाती है। उसे बनाने से पहले जब असीम अंधेरे को साध रहा होता हूं तो अंधेरा पानी में बदल जाता है—पानी के एक बेपनाह बाग़ में। पानी के फूल, पानी के लोग, पानी के पेड़, पानी की ख़ूश्बू, पानी की हवा, पानी के परिन्दे। उन सबको आंखों में समेट कर पानी की एक मूर्ति बना लेता हूं। आजकल अक्सर मेरी हर प्रार्थना में पानी का दख़ल भी रहता है। एक प्रार्थना के जवाब में ही शायद एक स्वप्न में यह दरिया एक क़तरे में बदल कर मेरी एक आंख से टपक पड़ा था और दूसरी आंख ख़ाली और देखती रह गई थी। उस स्वप्न की कैफ़ियत दूसरे दिन पकड़ नहीं पाया था।

इस दरिया को इस क़स्बे के नौजवान लड़के-लड़कियों ने स्थानीय क्षेत्र का नाम दे रखा है, मैंने (अपने मन-ही-मन में) प्रवास-गंगा का।

बस अब और नहीं। अंधेरे में अंधेरे से अंधेरे की प्रार्थना का समय हो गया।

गुंजल का खेल

मैं उस शाम इक़बाल के साथ उसके घर जाना तो नहीं चाहता था, लेकिन चालीस साल बाद उसकी पत्नी और अपनी प्रेमिका नीरू को एक नज़र फिर देख लेने का मोह अचानक जाग उठा था और मैं चुपचाप उसके साथ यूं हो लिया था जैसे कोई किसी पुराने पाप को एक आख़िरी बार फिर करने जा रहा हो।

अब यानी पिछले चालीस सालों से मैंने किसी के साथ किसी के घर जाना क़रीब-क़रीब बन्द कर रखा है। उससे पहले अपने घर से दूर रहने के लिए अक्सर दूसरों के घरों में पनाह लिया करता था—कुछ देर के लिए। कुछ देर बाद वहां से भी जी उचट जाता तो किसी और पनाह की तलाश में निकल जाता था। सच्ची पनाह कहीं नहीं मिलती थी, सो थक-टूट कर अपने ही घर लौट आना पड़ता था।

क़रीब चालीस साल पहले ही मैंने यह मान लिया था कि सच्ची पनाह मुझे कहीं नहीं मिलेगी, किसी प्यार में, न किसी घर में, कि हर प्यार और हर घर में लोगों और चीज़ों और यादों और भूलों और अभावों के अलावा और कारण एक निस्सार अंधेरे का बसेरा भी रहता हैं। उस अंधेरे के दिल में किसी के लिए कोई लिहाज़ नहीं होता, कोई दया नहीं होती। उस अंधेरे से पलायन असम्भव है, मुक्ति असम्भव हो न हो। वे लोग ख़ुशक़िस्मत हैं जिन्हें वह अंधेरा दिखाई नहीं देता। उन्हीं लोगों को प्यार और घर में शान्ति मिलती है। मैं उन लोगों में से नहीं।

पिछले चालीस सालों में मेरा यह स्वीकार्य पकता-पकता एक पत्थर में बदल गया है जिसे चाहूं तो विश्वास की उपाधि भी दे सकता हूं। यह अलग विडम्बना है कि यह ख़तरा अभी तक बना हुआ है कि किसी शाम अचानक किसी घर या प्यार के अंधेरे में मुझे कोई ऐसा लाल या रत्न जगमगाता नज़र आ जाएगा कि मेरा यह पत्थरनुमा विश्वास भुरभरा जाएगा। मुझे अपने इस ख़तरे पर ख़ुश होना चाहिए, लेकिन मैं ख़ुश अब किसी बात पर नहीं हो सकता, नहीं होता, अपने इस एक बचे-खुचे विश्वास के भुर जाने की संभावना पर तो हरगिज़ नहीं क्योंकि इसके बग़ैर तो मैं और बेकार हो जाऊंगा। इस इन्तहा पर मुझे इन चिन्ताओं से

आज़ाद हो जाना चाहिए था, लेकिन सच और मुसीबत यही है कि मैं किसी भी चिन्ता से आज़ाद नहीं हुआ। वे लोग खुशक़िस्मत हैं जिन्हें अपनी चिन्ताओं की बेड़ियां दिखाई देती हैं न महसूस होती हैं। मैं उन लोगों में से नहीं। मैं न जाने किन लोगों में से हूं।

जो हो मैं आम तौर पर किसी के साथ किसी के घर नहीं जाता। यह बात नहीं कि ऐसे अवसरों की मुझ पर बरखा होती रहती हो। पिछले चालीस सालों में मुश्किल से सात अवसर ऐसे आए होंगे। यह याद करते हुए शर्म महसूस होती है कि हर बार मेरी हार हुई। उन अवसरों को याद करते हुए हैरानी भी बहुत होती है। दरअसल पिछले चालीस सालों से मैं अगर पूरी तरह से रूपोश नहीं तो क़रीब-क़रीब पूरी तरह से किनाराकश और गोशानशीन ज़रूर हूं। सब पुराने हमसफ़रों से कटा हुआ हूं। नए हमसफ़र बनाने की कामना ही नहीं रही। अजनबियों के बीच अजनबी बना जी-जर रहा हूं। शुरू-शुरू में शायद इस अलेहदगी ने कुछ कष्ट दिया हो, अब कई सालों से तो इससे एक अस्वस्थ-सा सुख ही मिल रहा है, शुरू-शुरू में इस सुख की अस्वस्थता अखरा करती थी, अब कई सालों से तो यह अखरन भी नहीं रही। अपनी मैल में ही मस्त रहता हूं—घर में भी और घर से बाहर भी। वक़्त काटने के लिए कुछ-न-कुछ करता रहता हूं—घर में भी और घर से बाहर भी। घर में तो ख़ैर मेरे बारे में सोचने वाला कोई है नहीं, बाहर अगर कोई मुझे ग़ौर से देखता होगा तो यही सोचता होगा, कोई बेचारा है, घोर बुढ़ापे का मारा हुआ, अपना नाम-पता भी भूल गया होगा, अब इस आशा से इधर-उधर डोलता रहता होगा कि कोई इसे पहचान लेगा और पकड़ कर इसके वारिसों के हवाले कर देगा। लेकिन हो सकता है लावारिस ही हो, बुढ़ापा बुरी बला है, सरकार को कुछ करना चाहिए, आजकल औलाद कुछ नहीं करती, बच्चों ने सब कुछ छीन कर बाहर हांक दिया होगा। हो सकता है बेऔलाद ही हो। पढ़ा-लिखा दिखता तो है, पर होगा नहीं। क्या पता कौन है, पुलिस को ऐसे लोगों पर नज़र रखनी चाहिए, किसी पागलखाने से भाग आया होगा, या शायद किसी जेल से···।

बकवास ! कोई किसी को ग़ौर से नहीं देखता। मुझे तो हरगिज़ नहीं। कोई किसी के बारे कोई अन्दाज़े नहीं लगाता। मेरे बारे में तो हरगिज़ नहीं। सब अपने सिलसिलों और सपनों में मस्त रहते हैं। मैं खुद भी तो वैसा ही हूं। दूसरों के बारे में अगर सोचता भी हूं तो यही कि वे मेरे बारे में क्या सोच रहे होंगे। घर से बाहर भटकता तो रहता हूं लेकिन किसी की आंख से आंख नहीं मिलाता। इतनी लंबी गुमशुदगी के बाद भी यह खतरा अभी तक जिन्दा है कि कोई मुझे पहचान लेगा। अब कोई खाक पहचानेगा मुझे ! पहचान भी लेगा तो कौन-सी आफ़त आ जाएगी ! फिर भी अपनी किसी ग़फ़लत या ग़लती से मैं अपनी गुम-

नामी के कवच को खोना नहीं चाहता। मैं खोया हुआ तो हूं, इधर-उधर डोलता भी रहता हूं, लेकिन पहचान लिए जाने की आशा से नहीं, आशा नाम के रोग से मुक्त हो जाने की आशा के सिवा किसी आशा से नहीं। मैं जानता हूं कि आशा से मुक्ति की आशा के कारण ही मैं एक अटूट चक्रव्यूह में फंसा हुआ हूं, फंसा रहूंगा। मैं कुछ नहीं जानता, कुछ भी नहीं।

घर में रहूं या बाहर, मेरा मन अक्सर क़रीब-क़रीब ख़ाली रहता है। यह अलग मुसीबत है कि मुझे उसका ख़ालीपन ख़ालिस नज़र नहीं आता। दरअसल मुझे कोई चीज़ या चमक ख़ालिस नज़र नहीं आती, खासतौर से अपनी कोई चीज़ या चमक। इसे अपनी दृष्टि का दोष भी कह लेता हूं, उसका गुण भी। अक्सर दोष ही कहता हूं। कहूं कुछ भी, इसी के कारण खाक हो गया हूं। और अब तो अपनी इस ख़ाक के ख़त्म हो जाने के इंतज़ार में ही बस घड़ियां गिन रहा हूं। कोई काम-वाम नहीं करता। अपनी ज़रूरतों को इतना कम कर लिया है कि किसी चीज़ की कमी महसूस नहीं होती। कुछ महसूस नहीं होता—अथाह ऊब के सिवा। यह अथाह ऊब भी ख़ालिस नज़र नहीं आती। इस अवस्था को पाने के लिए दरअसल मैंने ख़ुद कुछ नहीं किया। ज़रूरतें अपने आप कम हो गई हैं, होती जा रही हैं। काम-वाम की कामना अपने आप छूटती जा रही है। महसूस करने की शक्ति अपने आप शिथिल होती जा रही है। सोचता हूं कि तथाकथित अथाह ऊब भी ज़रूर अपने आप उड़ती जा रही होगी। सोचता हूं जिस दिन वह भी नहीं रहेगी तो मेरा क्या होगा, मेरा समय कैसे कटेगा! और सब चीज़ें कम होती जा रही हैं, समय बढ़ता जा रहा है। दरअसल बढ़ नहीं रहा, लेकिन भ्रम यही होता है कि बढ़ता जा रहा है।

समय की मेरे यहां कोई कमी नहीं, कभी भी नहीं रही। नाकाम इनसान के यहां समय की कमी नहीं होती। जिस इन्सान के पास समय की कमी न हो, वह नाकाम होता है। हर नाकाम इनसान की तरह मुझे भी अपनी नाकामी का नमक चाटने की आदत है, अपनी नाकामी से इनकार करने की ज़िद्द भी है, और अपनी नाकामी को एक वरदान मान कर बुद्ध की तरह मुस्कराने की ख्वाहिश भी है। हर नाकाम इनसान की तरह मैं अक्सर बुद्ध की शरण लेता हूं। हर नाकाम इनसान की तरह मैं सैर का शौकीन हूं। सुबह-शाम की स्वस्थ सैर का नहीं, किसी भी वक़्त की सुस्त सैर का—जो सैर कम होती है, भटकन ज़्यादा। दिन-भर घर से बाहर रहता हूं। बाहर और दूर। कई बार इतनी दूर निकल जाता हूं कि रात भी बाहर गुज़ारनी पड़ती है। कभी किसी पार्क की बेंच पर, कभी किसी दुक़ान के फट्टे पर, कभी किसी सड़क के किनारे, कभी किसी मक़बरे की महराब तले, कभी किसी पेड़ के सहारे। अगर कभी किसी बीमारी या लाचारी के कारण घर में ही बन्द रहना पड़े तो घर मुझे काट खाने को तुल जाता है, मैं घर को। घर के

साथ ऐसा हिंसक रिश्ता क्यों बना, कैसे बना ? इस सवाल का ग़लत-सलत जवाब मेरे पास है तो सही लेकिन उसमें मुझे विश्वास नहीं, इसलिए उसे दबा कर रखता हूं। अपने इस दर्द की तरह जिसकी असलियत में भी मुझे विश्वास नहीं। वैसे सच्चाई शायद यही है कि किसी भी सवाल का असली जवाब मेरे पास नहीं, कभी भी नहीं रहा। और अब तो सवाल भी सब सूखते जा रहे हैं। इसीलिए मन ख़ाली रहता है। मुझे ख़ुश होना चाहिए कि और कुछ न सही, मन तो ख़ाली हुआ, लेकिन यह ख़ालीपन ख़ालिस नज़र नहीं आता, ख़ालिस नहीं, जैसा कि पहले सोच चुका हूं, इसलिए इस पर ख़ुश मैं नहीं हो सकता। मुझे ख़ालिस ख़ालीपन चाहिए। मन में भी, मकान में भी। मुझे मालूम नहीं वह कैसा होता है। बस इतना मालूम हैं कि जिस दिन वह मिल जाएगा, मैं मन और मकान से मुक्त हो जाऊंगा। दरअसल मालूम इतना भी नहीं; मद्धिम-सा भ्रम ज़रूर है। हर नाकाम और मामूली इनसान की तरह मैं भी मन और मकान से मुक्त हो जाने के स्वप्न देखता हूं।

मेरे घर में—असल में वह न घर है न मेरा है—मेरे और कीड़े-मकौड़ों के अलावा और कोई नहीं लेकिन चीज़ें अभी भी कई हैं। कई बार उन्हें उठा बाहर फेंक चुका हूं, लेकिन न जाने कैसे और कहां से और चीज़ें चुपचाप चली आती हैं। यह झूठ है। कोई चीज़ अपने आप कहीं आती-जाती नहीं। मैं ही उन्हें न जाने कहां-कहां से और क्यों उठा लाता हूं। रात जब नींद नहीं आती तो अंधेरे में उन चीज़ों को ठुकराता रहता हूं। उनका तो कुछ बिगड़ता नहीं, मेरी नींद और पांव की अंगुलियां और टूट जाती हैं। फिर कई दिनों तक घर में ही बन्द पड़ा रहता हूं। इस क़ैद से कष्ट तो होता है लेकिन ऐसा नहीं कि बरदाश्त न कर सकूं। मैंने अपने अनुभव से एक ही सबक़ सीखा है : कोई भी कष्ट ऐसा नहीं जो बरदाश्त न किया जा सके। मेरे हर घर की दीवारों पर जगह-जगह यह सूत्र खुदा रहता है—सजावट और सीख के तौर पर।

जब पांव की अंगुलियां टूटी हुई न हों तो सुबह-सबेरे तैयार होकर घर से यूं निकल पड़ता हूं जैसे कहीं हाज़िरी देनी हो, कोई मजबूरी या मुलाक़ात करनी हो, कोई रण मारना हो, किसी अभियान में शामिल होना हो, किसी आग को बुझाना हो, किसी पहाड़ को फोड़कर उसमें से दूध की नदी बहानी हो। वैसे तैयारी कोई ख़ास नहीं करना पड़ती। जिन कपड़ों में सोता हूं, उन्हीं को झाड़-झंझोड़ लेता हूं। मुंह-हाथ धोने की बजाय उन्हें दो-तीन बार झटक कर जगा देता हूं। बालों को कुछ और बिगाड़ लेता हूं। जूतों में से पिछले दिन के कंकर निकाल लेता हूं। और बस ! पड़ोसी मेरे बारे में न जाने क्या-क्या अनुमान लगाते होंगे। समझते होंगे, पागल हूं या बहुरूपिया या ख़ुफ़िया पुलिस वाला, या जासूस, या कलाकार, या यूं ही आवारा-मिज़ाज बूढ़ा। मुझे अब पड़ोसियों की परवाह नहीं, न ही उनसे कोई राह-रस्म है।

मैं किसी को पास फटकने ही नहीं देता। सारी एहतियात के बावजूद जब कभी ऐसा लगता है कि पड़ोसी मेरे पास आने के लिए अधीर हो रहे हैं तो मैं घर बदल लेता हूं। न जाने कितने घर बदल चुका हूं। इस घर में आए भी मुझे ज़्यादा दिन नहीं हुए। वैसे पड़ोसी मेरा कर कुछ नहीं सकते। ज़्यादा-से-ज़्यादा पुलिस को फ़ोन कर सकते हैं। पुलिस वाले पहले तो फ़ोन ही नहीं उठाएंगे, उठा भी लिया तो करेंगे कुछ नहीं, यह कह कर टाल देंगे—अजी गोली मारिए बेचारे को, बूढ़ा है, अकेले रहते-रहते पगला भी गया हो तो क्या हुआ, उसे आराम से मरने दीजिए। और फिर क्या पता कोई पहुंचा हुआ पीर-फ़क़ीर ही हो और भेस बदल कर आपके पड़ोस में आ बैठा हो ! एक ज़माना था कि मैं दूसरों के बारे में अनुमान लगाया करता था, अब अपने बारे में दूसरों के अनुमानों की कल्पना करता रहता हूं। इस कल्पना से जो तकलीफ़ होती है उसका आनन्द बयान से बाहर है। वैसे यह तो ज़ाहिर हो ही गया होगा कि मैं अपने पड़ोसियों को जानता हूं, न पुलिस वालों को।

जो हो, जहां तक हो सके, मैं दिन-भर घर से बाहर ही भटकता रहता हूं—घर की चीज़ों से दूर, घर में रहने वाले कीड़ों-मकोड़ों से दूर, घर में बसे अंधेरे से दूर, अपनी पड़ोसिनों से दूर। (पड़ोसिनों से मुझे ख़ास परहेज़ है। मुझे वहम है कि अगर मैं सहज न रहा तो कोई पड़ोसिन मुझ पर जादू कर देगी।) देखने वालों को दूर से शायद बूढ़ा बैरागी नज़र आता हूं, पास से बूढ़ा भिखारी। किसी-किसी को शायद बूढ़ा बदमाश बैरागी नज़र आता हूं, पास से बूढ़ा भिखारी। किसी-किसी को शायद बूढ़ा बदमाश—दूर से भी, पास से भी। जहां, जब भूख-प्यास लगती है, कुछ-न-कुछ खा-पी लेता हूं। पेट हर तरह के कचरे को हज़म कर लेता है। थक जाऊं तो कहीं भी बैठकर दम ले लेता हूं, नींद आ जाए तो कहीं भी पड़ सो लेता हूं। जिस्म हर तरह की असुविधा को सह लेता है। कांटों की सेज पर भी तड़पता नहीं। बाकी रहीं दूसरी ज़रूरी हाजात—उन्हें जैसे दूसरे बेघर लोग जहां-तहां कर लेते हैं, मैं भी कर लेता हूं। जब आकाश आग या ओले बरसाने लगे तो कोई-न-कोई पनाह मिल ही जाती है—भले ही वह असली न हो। जब अपनी ख़ामोशी में बन्द रहना असम्भव हो जाता है तो पास से गुज़र रहे किसी भी बूढ़े से कोई भी बात करके निराश हो जाने के बाद फिर अपनी ख़ामोशी में जा छिपता हूं। आम तौर पर जवान लोगों से दूर ही से सहमता रहता हूं। अगर कोई मुझे भिखारी या पागल या बदमाश या तीनों समझकर डांट-डपट दे या बिदक उठे या यूं देखने लगे जैसे कोई डरा हुआ दयालु, तो मेरी हंसी छूट जाती है, कुछ इस तरह से जैसे किसी पत्थर में से काले ख़ून की धारा, और वह व्यक्ति घबरा कर भाग जाता है। मैंने कभी किसी ऐसे व्यक्ति का पीछा नहीं किया। ख्वाहिश हर बार होती है कि उसे पकड़ कर पूछूं, डर क्यों रहे हो ? वैसे आम तौर पर मैं बाज़ार की भीड़ या

पार्क के पेड़ों-परिंदों और मवेशियों में इस तरह घुल-मिल जाता हूं कि किसी को नज़र तक नहीं आता। आम तौर पर मैं अधीर तभी होता हूं जब कोई दूसरा मुझ से कोई बात करना चाहे, ख़ास तौर पर कोई ऐसा दूसरा जिसका हाल-हुलिया मुझ जैसा हो या जिसकी आंखों में मुझे दया का दिया टिमटिमाता दिखाई दे जाए या जिसके बारे में मेरे दिल में यह शक उठ खड़ा हो कि वह मुझे पहचानने की कोशिष कर रहा है। मैं इस इंतहा पर अपने जैसे किसी कमबख़्त से जान-पहचान पैदा नहीं करना चाहता, न ही किसी दया का पात्र बनना चाहता हूं, न ही किसी से कोई पुराना रिश्ता बहाल करना चाहता हूं। मैं अब आख़िर तक अकेला और गुम रहना चाहता हूं। किसी भूतहीन भूत की तरह। यह अलग विसंगति है कि मैं घर अकेला नहीं बैठ सकता। अकेले होने के लिए मुझे भीड़ में गुम होना पड़ता है। कहने वाले कह सकते हैं कि मैं लाख इनकार करूं, मुझ में भी कुछ ऐसा है जो मुझे समाज से जोड़ता है, दूसरों की तरफ़ खींचता है, दुनिया से बांधता है। दर-असल मुझे किसी बात से कोई इनकार नहीं। मैं किसी से किसी बहस में नहीं उलझना चाहता। मैं अपने ही मन-मौन में गुम रहना चाहता हूं। कोई मानेगा नहीं। मैं ख़ुद नहीं मानता।

तो उस शाम जब इक़बाल नज़र आया, मैं एक मक़बरे के इर्द-गिर्द डोल रहा था। मेरी नज़रें नीची थीं, पांव थक चुके थे, सर भारी था, मन ख़ाली था, मुंह बंद था, दिल डूबा हुआ था, और हाथ किसी गए-गुज़रे कथक गुरु की सी मुर्दा मुद्राएं बना-बिगाड़ रहे थे। वह मक़बरा मेरा मन्दिर है—मेरा अनुमान मन्दिर। हर शाम तो वहां नहीं जा पाता लेकिन जिस शाम वहां पहुंच जाऊं, उस शाम महसूस होता है कि कहीं पहुंच गया हूं। ऐसी गहरी बेचैनी का अनुभव होता है कि गुमान हो चैन मिल गया है। हर प्रकार के अनुमान मुझ पर लपकना शुरू कर देते हैं। उन अनुमानों के अंधेरे पर आलोक का गुमान होता है। मैं नहीं जानता कि उस मक़-बरे में कौन, किस सदी में दफ़नाया गया था, कि उसके पत्थर कहां से और कैसे लाए गए थे, कि उसे बनाने में कितनी देर लगी थी। मेरे लिए इतना ही काफ़ी है कि उसके पास पहुंचते ही मेरी ख़ाक यूं उड़ने लगती है जैसे वह मक़बरा मेरा ही हो। दिन-भर की थकान के बावजूद मैं वहां जाकर बैठ नहीं जाता। छोटे-छोटे क़दमों से उसकी परिक्रमा करता रहता हूं। अक्सर तब तक जब तक निढाल होकर गिर न जाऊं। अगर कोई देखे तो शायद यही समझे कि मैं मक़बरे का मुजाविर हूं और वजद में नाचते-नाचते गिर गया हूं। शाम को अक्सर वहां और कोई नहीं होता। इसलिए मैं इस अंदेशे से आजाद रहता हूं कि मुझे गिरता या गिरा हुआ देखकर कोई लपक कर मुझे उठा लेगा या मदद के लिए शोर मचा देगा या दौड़कर कहीं से पानी ले आएगा। जब कभी वहां गिरा हूं, गई रात तक वहीं पड़ा रहा हूं। गिरने से पहले शायद कोई गश-वश आता हो, गिरते ही मैं होश में

आ जाता हूं। फिर दम साध कर किसी लावारिस लाश की तरह पड़ा रहता हूं, इस आशा से नहीं कि कोई मेरी सुध लेने आ जाएगा या मेरे साथ आ पड़ेगा बल्कि उस अवस्था में जिस सचेत जड़ता का अनुभव होता है, और किसी अवस्था में नहीं होता। घंटों उस जड़ता के साथ चिपका रहता हूं।

उस शाम जब इक़बाल नज़र आया तो मैं अपनी परिक्रमा के उस बिन्दु पर था जब मुझे गश-वश आने लगता है। उसे अपनी आंखों के नीचे घास पर बिछा देख मैं यूं संभल गया जैसे किसी बिच्छू को देख लिया हो। वह औंधे मुंह पड़ा था। मैंने उसे पहचाना नहीं। अंधेरा उतर रहा था। मक़बरा एक टेढी-मेढ़ी बड़ी प्याज़-सा नज़र आ रहा था। मैं हैरान हो रहा था कि मेरी नज़र उस पर उससे पहले क्यों नहीं पड़ी थी। शायद पहले वह वहां था ही नहीं। मेरे आख़िरी चक्कर के दौरान दबे पांव आकर वहां लेट गया होगा। या शायद वह भी मेरी ही तरह उस मकबरे की परिक्रमा कर रहा था—रेंग-रेंग कर—और मेरे चलने की रफ़्तार उसके रेंगने की रफ़्तार से कुछ ज़्यादा रही हो। या शायद वह कई घंटों से वहीं पड़ा हुआ हो और मुझे इसलिए नज़र न आया हो कि मुझे अपने अन्दर झांकने से ही फ़ुरसत नही मिलती। जो भी हो, अब वह मुझे नज़र आ चुका था। अगर एक क्षण और न आता तो मैं गश खाकर उसके उपर जा गिरा होता। मेरे बोझ से न सही, सदमे से उसकी मौत हो गई होती और मुझे उम्र क़ैद या मौत की सज़ा। अख़बारों में ख़बर छपती कि एक बूढ़े प्रेमी ने अपनी बूढ़ी प्रेमिका के बूढ़े पति को मौत के घाट उतार दिया। काश कि मारना-मरना इतना आसान होता। वह यूं बिछा पड़ा था जैसे किसी दंगे में मारा गया कोई बूढ़ा फलफ़रोश हो। उतरते अंधेरे में उसके कपड़े मैली बर्फ़ के ढेर से लगे। पहले तो मैंने चाहा कि खड़े-खड़े ही उसको आवाज़ देकर देखूं कि हिलता भी है या नहीं। उसके लिए उचित संबोधन का चुनाव मुझसे नहीं हो पाया। 'भाई साब' कहने में अटल संकोच महसूस हुआ, 'मिस्टर' बहुत रूखा लगा, 'अबे ओ' बहुत असभ्य। सो मैंने धीरे-धीरे बैठना शुरू कर दिया। काफ़ी देर बाद जब उकड़ू बैठने में सफल हो गया तो कुछ देर के लिए यूं बैठा रहा जैसे जोड़ों के दर्द का मारा कोई बूढ़ा उठना शुरू करने के लिए हिम्मत बांध रहा हो। लेकिन मैं तो यूंही किसी काली सोच में डूब गया था। फिर मैंने बड़ी मुश्किल से झुक कर उसकी गरदन से कान लगाया। कोई हरकत तो महसूस नहीं हुई, हरारत अलबत्ता थी। सोचा, इसे सीधा करके इसके सीने से कान लगाना पड़ेगा। उसे छूने से वैसा ही डर महसूस हुआ जैसे किसी सोए हुए दुश्मन को छूने से होता है। फिर आंखें भींचकर उसे एक झटका दिया तो वह हड़बड़ा कर उठ बैठा और मैं चित होते-होते बचा। हड़बड़ाहट के बावजूद उसी ने शायद मुझे संभाल लिया था। कुछ क्षण हम एक-दूसरे से चिपटे यूं बैठे रहे जैसे दो बूढ़े भाई एक-दूसरे के गले लगकर रो रहे हों। फिर हमने दो पियक्कड़ों

की तरह एक-दूसरे को थामे-थामे खड़ा होना शुरू कर दिया। मैंने उसे पहचान लिया था। उसे पहचानते ही मैं कहीं और जा पहुंचा था—चालीस साल पहले की उस दुनिया में, जिसमें नीरू रहती थी और मैं नीरू को प्यार करता था। वह दुनिया मुझे बहुत सुन्दर और बेगानी लग रही थी। इक़बाल का चेहरा कोरा था—जैसे किसी अंधे का हो, या किसी ऐसे शख़्स का जो स्मृतिहीन हो चुका हो। मुझे उससे ईर्ष्या हुई। चालीस साल पहले की उस दुनिया में भी मुझे उससे ईर्ष्या हुआ करती थी क्योंकि नीरू मेरी प्रेमिका ही थी जबकि उसकी वह प्रेमिका भी थी, पत्नी भी। चालीस साल पुरानी ईर्ष्या से बदबू आ रही थी।

खड़े हो जाने के बाद कुछ देर हम ख़ामोश रहे। मैं इस इन्तज़ार में था कि वह कुछ कहे या पूछे, वह शायद इस इन्तजार में था कि मैं अपने कपड़े झाड़ कर चल दूं। मैंने कपड़े नहीं झाड़े। मैं उन्हें दिन में एक ही बार झाड़ता हूं। मैंने मक़बरे पर एक निगाह दौड़ाई। अब वह किसी टेढ़ी-मेढ़ी बड़ी प्याज़ के बजाय किसी अजीब से बड़े फूल-सा नज़र आया। साथ ही मुझे वह शाम भी नज़र आ गई जब चालीस बरस पहले मैं उसी मक़बरे में नीरू से आखिरी बार मिला था। उस मक़बरे में हमारा प्यार दफ़्न था। उस मुलाक़ात के आख़िरी होने का फ़ैसला मुझे नीरू ने ही सुनाया था। उसने बताया था कि इक़बाल को हमारा प्यार मंज़ूर नहीं। मैंने उसका फ़ैसला सुनकर अपना सर झुका दिया था। उस याद की रोशनी में मैंने इक़बाल को एक बार फिर देखा। उसके चेहरे पर किसी याद का अंधेरा या उजाला नहीं था। मेरी आंखें फिर मक़बरे को सहलाने लगीं। चालीस साल पुरानी शाम फिर नज़र आई तो मैंने आंखें बन्द कर लीं। तभी दो चमगादड़ें मक़बरे को फाड़ती हुई सी फूटीं और हमारे ऊपर से उड़ती हुई एक पेड़ में गुम हो गईं। मेरी आंखें फिर खुल गईं। इक़बाल ने कोरी मुलायम आवाज़ में कहा—मेरे साथ घर चलो, पास ही है। मैं चौंक उठा। तो क्या इसने मुझे पहचान लिया है? पूछने की हिम्मत नहीं हुई। चालीस साल पुरानी वह शाम फिर मेरे सामने कौंध गई। उसका असर अभी तक मेरे अन्दर समाया हुआ है! नीरू ने इक़बाल को उस शाम के बारे में जरूर बताया होगा। उससे पूछने की हिम्मत नहीं हुई। उसने फिर कहा—मेरे साथ घर चलो। उसकी आवाज़ अबकी बार भी कोरी और मुलायम थी। अभी भी यह साफ़ नहीं हुआ था कि उसने मुझे पहचाना है या नहीं। मैंने उसी की सी आवाज़ में पूछा—घर में और कौन है? उसने कोरी मुलायम आवाज़ में जवाब दिया—नीरू।

उसके बूढ़े मुंह से उसकी पत्नी और मेरी प्रेमिका का जवान नाम यूं निकला जैसे किसी मक़बरे में से कोई नीली चिड़िया।

मुझे लगा कि उसने मुझे पहचान तो लिया होगा लेकिन पहचान को नाटकीयता से बचाए रखना चाहता था। शायद वह मुझे अपने साथ घर ले जाकर नीरू

के सामने खड़ा कर देना चाहता था—किसी प्रायश्चित्त के तौर पर ?

रास्ते-भर मैं उसका नाम याद करने की कोशिश करता रहा। उसे पहचानते ही मैंने पाया था कि उसका नाम गुम हो गया है। 'नीरू का पति'—बार-बार ये शब्द किसी विज्ञापन की तरह सामने आते और ग़ायब हो जाते। रास्ते-भर मुझे झुंझलाहट होती रही थी। फिर उनकी कोठी के गेट पर अचानक उसका नाम दिखाई दिया तो सारी यंत्रणाएं सहसा जाग उठीं।

बरामदे में एक नाज़ुक बुढ़िया एक खूबसूरत चटाई पर बैठी हुई थी—किसी चीज़ पर झुकी हुई सी, जैसे अपने आप से शतरंज या वैसा ही कोई कठिन खेल खेल रही हो। हमारी आहट पर उसने सर उठाकर कोरी नज़रों से हमारी तरफ़ देखा और फिर उसी चीज़ पर झुक गई। उसके सर के ऊपर एक बड़ी-सी लाइट लटक रही थी। मन हुआ कि उस लाइट को बुझाकर देखूं कि नीरू का अपना आलोक अब कैसा है। साथ ही यह चिन्ता न जाने क्यों उठ पड़ी कि किसी भी क्षण वह लाइट नीरू के सर पर टूट पड़ेगी। बड़ी मुश्किल से इस चिन्ता को दबाकर इक़बाल से धीमी आवाज़ में पूछा—नीरू ? उसने एक कोरी सरगोशी-सी में जवाब दिया—हां ! अबकी बार मैंने भी सरगोशी में ही पूछा—कर क्या रही है ? जवाब देने से पहले इक़बाल ने मेरी तरफ़ यूं देखा जैसे पूछ रहा हो, तुम्हें दिखाई नहीं देता ? फिर उसने कोरी आवाज़ में कहा—गुंजल को सुलझा रही है। मैंने नहीं पूछा, किस गुंजल को ? मैं अपने ही गुंजल में उलझ गया था और सोच रहा था, इस शाम का अंजाम क्या होगा ?

जब हम बरामदे में बिछी कुरसियों पर बैठ गए तो इक़बाल ने नीरू से कहा—यह मुझे मक़बरे में मिल गया था। नीरू ने नज़र उठाकर मुझे देखा। उसकी आंखें कोरी और ठंडी थीं। कभी उन आंखों से आग लपका करती थी। उसका चेहरा खूबसूरत झुर्रियों का एक नक़्शा-सा नज़र आया। उसके बालों से उंजाला फूट रहा था। मैं उसके चेहरे पर पहचान की चमक के इन्तज़ार में कसा बैठा था। नीरू ने पूछा—यह है कौन ? उसकी आवाज़ जवान थी। उसमें मुझे अपने प्यार का कठिन संगीत सुनाई दिया। इक़बाल ने जवाब दिया—यह तो मैं भी नहीं जानता। इक़बाल की आवाज़ कोरी और बूढ़ी थी। मुझे यक़ीन हो गया कि उसने मुझे पहचाना नहीं था। मैंने उन दोनों को बारी-बारी देखा। वे एक-दूसरे को घूर रहे थे, मानो पूछ रहे हों, मैं हूं कौन ? मैं खामोश रहा। जब उनकी टकटकी टूटी तो नीरू फिर गुंजल पर यूं झुक गई जैसे उसे छूने से डर रही हो। गुंजल बहुत जटिल और पुराना था। ख़याल आया कि इक़बाल मुझे वह गुंजल दिखाने के लिए ही अपने साथ ले आया था। ख़याल आया जैसे गृहस्थ में फंसा-धंसा कोई शख़्स किसी क़लंदर को अपनी कीचड़ दिखाने अपने साथ ले आया हो। अपने आपको क़लंदर और उन दोनों को गृहस्थी की भूमिका में देखकर मुझे जो गर्व महसूस हुआ

वह उस ग़म से कहीं ज़्यादा था जो नीरू की पहचानहीन ठंडी आंखों से हुआ था। फिर अनायास अपना गर्व और ग़म दोनों बेहूदा नज़र आने लगे।

इस बीच इक़बाल कुरसी से उठकर नीरू के सामने जा बैठा था। वह गुंजल अब उनके सामने किसी बम के गोले-सा पड़ा हुआ था और वे उसे यूं एकटक देख रहे थे जैसे उससे फट जाने या न फटने की याचना कर रहे हों। ख़्वाहिश तो हुई कि मैं भी कुरसी छोड़कर उनके साथ चटाई पर जा बैठूं और उस उलझे हुए गोले को घूरना शुरू कर दूं, लेकिन उनके खेल में दख़ल देना या शामिल होना ख़तरनाक जान पड़ा। नीरू के साथ अपनी आख़िरी मुलाक़ात फिर याद में कौंध गई। उसकी आंखों की आग दिखाई दी, उसके आख़िरी बोल सुनाई दिए : अब कभी मत मिलना, किसी सपने में भी नहीं, यह मेरी आख़िरी मांग है।

उसी के आदेश का पालन करते-करते मैं एक कलंदर बन गया हूं। अब हालत यह है कि मैं किसी से भी नहीं मिलता। मुझे इक़बाल के साथ यहां नहीं आना चाहिए था। उसने मुझे न पहचानने का बहाना किया है। वह शायद यही देखना चाहता था कि नीरू मुझसे क्या सलूक करती है। नीरू नाराज़ है। मेरे चले जाने के बाद वह इक़बाल पर बिगड़ेगी।

मक़बरे में इक़बाल मुझे अपने ही जैसा एक बेबुनियाद बूढ़ा नज़र आया था—निरुद्देश्य सैर के सहारे अपना जीवन समाप्त करता हुआ। लेकिन अब मैं देख रहा था कि वे दोनों सारी दुनिया को भूलकर अपने इस गुंजल को खोलने-सुलझाने में जुटे हुए थे। उनसे ईर्ष्या हो ही रही थी कि ख़याल आया, वे बेचारे इस इंतहा पर भी अपने जीवन की उलझनों से आज़ाद नहीं हुए थे। फिर सवाल आया, क्या मैं अपने जीवन की उलझनों से आजाद हो गया हूं? एक धीमा-सा जवाब मिला, हां। दूसरा दो टूक जवाब मिला, नहीं—नहीं—नहीं।

उस उलझे हुए गोले को घूरते हुए वे दो हिंसक बूढ़े खिलाड़ियों से नज़र आ रहे थे। उनके सामने पड़ा वह गोला उनके जीवन का प्रतीक भी जान पड़ा, प्रेरक भी, और परिणाम भी। और मैं? मैं उस बरामदे की चकाचौंध में एक अप्रासंगिक मैले-कुचैले अजनबी-सा लग रहा था। नीरू को एक नज़र देखने की लालसा मुझे वहां खींच लाई थी। वह अब पूरी हो गई थी। नीरू से बात नामुमकिन नज़र आ रही थी। बात मेरे मन में कोई थी भी नहीं। नीरू की आंखों के ठंडे उजाले में उस अतीत की कोई तारीकी मुझे दिखाई नहीं दी थी जो मेरे भीतर अभी तक छिपा बैठा है—यादों और अरमानों का एक ट्यूमर, जिसे मैं भूल तो चुका हूं लेकिन जिसे टटोलने पर धीमा-सा दर्द शायद अब भी महसूस हो जाए। मैं उस ट्यूमर को टटोलने के बजाय नीरू की झुकी हुई गरदन में बरसों पुराना गुदाज़ ढूंढ़ रहा था। मैं चलने से पहले उसकी आवाज़ एक बार फिर सुन लेना चाहता था।

मैंने पूछा—नीरू, तुमने सचमुच मुझे पहचाना नहीं?

उसने सर उठाए बग़ैर जवाब दिया—नहीं।

अब मैंने मान लिया कि वह सच बोल रही थी, कि मेरी सूरत और आवाज़ ही नहीं, मेरा नाम भी उसे भूल चुका था। अब मुझे उससे अदम्य ईर्ष्या हुई। मैं उठकर चुपचाप चल देने के लिए तैयार हो ही रहा था कि मैंने देखा कि नीरू ने एक झपट्टा मारकर वह गुंजल उठा लिया है और इक़बाल ने उसे नीरू के हाथों से छीनना शुरू कर दिया है। दोनों के मुंह दो मुट्ठियों में बदल गए थे, माथों पर रस्सियां-सी उभर आई थीं, और आंखों में ख़ून। मुझे एक विद्रूप-सी हंसी आ ही रही थी कि मैंने देखा वह गुंजल इक़बाल ने छीन लिया है। मैं हंसी रोक नहीं पाया।

—इसमें हंसने की क्या बात है?

नीरू की आवाज़ में चालीस साल पुराना आवेश सुनकर मैं आश्वस्त हुआ।

—तुम दोनों यह क्या खेल खेल रहे हो?

रोज़ खेलते हो?

मेरी आवाज़ में व्यंग्य नहीं था।

किसी ने कोई जवाब नहीं दिया तो मैंने इक़बाल से कहा—तुम यूं ही मुझ साथ ले आए!

—तुम इनकार कर सकते थे; मैंने तो तुम्हें बेघर समझा था। सोचा, कुछ दिन यहां रह लोगे। मुझे क्या मालूम था कि तुम नीरू को जानते हो। तुम नीरू को कैसे जानते हो?

नीरू अब एकटक इक़बाल के हाथों में दबे उस गुंजल को देख रही थी और मैं नीरू को।

—तो तुमने भी मुझे नहीं पहचाना?

—नहीं।

मैं कोई नाटक नहीं करना चाहता था, इसीलिए कुछ देर चुप बैठा सोचता रहा कि क्या करूं। इस बीच इक़बाल ने वह गुंजल चटाई पर रख दिया था, नीरू उस पर पहले की ही तरह झुक गई थी, और इक़बाल उसके चेहरे को यूं घूर रहा था जैसे वहीं उसे नीरू की अगली चाल की सूचना मिल जाएगी।

अब मैंने पहली बार उस गुंजल को ध्यान से देखा—कुरसी में बैठे-बैठे ही लेकिन कुछ आगे झुककर, आंखों को सिकोड़ कर, जैसे कोई किसी बारीक मीनाकारी को देख रहा हो। उन दोनों की छीना-झपटी के बावजूद वह गोला ढीला नहीं पड़ा था, मानो ऊन, धागों, बालों, रस्सियों, रेशमी फीतों, तस्मों और ऐसी ही कई और चीज़ों के उलझाव के बजाय किसी धात का बना हुआ ठोस गोला हो। मैं न जाने कितनी देर और उसमें क्या-क्या देखता रहता, लेकिन तभी मुझे नीरू की चीख़ सुनाई दी। वह और इक़बाल अब आमने-सामने खड़े थे। नीरू की चीख एक टेढ़ी

लकीर की तरह खिंचती चली जा रही थी। मैं भी खड़ा हो गया। इक़बाल के चेहरे से लगा जैसे वह उस चीख़ को सुनने का आदी हो।

—नीरू ! मैंने धीमी आवाज़ में कहा।

उसकी चीख उसी क्षण बन्द हो गई।

—तुम घबरा गए थे ? और फिर उसने हंसना शुरू कर दिया।

मैंने इक़बाल के चेहरे से सफ़ाई बटोरने की कोशिश की लेकिन उसने मौक़ा पाकर उस गुंजल को उठा लिया था। अब वह उसे यूं देख रहा था जैसे किसी गूंगे जानवर को। मन में आया कि वह गुंजल उसके हाथ से छीन कर भाग जाऊं। फिर ख़याल आया, मैं उसका क्या करूंगा ? गुंजल का खेल खेलने के लिए कोई दूसरा भी तो चाहिए।

—तो मैं चलता हूं।

जब मैं चलने लगा तो नीरू ने हंसी रोककर कहा—ख़ुदा हाफ़िज़ !

उसकी दुआ को सीने से लगाए मैं फिर अपने मक़बरे की तरफ़ चल दिया। वह रात मैंने वहीं गुज़ारी।

रीडिंग रूम

कल की कड़कती धूप मुझे एक लड़खड़ाती बस में बिठाकर उस रीडिंग रूम में ले गई जहां मैं जवानी में अक्सर जाया करता था। कड़कती धूप में। लड़-खड़ाती बस में बैठकर। घर से भाग कर। ऊब और बेकारी और उलझनों का मारा हुआ। खाली जेब। किताबों के ठण्डे साए में वक्त काटने के लिए। दौड़-धूप की व्यर्थता के एहसास से भगवा सुकून निचोड़ने के लिए। बड़े-बड़े सवालों पर सोचने के लिए। अपने ही जैसे दूसरे दिलजलों से मिलने के लिए। और आंखें सेंकने के लिए।

मन कभी किसी किताब या पत्रिका या लड़की या सवाल में पूरी तरह रमता नहीं था। अक्सर वहां जा बैठते ही उठकर बाहर भाग जाने की ख़्वाहिश ख़ून पीना शुरू कर देती थी। वहाँ की साफ़-सुथरी ठण्डक में अपना अस्त-व्यस्त तन-मन और अप्रिय हो उठता था। जीवन की जटिलताओं से पलायन उस ज़माने के अपने कठोर जीवन-दर्शन के अनुसार एक घोर सामाजिक पाप नज़र आता था। उस ठण्डे विदेशी रीडिंग रूम में पहुंचते ही इस पाप का एहसास पीटना शुरू कर देता था। पिटाई के बावजूद वहां से उठना मुहाल होता था। कड़कती धूप और कड़वी हक़ीक़त का सामना करने की हिम्मत नहीं होती थी। जीवन-दर्शन कुछ भी क्यों न कहता रहता, चैन पलायन में ही मिलता था, जीवन की जटिलताओं के साथ जूझने में नहीं। इसलिए अन्तर्मन को मारकर वहीं बैठा रहना पड़ता था। बात मशहूर थी कि वह रीडिंग रूम मुझ जैसे कच्चे मध्यवर्गीय क्रान्तिकारियों के लिए ठण्डी वर्जित विदेशी कोख का काम करता था। इस बात या आरोप की सच्चाई चुभती तो थी लेकिन एक मैला-सा सुरूर भी देती थी। अगर वह कोख न होती तो हम कड़कती धूप में कहां जाते, क्या करते? शायद पागल हो जाते; पागल तो कमोबेश थे ही, थोड़ा और हो जाते।

कल दोपहर को भी वहां कई जलते-बुझते कच्चे क्रांतिकारी नज़र आए तो मुझे कुछ तसल्ली हुई। सोचा, चमन का कारोबार चल ही रहा है। सोचा, ज़माना बदल तो बहुत गया है लेकिन इतना नहीं कि नौजवानों ने इस ठण्डी कोख में पनाह लेना

छोड़ दिया हो। कुछ कड़कती लड़कियां इधर-उधर बैठी या इतराती नज़र आईं तो कुछ और तसल्ली हुई। कुछ बूढ़े लोग भी बैठे नज़र आए; उस ज़माने में भी आया करते थे; तब वे बहुत अखरते थे। कल उन्हें देखकर दिल ख़ुश हुआ। अगर मेरी उम्र के और लोग वहां न होते तो वहां रुकना मुश्किल हो जाता। जवान जिस्म मेरी बूढ़ी आंखों को अच्छे तो लगते हैं लेकिन उन से डर भी बहुत आता है। यह खटका लगा रहता है कि किसी भी वक़्त उनमें से कोई मुझ पर हंसना शुरू कर देगा। दूसरे बूढ़ों की मौजूदगी इस डर को कुछ कम कर देती है। कल भी यही हुआ।

ख़ैर, मैं एक पत्रिका लेकर एक कोने में बैठ गया। उस मुलायम अंग्रेजी पत्रिका के पीछे से मैं यूं इधर-उधर झांक रहा था जैसे कोई बूढ़ी दुल्हिन या बूढ़ा चोर। उस ज़माने में अक्सर उस रीडिंग रूम से कुछ उठा ले जाने की उत्कंठा इतनी तीव्र होती थी कि पसीने छूट जाते थे। दो बार वहां से दो बेकार किताबें चुराई भी थीं। दोनों बार महसूस हुआ था जैसे किसी शेल्फ की ओट में खड़ी किसी अकड़ी हुई अमीर लड़की को अपनी बांहों में भींचकर ज़बरदस्ती उसके होंठों को काट खाया हो। उन दिनों अकड़ी हुई अमीर लड़कियों पर ऐसे हिंसक हमले करने की उत्कंठा भी अक्सर मन में उठा करती थी। उसे पूरा न करने के कारण ही शायद वहां से कुछ चुरा ले भागने की ख़्वाहिश अक्सर हुआ करती थी। कल दोपहर भी जब मैं वहां एक कोने में दुबका-सा बैठा उस मुलायम अंग्रेजी पत्रिका के पीछे से इधर-उधर झांक रहा था तो वहां कोई हिंसक वारदात या ख़ामोश चोरी करने की ख़्वाहिश ज़रूर मन के किसी तारीक कोने में पड़ी सड़ रही होगी।

उस ज़माने में हमेशा अपना कोई न कोई साथी वहां बैठा दिखाई दे जाता था। आंखें मिलते ही एक मैली-सी मुस्कराहट होंठों पर आ बैठती। महसूस होता कोई हमजुर्म मिल गया हो। कुछ देर वहां बैठ लेने के बाद और बैठना नामुमकिन हो जाता। झटके से उठते और बाहर चले जाते। बाहर धूप, धूल और हक़ीक़त का आतंक तना नज़र आता। और हम उस रीडिंग रूम में किए विश्राम के लिए अपने आपको सजा देने के लिए ही मानो बेमतलब सड़कें नापना शुरू कर देते—मार्क्सवाद और अस्तित्ववाद के आपसी रिश्तों की राख उड़ाते हुए, फ्रायड का पर्दाफाश करते हुए, रूस और चीन के गुण गाते हुए, बैले और भरत नाट्यम को बुर्यवा ठहराते हुए, भविष्य की रूपरेखा संवारते हुए, वर्तमान को व्यतीत का अभिशाप ठहराते हुए। इन्हीं बातों में जैसे-तैसे शाम उतर आती और हमारे मन से यह सवाल कड़वे धुएं की तरह उठ खड़ा होता, इस शाम का क्या होगा!

कल दोपहर भी वहां बैठा-बैठा मैं अपने इर्द-गिर्द बैठे बूढ़ों की झुरियाली सूरतों को अपनी चोर आंखों से खरोंच रहा था, इस धुंधली आशा से कि शायद किसी जाले के नीचे उस ज़माने की कोई सूरत छिपी दिखाई

दे जाएगी। वैसे मैं वहां किसी से मिलना नहीं चाहता था। बात तो हरगिज़ नहीं करना चाहता था। बस चोरी से किसी पुरानी सूरत को पहचान लेना चाहता था और फिर चुपके से उठकर बाहर आ जाना चाहता था, इससे पहले कि वह मुझे पहचान ले। लेकिन उस ज़माने के मेरे सब परिचित और साथी या तो सफल हो गए हैं या समाप्त। उनमें से कुछ अपनी समाप्ति के बाद सफल हुए हैं और कुछ अपनी सफलता के बाद समाप्त। उनको छोड़ दूं तो बाक़ी वे रह जाते हैं जो सफल भी हैं और असमाप्त भी। उन्हें उस ज़माने के किसी अड्डे में ढूंढ़ना बेकार है। उनके अड्डे अब और हैं। मैं वहां कभी नहीं जाता। जो समाप्त हो चुके हैं उनसे मुलाक़ात कभी-कभी हो तो जाती है लेकिन अपने दुःस्वप्नों में ही। लेकिन मैं अक्सर इस ख़्याल से खेलता हूं कि मेरे उस ज़माने के परिचितों और साथियों में से कुछ तो ऐसे होंगे ही जो मेरी तरह सफल हुए हैं न समाप्त। उनसे भी मिलना तो नहीं चाहता लेकिन उन्हें दूर से देखना ज़रूर चाहता हूं। शायद यह देखने के लिए कि उनके चेहरे पर असफलता किस ढब से बैठी नज़र आती है। शायद यह देखने के लिए कि कोई अपना और भी उस कश्ती में बैठा है जिसमें मैं डूब रहा हूं। शायद यह देखने के लिए कि पहचान लेने के बाद क्या हालत होती है।

वहुत-से बेगाने चेहरों को चोरी-चोरी टटोलने के बाद मेरी आंखें आख़िर एक सूरत पर जा ठहरीं। एक बांकी बुढ़िया की बुझी हुई सूरत पर। वह एक कोने में बैठी एक किताब पर झुकी ऊंघ रही थी। जब उसकी ऊंघ टूट जाती तो वह अचकचा कर इधर-उधर देखती, किताब को सीधा करती, चश्मे को साफ़ करती, आंखों को पोंछती, और फिर किताब पर झुक जाती—अगली ऊंघ के आने तक, जिसमें ज़्यादा देर न लगती। उसने मुझे नहीं देखा था, इसलिए मैं किसी क़दर खुलकर उसे देख रहा था। फिर सहसा दिखाई दिया कि एक कोने से एक लड़की भी उस बुढ़िया को देख रही थी। मेरी ही तरह, एक मुलायम अंग्रेज़ी पत्रिका के पीछे से। उस लड़की को मालूम था कि मैं भी उस बुढ़िया को अपने परदे के पीछे से घूर रहा हूं। उसे यह ख़बर भी हो गई थी कि मैंने उस बुढ़िया की ऊंघों का मज़ा लेते देख लिया है।

लड़की की आंखों में शरारत लहरा रही थी। मुझे लगा कि वह आंखों ही आंखों में मेरे साथ कोई साज़िश करना चाहती थी, कि वह सुझाव दे रही थी कि हम दोनों मिलकर उस बुढ़िया को ऊंघते हुए देखें, जब वह झटके से संभले तो हम एक साथ मुस्करा दें, जब वह किताब पर झुक जाए तो हम मिलकर उसकी अगली ऊंघ का इन्तज़ार करें। वह लड़की शायद पहले भी उस बुढ़िया का तमाशा देख चुकी होगी। किसी और के साथ आंखों ही आंखों में साज़िश कर लेती होगी ताकि तमाशे का मज़ा बढ़ जाए। घर जाकर बताती होगी, आज उस बुढ़िया को

रीडिंग रूम में फिर देखा। घर वाले उसे मना करते होंगे, देख, बेटी, बूढ़े लोगों का मज़ाक नहीं उड़ाते। वह सफ़ाई पेश करती होगी, इट्स आल इन्नोसेन्ट फन। वह लड़की उस बुढ़िया की और मेरी बेटी भी हो सकती थी, दोहती-पोती भी। उस लड़की के लिए मेरे मन में उलझा हुआ-सा प्यार उमड़ रहा था।

सो मैंने अपनी आंखों और मुस्कराहट को कब्ज़े में रखा, उस लड़की से ध्यान हटाया, मुलायम अंग्रेज़ी पत्रिका का परदा सामने से एक तरफ़ कर दिया, और उस बांकी बुढ़िया के चेहरे पर पड़े मुलायम झुर्रियाले परदे को हटाने के लिए अपनी आंखों का इस्तेमाल खुलकर करना शुरू कर दिया।

लड़की ने मेरी बदली हुई अदा देखकर कुछ भी क्यों न सोचा हो, मैं सोच रहा था कि वह बुढ़िया भी उसी ज़माने की है जिसकी याद ताज़ा करने के लिए मैं आज बरसों बाद इस रीडिंग रूम में आ बैठा हूं। मैं अब पहचान की चिंगारी की प्रतीक्षा कर रहा था। उसकी ऊंघ टूटने ही वाली थी। जब वह झटका खाकर संभलेगी तो शायद इस बार उसकी निगाह मेरी निगाह से टकरा जाए। अगर वह उसी ज़माने की है तो ज़रूर उस टक्कर से चिंगारी फूटेगी। मैं न जाने कैसे इतना दिलेर हो गया था। उस लड़की का कुछ-न-कुछ असर ज़रूर रहा होगा। शायद मैं उसकी शरारत को और खुराक देना चाहता था। शायद मैं उसे कोई ऐसा दृश्य दिखाना चाहता था जो मैं जानता था उसके अनुभव से बाहर होगा। शायद मैं उसे दिखाना चाहता था कि बूढ़ों में भी दम होता है। मैं टकटकी बांधे देख उस बुढ़िया को रहा था, सोच उस लड़की के बारे में। तभी एक कौंध-सी पैदा हुई। झुर्रियाला परदा उड़ गया। और मैंने देखा मेरे सामने सुमित्रा सान्याल बैठी हुई थी। उसने भी मुझे पहचान लिया था। मेरे साथी और मैं आपस में उसे सुम्मी के नाम से याद किया करते थे। जब उसका नाम लिया जाता था, हमारे होंठ अनायास यूं हो जाते थे जैसे उसको चूम रहे हों। मैं मुस्कराया, वह भी मुस्कराई।

मैंने जल्दी से देख लिया कि उस लड़की ने हमारी पहचान को पकड़ लिया था। इससे भी मुझे आश्वासन मिला। अब वह लड़की उस पर हंसेगी न मुझ पर। अब उसकी शरारत में मिठास आ जाएगी। उसने ज़रूर देख लिया होगा कि हमारी पहचान बहुत पुरानी है। सुमित्रा सान्याल की ऊंघ तो उड़ चुकी थी लेकिन उसने उस लड़की को या तो अभी तक देखा ही नहीं था या फिर अनदेखा कर रही थी। उधर वह लड़की अब मेरे साथ कोई नई साज़िश करने पर तुली नज़र आती थी।

मैंने फ़ैसला कर लिया कि फ़िलहाल मुझे भी उस लड़की को एक तरफ़ कर देना चाहिए, उसकी साज़िश में शामिल नहीं होना चाहिए, कि उसके लिए हमारी मुलाक़ात में कोई भूमिका नहीं। लेकिन इस फ़ैसले का मज़ाक उड़ाती हुई

एक आवारा ख़्वाहिश यह भी थी कि उठकर उन दोनों के पास जाऊं—पहले सुमित्रा सान्याल के पास, फिर उस शरारती लड़की के पास—और उन्हें साथ लेकर पुराने ज़माने के किसी कॉफ़ी हाउस में जा बैठूं। लेकिन वे सारे कॉफ़ी हाउस अब नहीं रहे। और वह शरारती लड़की मेरे साथ क्यों जाएगी?

मेरा फ़ैसला और मेरी ख़्वाहिश दोनों मेरे संशयों की नज़र हो गए। मैं अपनी जगह पर दुबका कभी उस लड़की और कभी सुमित्रा सान्याल को देखता रहा। सुमित्रा सान्याल से मुझे कभी किसी भी क़िस्म का प्यार नहीं रहा। उसके बांकपन से हमेशा डर ही लगता रहा, उसकी अमारत पर हमेशा गुस्सा ही आता रहा। अगर उससे परिचय न होता—दोस्ती तक वह परिचय कभी नहीं पहुंचा—तो शायद जवानी के दिनों में उसे भी उस रीडिंग रूम में पकड़कर उसके होंठ काट खाने की ख़्वाहिश हुआ करती। उसकी सूरत और अदा में वे तमाम गुण मौजूद थे जिनके कारण मेरे तन-मन में वह हिंसक ख़्वाहिश उठा करती थी। सुम्मी कहकर होंठ हवा को चूम लेते थे, और कुछ नहीं। कल उसे पहचानने पर महसूस हुआ कि वह भी मेरी ही तरह सफल हुई थी न समाप्त, इसीलिए उस पुराने अड्डे पर बैठी मिल गई थी। लगा कि वह मुझसे ज़्यादा वफ़ादार थी। मैं तो यूं ही किसी आवेश में आकर, शायद कड़कती धूप में घुली किसी गन्ध के जादू से ही इस रीडिंग रूम में चला आया हूं, वह शायद रोज़ यहां आती होगी। लगा कि वह मुझसे ज़्यादा ईमानदार भी थी। वह अपनी असफलता से इनकार कर रही थी न उसको छिपाने की कोई कोशिश। उसका चेहरा एक ईमानदार असफल व्यक्ति का चेहरा था, इसीलिए उस पर कुछ रौनक़ थी।

सुमित्रा सान्याल आर्टिस्ट हुआ करती थी, नाटकों में काम करने का शौक़ भी उसे था। नाचती-गाती भी थी, मूवमेंट में एक्टिव तो थी ही। ऐन मुमकिन है कि उसकी सारी दिलचस्पियां अभी तक बरक़रार हों। ऐन मुमकिन है कि वह अपनी असफलता को ही असली सफलता समझती हो। ऐन मुमकिन है कि उससे मिलकर मुझे पुराने साथ का सुख मिले, किसी नए रास्ते का पता मिले, उससे दोस्ती हो जाए, फिर वह दोस्ती सच्चे प्यार में बदल जाए। इस आख़िरी सम्भावना ने मुझे बुझाया भी और उकसाया भी। मेरे चेहरे पर शायद इसी मिलेजुले भाव का आलोक उभर आया हो। मैंने देखा कि सुमित्रा सान्याल उठकर मेरी तरफ़ आ रही थी और वह शरारती लड़की अपनी हंसी को अपने हाथ से छिपा-दबा रही थी। मुझे लड़की की हंसी पसन्द आई, सुमित्रा सान्याल का अपनी तरफ़ आना पसंद आया। पास आने पर जब सुमित्रा सान्याल ने अपना हाथ बढ़ाया तो मैंने उठकर उसे होंठों पर चूम लिया। हमारी आंखों में आंसू थे, लड़की की आंखों में शरारत की आंच। जब हम दोनों रीडिंग रूम के दरवाज़े से निकल रहे थे तो लड़की का हाथ किसी फूल की तरह हिल रहा था, उसके होंठ एक चुम्बन बना रहे थे।

मुरारी फूलवाला और मीमसाब

उस अमीर गली के मोड़ पर खड़े नीम के एक भरेपूरे पेड़ के नीचे मुरारी फूलवाला पिछले कुछ महीनों से सुबह-शाम अड्डा जमा रहा था। एक शाम अचानक नमूदार हो गया था—मानो फूलों समेत उसी नीम के पेड़ के नीचे उतर आया हो। उसके आ जाने से गली में बहार-सी आ गई थी। सुबह-शाम, नीम के नीचे उसके फूल एक रंगबिरंगे अलाव से दिखायी देते, दिन-भर उनकी महक गली की हवा में बसी रहती। लोग फूल भी ख़रीदते, मुरारी फूलवाले से हंसी-मजाक भी करते। महिलाओं और बच्चों को उससे ख़ास प्यार था। वह भी उन्हें हंसाने के लिए तरह-तरह की अदाकारियां करता, अपने ठेठ पूरबी लहजे में मुंह बना-बनाकर बातें करता, और कभी-कभी अचानक कोई ऐसी रंगीन तान छेड़ देता कि महिलाएं शरमा जातीं, बच्चे उसकी नक़ल उतारने लगते, और वह पुकार उठता, 'मीमसाब, ईह छोटे साब लोग हमरो मजाक क्यूं उड़ावत हैं, इनकू डांटिए।'

मुरारी फूलवाले की आंखें हमेशा मस्त रहती थीं, होंठ लाल मुस्कराहट में रचे हुए। उसके रंग में एक सलौनी चमक थी, आवाज़ में सुर्ख़ गर्माहट। उसके कपड़े हमेशा साफ़ और सफ़ेद होते और फूल एकदम ताज़ा और तीखे। अपने फूलों के बीचोबीच वह ख़ुद एक हंसते-खेलते फूल-सा दिखाई देता।

किसी को कुछ मालूम नहीं था कि वह फूल लाता कहां से था। अगर कोई महिला पूछ लेती तो वह ऐसी अदा से मुस्करा देता जैसे कह रहा हो, 'मीमसाब, का फरक पड़त है, आप ईह चिंता काहे को करत हैं कि फूल किस बगिया के हैं, वइसे हम सच बोलैं तो ईह फूल किसी बगिया के नाहीं, ईह तो सीधे आकाश से आवत हैं, समझीं मीमसाब।'

अगर प्रश्न करने वाली महिला सुंदर होती तो मुरारी की मुस्कराहट और मोहिनी हो खिलती, उसके पान-पीले दांत और प्यारे हो जाते, उसकी आंखों की मस्ती और मादक हो उठती, लेकिन उसके मुंह से कोई जवाब फिर भी न निकलता। अगर कोई महिला ज़िद पकड़ लेती तो मुरारी हाथ जोड़कर खड़ा हो जाता, जैसे कह रहा हो, 'मीमसाब, जान ले लो, ईह मत पूछो कि फूल कहां से आवत हैं, ईह

तो हम किसी को नाहीं बतावेंगे।'

उसकी रहस्यभरी ख़ामोशी, मुस्कराहट और उसके फूलों के सस्ते दामों के कारण कुछ महिलाओं ने शक करना शुरू कर दिया था कि उसके फूल चोरी के होंगे, इसीलिए वह बताता नहीं कि कहां से लाता है। उनका यह शक उनकी आंखों और मुस्कराहटों में टिमटिमाता रहता, इस शक के कारण मुरारी और उसके फूलों का आकर्षण और ज़्यादा हो गया था। चोरी के फूलों को छूते समय महिलाओं को एक सुंदर सनसनी-सी महसूस होती। उन्हें लगता जैसे वे कोई छोटा-सा, कोई भोला-सा, पाप और पुण्य एक साथ कर रही हों। वे मन-ही-मन प्रार्थना करतीं कि मुरारी फूलवाले की चोरी कभी न पकड़ी जाए, आंखों ही आंखों में मुरारी को आश्वासन देती रहतीं कि उसका भेद वे कभी नहीं खोलेंगी। मुरारी आंखों ही आंखों में उनके आश्वासन स्वीकार करता रहता और उन्हें ये भी सुझाता रहता कि उसके फूल किसी बाग़ में नहीं उगते, सीधे आकाश से उतरते थे।

यों तो मुरारी को सभी महिलाएं अच्छी लगती थीं। लेकिन डाक्टरनी मीम-साब से उसे ख़ास लगाव हो गया था। एक तो उसकी बोहनी में बरकत थी, दूसरे उसकी आवाज़ में शहद था और तीसरे उसके शरीर में आभा थी। वह हर शाम फूल ख़रीदने आती थी और संयोग से ऐसे वक़्त आती थी जब कोई और ग्राहक नहीं होता था। मुरारी अक्सर याद करता है कि पहली शाम उसने सभी फूलों को ठीक तरह से सजाया भी नहीं था कि एक गोरी परी उसके सामने आ खड़ी हुई थी। 'हमरो तो भइया उसी क्षण नक्सा ही बदल गया था—ऊपर का श्वास ऊपर, नीचे का नीचे—अईसी परी तो हमने सपने में भी नाहीं देखी।' परी ने पूछा था, 'फूलवाले, क्या नाम है तुम्हारा?' उसकी आवाज़ सुनकर मुरारी के तो हाथ-पांव फूल गए थे। 'अईसी आवाज तो भइया हमारे बाप ने भी शायद नहीं सुनी हो। अईसी मिठास तो किसी कोयिल की आवाज़ में भी ने होवै।' मुरारी ने जवाब दिया था, 'मेरे मीमसाब, गरीब का नाम और का धाम।' इस पर वह महिला हंसने लगी थी और मुरारी फूलवाले को लगा था जैसे उससे कोई भारी भूल हो गई हो। 'भइया, हमरा तो खून ही खुश्क होई गई। ऐसी हंसी तो सिव शंभू किसी दुश्मन को भी न दिखावै। उसके दांतन के सामने तो हमरे सारे फूल साले फीके।' उधर वह महिला हंसती भी जा रही थी और झुककर गुलाब और ग्लैडियोला भी चुन रही थी। 'हम तो भइया अंधे होई गए उस परी का रंग-रूप और यौवन देख-देख। अइसा सरीर तो इंदरसभा में भी कहां होगा।' जब उस महिला ने दाम पूछे तो मुरारी फूलवाले ने लपककर उसके पांव पकड़ लिए। उस महिला ने झट पांव पीछे हटा लिए और हंसते-हंसते डांट दिया, 'अरे पगले, यह क्या कर रहा है! अपना नाम बता और ठीक-ठीक दाम ले।' 'अब तो भइया हमरी दसा और खराब। धरती फट जाती तो हम तत्काल उसमें समाई जात।' हमने हकलाते हुए कहा, 'अरे मीम-

साब, ईह तो साले दो कौड़ी के फूल भये, मुरारी फूलवाले के तो आपके लिए प्राण भी हाजिर हैं।' इस पर बिगड़ने के बजाय वह मीमसाब इतनी हंसी थी कि मुरारी को मजा आ गया था। अरे भइया, ऊपरी हंसी थी, उसका सारा शरीर हमरी ससुरी आंखन के सामने मोर सरीखा थिरक रहा था। राम जाने धरती फट क्यों नहीं गई उसी क्षण। उस शाम मुरारी बड़ी मुश्किल से उन मीमसाब से थोड़े-से पैसे लेने पर राज़ी हुआ था। बार-बार यही कहता रहा था, 'मीमसाब, आप हमरी पहली ग्राहक। आपसे, आज पैसे क्यूं लेवैं हम ?' परंतु भइया, उन परी ने मान के नाहीं दीनो, जबरदस्ती हमरे हाथन में मुट्ठी भर नोट रख दीन। बड़ी मुश्किल से हमने सारे नोट उनके हाथन में दाब दिए और केवल दो नोट निसानी सरीखे रख लीन। भइया, उन हाथन की कोमलता के सामने हमरे सारे फूल साले कागज के, सच्ची बात है।

तब से वह मीमसाब मुरारी फूलवाले की सबसे प्यारी ग्राहक बन गई थी। वह हर शाम फूल खरीदने आती और हर शाम मुरारी किसी-न-किसी तरीके से अपने चाव को व्यक्त कर देता और वह उसकी बातों पर हंसकर या उसे झूठ-मूठ डांटकर उसे और मुग्ध कर जाती। अरे भइया, ऊ परी जब हमकू पगला कहत है, हमको चित्त प्रसन्न होई जात। मुरारी ने पता लगा लिया था कि वह मीमसाब डाक्टरनी थी, अपनी कोठी में ही डाक्टरी करती थी, कुंवारी थी, और उसके अड्डे से कुछ ही दूर एक बड़ी-सी कोठी में एक काली-सी नौकरानी के साथ अकेली रहती थी। भइया, का बतावें, हमसे तो ऊ काली नौकरानी साली ही अच्छी कि उस परी की संगत में रहत है। काश कि हम साले फूलेवाले न होकर ऊ काली नौकरानी होते।

जिस शाम डाक्टरनी मीमसाब फूल लेने न आती, मुरारी फूलवाला मनहूस मुंह बनाकर बैठा रहता, ग्राहकों से ग़लत-सलत बोलता रहता, बच्चों पर बिगड़ता रहता, फूलों को संवारने सजाने के बजाय इधर-उधर झांकता रहता। 'का बतावैं भइया, ऊ परी आज तीन दिन से नाहीं दिखी, हमरी तो सुध-बुध साली गायब का करै का होगा हमरा। का जादू कर दीनो उसने। हम तो बरबाद होई जाएंगे।' अपनी इस लंबी गैरहाज़िरी के बाद जब डाक्टरनी मीमसाब मुरारी के अड्डे पर पहुंची तो वह दूसरी महिलाओं से घिरा हुआ था, उन्हें ग़लत-सलत दाम बता रहा था, मुस्कराने के बजाय नाक-भौं चढ़ा रहा था, और महिलाएं हैरान हो रही थीं कि उसे हो क्या गया था। तभी मुरारी की निगाह डाक्टरनी मीमसाब पर पड़ी और उसे चक्कर-सा आ गया। अरे भइया हम तो बेहोस होते-होते बचे। किसी तरह संभलकर उसने जल्दी-जल्दी सब महिलाओं को भुगताया और हाथ जोड़कर अपनी प्यारी मीमसाब के सामने खड़ा हो गया। अरे का बताएं भइया, ऊ परी उस समय साक्षात् देवी दिख रही थी और हम साले सायद राक्षस। हमरी अंखियन में पानी

था और होंठन पर कंपन। हम अपराधी बने खड़े थे और ऊ देवी दया की मूर्ति बनी हमकू निहार रही थी। आखिर हमने कहा, 'डाक्टरनी मीमसाब, हमसे का भूल भयी कि इतने दिन बाद दरसन दीना ?' डाक्टरनी मीमसाब को मुरारी फूल-वाले की ऐक्टिंग पर ऐसी हंसी आयी कि उसे फूल चुनने के बहाने बैठ जाना पड़ा। आज तो उसने हमरी जान ही निकाल ली, भइया, अइसी हंसी, अइसी हंसी कि हम उसके सरीर की मोर सरीखी थिरकन देख दंग रह गइन। मुरारी ने कहा, 'डाक्टरनी मीमसाब, आपकू हंसी आवत है और हमकू रोना, आपने तो मुरारी फूलवाले की कमाई ही बंद कर दीनी।' अरे भइया, हम अपने मन की बात साली उस देवी से कइसे कहते, कमाई साली का रोना रो दिया जबकि हम कहना ईह चाहते थे कि डाक्टरनी मीमसाब, आप नहीं आवैंगी तो हम सब फूलवूल गंदी नाली में फेंक फांसी ले लेंगे। उधर डाक्टरनी मीमसाब ने जैसे-तैसे अपनी हंसी को थामा और बोली, 'अरे पगले, क्यों नाटक करता है ? अच्छा यह तो बता तूने यह कैसे जान लिया कि हम डाक्टरनी हैं ?' मुरारी ने शरम से लाल होते हुए कहा, 'डाक्टरनी मीमसाब, वइसे ही जइसे आपने जान लिया कि हम पगले हैं।' इस पर डाक्टरनी मीमसाब की हंसी फिर फूट निकली और मुरारी हैरान। ऊ देवी हमरे फूलन को चुन रही थी और हम उसके फूलन को देख रहे थे। अरे भइया का बतावैं अजीब समा था, हमकू तो अईसा लग रहा था कि हमरा बेड़ा पार हुआ कि हुआ। फिर मुरारी ने धीमी आवाज़ में कहा, 'मीमसाब, आप तो डाक्टरनी भयीं, हमरा पगलापन ठीक कर देवें तो हम सारा जीवन आप ही की सेवा करत रहिन।' यह सुनते ही डाक्टरनी मीमसाब कुछ संभल गयी और कुछ लाल हो गयी, बोली, 'ज्यादा बातें नहीं करते। पगला कहीं का। ले ये फूल ठीक कर दे।' अरे भइया, हमने तो समझ लीनों कि ऊ परी अब हमस कभी न बोलेगी। हमरा मन भया कि ऊ के पइयां पड़ जावैं और रोना शुरू कर देवैं, फिर सोचा कि इस पर तो ऊ परी और बिगड़ जावैगी, सो हम चुप मार गए। डाक्टरनी मीमसाब मुरारी फूलवाले के पागलपन पर नाराज कम हुई थी, खुश और हैरान ज्यादा। भोला बेचारा। उसके मन की मौज को मैं क्यों मारूं, दो बातें करके अपना जी बहला लेता है। मस्त मुस्कान। फिल्मों का असर इस पर ही नहीं, मुझ पर भी। डाक्टरनी मीमसाब। पागला, नहीं जानता मेरी उम्र क्या है ? मे बी ही नोज। तो क्या ? इस उम्र में कोई मेरा क्या बिगाड़ सकता है। मुरारी नाम नफीस मुरारी फूलवाला और डाक्टरनी मीमसाब मीठी जबान मीठी खुशबू। वर्ग व्यवस्था तोड़ो मीमसाब।

उस दिन उसने भी अपनी एक दोस्त से मुरारी फूलवाले के बारे में बात की तो उस दोस्त ने उसे समझाया, 'यह पगला नहीं, तू ही पगली है। अपने मन में झांककर तो देख। ठीक कहते हैं पच्चास को पहुंचकर औरतें पागल हो जाती हैं।

लेकिन यह मत भूल, पवित्रा, कि तू नज़र पैंतीस से ज़्यादा नहीं आती और तेरा वह रोमियो तो तुझे बीस का ही समझता होगा। और तू उसे लिफ्ट दे रही है। किसी रात दरवाज़ा तोड़कर अंदर घुस आया तो क्या करेगी?' इस पर पवित्रा बोली, 'वही जो पच्चास साल की डाक्टरनी मीमसाब को एक भोले-भाले मुरारी फूलवाले के साथ करना चाहिए।' इस पर दोनों दोस्त हंस तो दीं लेकिन हंसते-हंसते गंभीर भी हो गयीं। पवित्रा की दोस्त दीनू ने उसे फिर समझाना शुरू कर दिया, 'मीमसाब की बच्ची, कान खोलकर सुन ले, फिर न कहना किसी ने तुझे वार्निंग नहीं दी। अखबार पढ़ती है कि नहीं? देखती नहीं कि हो क्या रहा है आजकल? छोटे-छोटे नौकर, बिजली ठीक करने वाले, कॉलिज के छोकरे, भोले-भाले पड़ोसी—सब ऐसी-ऐसी दहशतनाक हरकतें कर रहे हैं अपनी बड़ी-बूढ़ियों से कि रोएं खड़े हो जाते हैं और तू एक अनजान पूरबिये माली के साथ हंसी-मजाक कर रही है। तुझे हो क्या गया है? दिमाग़ ख़राब हो गया है तेरा? अपना नहीं तो उसी का ख़याल कर, तेरी उम्र अब फ़िल्मी सपने लेने की नहीं....'

दीनू—जो खुद भी डाक्टरनी थी, पच्चास की हो रही थी, कुंवारी थी, एक बड़ी कोठी में एक काली नौकरानी के साथ अकेली रहती थी—पवित्रा को देर तक उपदेश देती रही, जिसे सुनते-सुनते पवित्रा अनायास मुरारी फूलवाले की मस्त आंखों, लाल मुस्कराहटों, मीठी बातों को याद करती रही। उसके पान-बीड़ी की सुगंध को सूंघती रही। उसकी खुरदरी अंगुलियों के स्पर्श की याद से सिहरती रही। दीनू के चुप हो जाने के बाद उसने एक सिगरेट सुलगा लिया। काश कि मैं सचमुच पैंतीस साल की होती। मुरारी फूलवाले के साथ फूलवालों की सैर। शायद, एक बार तो कम-अज़-कम सबको चकमा देकर। क्यों पगले, तू सचमुच मुझे बीस की समझता है? दरवाज़ा तोड़कर अंदर घुस आएगा किसी रात? सच, अख़बारों की ख़बरें पढ़ता है? फ़िल्में तो देखता ही होगा। फिर अचानक उसे न जाने क्या हुआ कि उसने सिगरेट को कुचल दिया, एक ठंडी सांस ली, और बोली, 'दीनू, तू क्यों चिंता करती है, हम दोनों को कुछ नहीं होगा, कुछ भी नहीं, हम इस दुनिया से कुंवारी ही चली जाएंगी, डाक्टरी करती-करती, कोई फूलवाला हमारा दरवाज़ा नहीं तोड़ेगा, हम दोनों अछूत हैं, अछूत।' दीनू ने उठकर उसे अपने गले से लगा लिया। काफ़ी देर तक दोनों एक दूसरे की पीठ सहलाती और बिलखती रहीं।

इसके कुछ ही दिन बाद एक शाम पवित्रा ने फूल चुनते-चुनते मुरारी को बता दिया कि कुछ मीमसाबों को शक है कि उसके फूल चोरी के होते हैं। उसने सोचा था कि मुरारी सकपकाकर अपनी ईमानदारी की दुहाई देगा, कहेगा, 'मीमसाब, बिसवास न हों तो एक दिन मेरे संग मेरे बाग़ में चलिए, मेरा गांव दूर नहीं।' लेकिन मुरारी फूलवाले ने ऐसा कुछ नहीं किया, बस एकटक डाक्टरनी मीमसाब

की ओर देखना और मुस्कराना शुरू कर दिया, मानो कह रहा हो, मीमसाब, आप कहें तो फूलों की चोरी छोड़ आपकी चाकरी शुरू कर दूं। पवित्रा को उसकी मुस्कराहट अश्लील नज़र आई। पान खाने वालों की मुस्कराहटें यों भी अश्लील ही होती हैं। लेकिन मुरारी तो जान-बूझकर अपनी आंखों से भी बेहयाई छलका रहा था। पवित्रा ने उसकी निगाहों की चुभन को अपने सीने में महसूस किया और बड़ी लाल आवाज़ में सख़्ती से पूछा, 'ऐसे क्यों देख रहे हो पगले? बताते क्यों नहीं कि फूल चोरी के हैं या नहीं?' मुरारी ने मुस्कराना तो बंद नहीं किया, आंखें ज़रूर हटा लीं और बोला, 'मीमसाब, देख तो ईश्वर की लीला ही रहा था, परंतु ईह सच है कि हम किसी मीमसाब से हराम का एक पइसा भी नांहि लेवत।' पवित्रा ने कोमल स्वर में कहा, 'तो साफ क्यों नहीं कहते कि फूल चोरी के नहीं, तुम्हारे अपने ही बाग़ से आते हैं।' मुरारी फूलवाले ने हाथ जोड़कर कहा, 'मीमसाब, अपना बाग कहां, अपनी तो दो-चार हाथ की बगिया ही होवै, उसी में जो उग आवै, सो उग आवै, हम चोरी काहे कू करेंगे?' पवित्रा ने कहा, 'सच बोल रहे हो?' मुरारी फूलवाला तड़पकर बोला, 'आपकी सौगंध।' पवित्रा को हंसी आ गई। 'का बताएं, भइया, आज फिर कई दिन बाद हम पर मोतियन की बरखा भयी, आज फिर हमारे मन का मोर और हमरी परी देवी के तन का मोर एक साथ नाच्चे। अब तुम ही बतावो, भइया, हमरा का होगा।' पवित्रा ने पैसे उसके हाथ में देते हुए कहा, 'तू है सचमुच पगला। अच्छा यह तो बता, तेरी बीवी तेरे साथ क्यों नहीं आती?' अरे भइया, जब उसने बीवी की बखान छेड़ दीनों तो हमरी तो साली हवा निकल गइन। हम कहिना तो ईह चाहते थे, मीमसाब, आप ही हमरी बीवी, आप ही हमरी देवी, दूसरी न कोई, परंतु हमरी हिम्मत न भयी, सो हम बोले, 'डाक्टरनी मीमसाब, हम गरीबन कू कोउन बीवी देवैगा। न दुकान, न मकान, दो-चार हाथ की बगिया और उसमें उगत ईह थोड़े-से फूल। हम तो इस संसार से कोरे-कंवार ही उठ जावैंगे।' पवित्रा उसकी बात सुन सन्नाटे में आ गई थी। तो इस पगले को भी अपने कुंवारेपन की चिंता है। मेरी और दीनू की तरह, बन रहा है। बना रहा है। पवित्रा का मन हुआ कह दे, पगले, किसी दिन मुझे अपनी बगिया दिखाने तो ले चल; लेकिन उसे अपना मन मार कर रखने में महारत थी, इसलिए वह चुप ही रही। बस जाते-जाते जल्दी से इतना ज़रूर कह गई। 'किसी दिन तुम्हारी बगिया देखने चलेंगे।' 'अरे भइया, ऊ दिन कब आवैगा, सायद तब जब हम बैकुंठ चल जावैंगे।'

और फिर डाक्टरनी मीमसाब को न जाने क्या हुआ कि वह एकदम गायब ही हो गई। कितने ही दिन बीत गए, वह फूल लेने न आई और न ही मुरारी फूलवाले को आती-जाती नज़र आयी। मुरारी उसकी बाट जोहता रहता। उसके मन में मैले-मैले विचार आते, जिन्हें वह कुचल न पाता। मुरारी को अपने ग्राहक अच्छे

न लगते, ग्राहकों को मुरारी के फूल अच्छे न लगते। मुरारी हर किसी से झगड़ता, हर कोई मुरारी से पूछता रहता, 'तुझे हो क्या गया है?' हमरी तो, भइया, भूख-प्यास, नींद सब उड़ गइन, जब से ऊ परी ने मुंह फेर लीना। मुरारी के कपड़े अब मैले होते, उसके फूल बासी, अब वह न मुस्कराता, न किसी मीमसाब से आंख मिलाता। बच्चों से तो उसे अचानक नफ़रत सी हो गई थी। 'का बतावैं, ऊ आज भी नहीं आयी और हमरा मन कहत है कि ऊ कू कोई बिपता है, नहीं तो ऊ अपने पगले की खबर तो लेती।' महिलाओं में खुसरपुसर शुरू हो गई थी कि मुरारी की चोरी पकड़ ली गई होगी, इसीलिए अब गले-सड़े फूल लाता है और जला-भुना रहता है। अरे भइया, हम तो स्त्रयं साले राख होई गए, फूलन की चिंता का करैं!

आखिर एक दिन मुरारी से रहा नहीं गया। सुबह सवेरे डाक्टरनी मीमसाब की कोठी पर जा पहुंचा। उसके हाथों में घड़े जितना बड़ा गुलदस्ता देखकर पवित्रा की नौकरानी हिन-हिन हंस दी। मुरारी ने गुस्सा दबाकर पूछा, 'डाक्टरनी मीम-साब कहां हैं?' इस पर नौकरानी की हंसी और लंबी खिच गई तो मुरारी तैश में आकर बोला, 'अरी, हंसो काहे को हो, गधों की भांति! मीमसाब से कहो, मुरारी फूलवाला आया है।' उसकी कड़क में कुछ ऐसा था कि नौकरानी सहम गई, बोली, 'डाक्टरनी साब अस्पताल में बीमार पड़ी हैं। गुलदस्ता मुरारी के हाथ से गिर गया। नौकरानी उसे उठाने के लिए झुकी तो मुरारी चिल्लाया, 'पड़ा रहन दो साले कू, बताव बीमारी का है?' नौकरानी और सहम गई। बोली, 'बड़ा फोड़ा है।' मुरारी ने धीमे से पूछा, 'कहां है बड़ा फोड़ा?' नौकरानी ने अपने पेट के नीचे जांघों के बीच दोनों हाथ रख दिए और कहा, 'यहां।' भइया, का बतावैं मारे सरम और दुःख के हमरी तो अंखियन बंद हो रही थीं और ऊ काली नौकरानी नीचे बैठी फूलन कू समेट रही थी। मुरारी ने पूछा, 'घर कब आवैंगी?' वह बैठी-बैठी ही बोली, 'क्या पता आएंगी भी या नहीं।' मुरारी चिल्लाया, 'असुभ मत बोलो।'

तभी दीनू कार से उतर भागी-भागी दरवाज़े तक आई। नौकरानी के हाथों में अस्त-व्यस्त गुलदस्ता और उसके पास खड़े अस्त-व्यस्त मुरारी को देखकर उसने रोना शुरू कर दिया। नौकरानी ने पूछा, 'गुप्ता मेमसाब, क्या हुआ, वह ठीक तो हैं?' दीनू ने रोते-रोते जवाब दिया, 'वह अब क्या ठीक होंगी, वह तो...' मुरारी ने नौकरानी के हाथों से गुलदस्ता छीनकर ज़मीन पर दे मारा और फिर उसे एक-दो बार पांव तले मसल कर भाग सा उठा। भागते समय वह कुछ बिलबिला रहा था। दीनू दो क़दम उसके पीछे गई, फिर लौट आई।

अब गली के मोड़ पर खड़े उस नीम के पेड़ के नीचे एक बूढ़ा मोची बैठता है।

ये काले परदे कैसे हैं

सुबह से डाक की डरघुली प्रतीक्षा में डांवाडोल हूं। एक जगह टिककर बैठा या खड़ा नहीं रह पाता। कान खड़े हैं, आंखें उखड़ी-उखड़ी। हर आहट पर सांस रुक जाती है, हर सरसराहट पर डाक की सरसराहट का गुमान होता है। सुबह से कई बार निराश हो चुका हूं। घर में तीन घड़ियां हैं। एक कुछ तेज चलती है, एक कुछ आहिस्ता, लेकिन तीसरी एकदम ठीक वक़्त देती है। डाकिए भी कमोवेश वक़्त के काफ़ी पाबंद हैं। फिर भी मैं सुबह से उनका इंतज़ार शुरू कर देता हूं और शाम होने तक करता रहता हूं। पहले जब कभी डाक आती थी तो घंटी बजा करती थी और मैं यूं उछल पड़ता था जैसे अन्दर अचानक आग लग गई हो। उस घंटी की आवाज़ में ज़ंजीरों की-सी झनझनाहट थी, जिससे तंग आकर मैंने एक रोज़ सुबह वाले डाकिए को पकड़कर कह दिया था कि वह घंटी न बजाया करे और अपने दोनों साथियों को भी मेरी तरफ़ से मना कर दे। उसने मेरी तरफ़ यूं देखा था जैसे मैंने उसका कोई जन्मसिद्ध अधिकार उससे छीन लेना चाहा हो। मैंने बहाना बनाया कि घंटी की आवाज़ बहुत ऊंची है और मुझे दिल की बीमारी है। यह सुनकर वह मुसकरा दिया था। मुझे ख़तरा हुआ कि वह मेरी बात समझा नहीं। फिर ख़याल आया कि अच्छा ही हुआ वर्ना वह इलाज के लिए किसी होम्योपैथ का नाम-पता सुझाने लगता। वह बराबर मेरी तरफ़ देखे जा रहा था जैसे कह रहा हो, कोई और झूठा बहाना हो तो वह भी बना लो। वह डाकिया मेरी उम्र का होगा तो नहीं लेकिन दिखाई मेरी ही उम्र का देता है। जरूर उसने मुझसे भी ज़्यादा दुःख झेले होंगे। उसकी हजामत भी बढ़ी रहती है। अगर मैं डाकिया होता तो मेरी हालत वैसी ही होती जैसी उसकी है। मैं डाकिया नहीं हूं लेकिन मेरी हालत उसकी हालत से अच्छी नहीं। जब उसने मेरी हिदायत के जवाब में कुछ कहा नहीं तो मुझे खतरा हुआ कि वह और उसके दोनों साथी घंटी बजाने से बाज़ नहीं आएंगे। इसलिए उसके जाने के बाद मैंने उस घंटी को तोड़ दिया। तोड़ने में काफ़ी दिक़्क़त हुई। उसके बाद कई महीनों तक उन तीनों डाकियों में से कोई मेरे घर रुका ही नहीं।

तो सुबह से डाक की प्रतीक्षा कर रहा हूं। रात भी प्रतीक्षा में कटी ही थी। कभी किसी दुःस्वप्न की धुंध में, कभी किसी दुःस्वप्न की धूप में। कभी किसी गाड़ी के इंतज़ार में, कभी किसी गाज के इंतज़ार में। किसी दुःस्वप्न की दहशत अब पूरी तरह याद नहीं। बस धुंध और धूप याद है। जब कुछ और याद करने की कोशिश करता हूं तो यूं गुम हो जाता हूं जैसे कोई किसी पिछले जन्म के वीराने में। विश्वास पिछले जन्म में है न अगले में। दहशत पिछले जन्म की संभावना से भी होती है, अगले की से भी। दहशत नश्वरता से भी होती है, अमरता से भी, अनंत से भी होती है, अंत से भी। दहशत क़रीब-क़रीब हर संभावना से होती है, हर स्थिति से होती है। सोते-जागते, अंदर-ही-अंदर, जैसे कोई ऐटम बम भीतर छिपा पड़ा हो।

डाक की प्रतीक्षा को अपनी हर प्रतीक्षा की पेरोडी मानता हूं, अपनी हर प्रतीक्षा को हर प्रतीक्षा की पीड़ादायक पेरोडी—ऐसी जिस पर जो हंसी या मुस्कराहट आए उससे मुंह चिरता हुआ महसूस हो, दिल चुकता हुआ। इस प्रतीक्षा-पेरोडी-पीड़ा का मारा कभी इस खिड़की के पास जा खड़ा होता हूं कभी उसके पास, कभी इस कमरे में, कभी उसमें। सब कमरों की सब खिड़कियां उस सड़क पर खुलती हैं जिस पर वे तीनों डाकिए गुज़रते हैं जिनकी मैं हर रोज़ प्रतीक्षा करता हूं और जिनसे मैं हरदम डरता हूं। मेरी हर प्रतीक्षा का कुछ हिस्सा डर में डूबा रहता है, मेरे हर डर का कुछ हिस्सा प्रतीक्षा में। मेरी हर प्रतीक्षा असल में अंत की ही प्रतीक्षा होती है, मेरा हर डर असल में अनंत का ही डर होता है। मेरी हर प्रतीक्षा और मेरे हर डर के कई रूप हैं, कई रंग हैं, कई कारण हैं, लेकिन कभी-कभी उनका कोई रूप-रंग-कारण मुझे नज़र नहीं आता। तब मैं उन्हें ईश्वर का नाम देकर अपनी असंगति पर हंस लेता हूं।

तो मैं तीनों डाकियों से डरता हूं। वे शायद मुझसे डरते होंगे। यहां एक वाक्य अनिवार्य नज़र आता है : सब लोग एक-दूसरे से डरते हैं; जो नहीं डरते, उन्हें डरना चाहिए। ऐसे वाक्यों से मुझे सहारा मिलता है। तीनों डाकिए कई बार मुझे किसी-न-किसी खिड़की के काले पर्दे के पीछे घात लगाए खड़ा देख चुके होंगे। जब कभी उनमें से किसी एक की नज़र से मेरी नज़र टकरा जाती है तो मुझे लगता है कि मुझे नंगा देख लिया गया है। उसे न जाने क्या लगता होगा, क्या-क्या लगता होगा। अगर मैं डाकिया होता तो किसी जरे-भुरे बंगले की किसी खिड़की के काले पर्दे के पीछे किसी दुबले-दुबके बूढ़े को छिपे खड़े देखकर मेरा दिल ज़रूर दहल जाता। उससे बात करने की हिम्मत तो न होती, ख़्वाहिश ज़रूर होती। उसकी डाक को खोलने की ख़्वाहिश भी होती, उसे फाड़ या फूंक डालने की भी। अगर मैं डाकिया होता तो सब लोग मुझसे डरते रहते क्योंकि किसी को कोई भी ख़त देते वक़्त मेरे चेहरे का भाव यूं होता जैसे मेरे हाथ में मौत या

उम्र कैद या आमरण मौन का परवाना हो। अगर मैं डाकिया होता तो कुछ लोग डर के बावजूद मुझे डपटते रहते : आप हमारे हाथ में डाक देते वक़्त हमें घूरते क्यों रहते हैं ? खड़े क्यों रहते हैं ? क्या आप चाहते हैं कि हम अपनी डाक पढ़कर आपको सुनाएं ? आप हमारी डाक लैटरबक्स में क्यों नहीं डाल दिया करते ? हमें तो शक है कि आप हमारी डाक खोलते भी हैं और कभी-कभी उसे फाड़-फूंक भी देते हैं। हम आपकी शिकायत करेंगे। आपको डाकख़ाने में न जाने भरती किसने किया था !

अगर मैं डाकिया होता तो डाक बांटते वक्त इन्हीं कल्पनाओं में डूबा रहता। और शायद डाक बांटने से पहले और बाद भी। घरवाली दुहाई देती फिरती : ऐसा पागल आदमी परमात्मा बैरी को भी न दे ! अगर मैं डाकिया होता तो हर डाक से पहले मुझे यह पूर्वशंका होती कि आज की डाक में मुझे कोई ऐसा हुक्मनामा या मुआफ़ीनामा मिल जाएगा जिससे मेरा ख़ून हमेशा के लिए ख़ुश्क हो जाएगा। नहीं, अगर मैं डाकिया होता तो शायद इंतज़ार और डर से मुक्त हो गया होता। मेरी ख़ुशफ़हमियों में से एक यह भी है कि डाकिए आमतौर पर न डरते हैं न प्रतीक्षा करते हैं। जब कभी यह ख़ुशफ़हमी हावी हो जाती है तो मेरा 'अगर' 'काश' में बदल जाता है : क़ाश मैं डाकिया होता ! वैसे मैं जानता हूं कि मैं डाकिया होता तो ज़रूर दिन में कई बार मुंह आकाश की ओर उठाकर सदा लगाता : काश मैं डाकिया न होता ! मैं मानता हूं कि कोई भी मामूली आदमी किसी भी स्थिति में ज़्यादा देर के लिए संतुष्ट नहीं रहता, सुखी नहीं रहता, भय-संशय-प्रतीक्षा-मुक्त नहीं रहता। लेकिन इस घिसे-मिसे सत्य पर इतना बल क्यों ? मुझे मालूम है कि यह सवाल मेरा सर कुचल देगा। मेरा नहीं; मेरे इस सत्य का। मुझे हमेशा मालूम रहता कि कौन-सा सवाल कब मेरे किस सत्य का सर कुचलने के लिए नमूदार हो जाएगा। मेरी एक मुसीबत यह भी है कि हमेशा मुझे कुछ-न-कुछ ऐसा मालूम रहता है जो मुझे पूरे भरोसे से कोई भी दावा नहीं करने देता। मुझे अपनी इस मुसीबत पर इतराना चाहिए, क्योंकि इस आधारहीन युग में पूरे भरोसे से दावे करने वाले प्रायः ठोस नहीं होते, दिखाई भले ही देते रहें। लेकिन मैं अपनी किसी बात पर इतरा नहीं पाता। मेरी कोई भी कल्पना मेरे काले मन से मुक्त नहीं हो पाती। कल्पना के कमाल से कभी अपना चोला बदल लूं तो भी उसके भीतर चिड़ियारूपी मन वही होता है जो अब है। इसलिए मेरी कल्पना कभी मुझे किसी भी व्यथा का कोई विकल्प नहीं दे पाई। इसीलिए मेरी प्रतीक्षा अंतहीन है, अर्थहीन है। इसीलिए उसमें मेरा डर धड़कता रहता है। तीन वाक्य एक साथ 'इसलिए' का मुकुट पहनकर यूं आ खड़े हुए हैं जैसे उनमें किसी संकोच या संशय का कोई छेद न हो। वे तीनों वाक्य झूठे हैं, मेरे अनमन को व्यक्त नहीं करते; मेरे नहीं।

तीनों डाकियों के पास साइकल है। शायद एक ही साइकल है जिसे वे बारी-बारी इस्तेमाल करते हैं। शायद वह उन्हें उनके विभाग से मिली हो या उन तीनों ने मिलकर उसे ख़रीद लिया हो। तीनों बारी-बारी उसे यूं धकेलते हुए गुज़र जाते हैं जैसे मैं बार-बार अपने दिन को धकेलता हुआ यहां धंसा रहता हूं। मैंने उनमें से किसी को उस साइकल पर सवार नहीं देखा। शायद वह साइकल उनका सहारा ही है, सवारी नहीं। या शायद सिर्फ़ 'शो' जिसकी क़ीमत वे उसे धकेल कर चुकाते हैं। उनके पास डाक इतनी कम होती है कि उन्हें साइकल का झंझट न होता तो उन्हें एक डाक बांटने में वक़्त भी कम लगता, ज़हमत भी कम होती। शायद उनका असली काम साइकल को धकेलना है, डाक बांटना नहीं। सच तो यह है कि हमारे देश के अधिकतर लोगों को ख़तोकिताबत का शौक़ है न उसमें विश्वास न उसकी ज़रूरत। हम मौखिक परम्परा के पुरोहित हैं। हमें जो आनंद चिल्लाने में मिलता है, चिट्ठी लिखने में नहीं मिलता। हम लिखित रूप में अपने आपको बांधने से कतराते हैं। हमारे क़ौल-इक़रार सब मुंह ज़बानी होते हैं, इसलिए हम आराम से उन्हें तोड़ते-मरोड़ते रहते हैं। हमारी कोशिश यही रहती है कि किसी आने-जाने वाले से ही सारे संदेश सुनते-भेजते रहें। मैंने देखा है कि हमारे डाकियों के पास पार्सल कम ही होते हैं। इन तीनों डाकियों में से किसी के पास डाक का थैला नहीं होता। उसे शायद वे घर ही छोड़ आते हैं। शायद उनकी बीवियां उसे दाल-सब्ज़ी के लिए इस्तेमाल करती हों या बच्चे के बस्ते के तौर पर। कुछ डाक उनके एक ढीले-से हाथ में रहती है, कुछ उनकी साइकल के कैरियर पर लगे ढीले शिकंजे में। मैं हर रोज़ अपनी निराशा को इस सोच से टाल देता हूं कि मेरी डाक कहीं रास्ते में उड़-गिर गई होगी। कड़वी हक़ीक़त यह है कि मुझे डाक अब आती ही नहीं, वैसे कहता यही हूं कि बहुत कम आती है। हक़ीक़त ही नहीं, रोना भी। कभी मौखिक परंपरा को कोसता हूं, कभी तीनों डाकियों को, अक्सर अपने आपको। वैसे मौखिक परंपरा के वैभव के बावजूद हमारे देश में भी हर रोज़ टनों डाक बंटती ही है। मौखिक परंपरा का सारा नज़ला मुझ पर ही क्यों? क्योंकि मैं उसका अनुयायी नहीं? जो हो मैं दूसरों की डाक देख बहुत दुःखी होता हूं। हमारे यहां जल्दी जवाब बेशक कोई नहीं देता, बिना मतलब ख़त भी बहुत कम लोग लिखते हैं, फिर भी डाकख़ाने डाक से अटे रहते हैं। सच तो यह है कि डाक किसी भी व्यक्ति की सफलता, लोकप्रियता, महत्ता, कुशलता और उसके मानवीय संबंधों के वैविध्य और विस्तार का एक पैमाना है। (यह अचानक मेरी भाषा ने क्या भेस बदल लिया? जैसे डाक विभाग की कोई रिपोर्ट हो। मेरे वाक्य इतने वज़नी कैसे हो गए, मेरा भावार्थ इतना सपाट कैसे हो गया? इस अनावश्यक कोष्ठक से बाहर निकलो!)

मेरा अंदाज़ा है कि डाकियों की साइकल को धकेला जाना उतना ही बुरा

लगता होगा जितना मेरे दिन को। वह चाहती होगी कि वे उस पर सवारी भी किया करें, ढलानों पर उसे खुला छोड़ दिया करें ताकि वह हवा से बातें कर सके, कभी-कभी उसे लेकर झील की सैर को निकल जाया करें, कभी-कभी अपनी बीवियों को पीछे और बच्चों को आगे बिठाकर बिरला मंदिर चले जाया करें, वग़ैरा-वग़ैरा। मेरा दिन न जाने क्या-क्या चाहता होगा। कल्पना नहीं करना चाहता। वैसे मैं जानता हूं कि साइकलें और दिन कुछ चाहते-सोचते नहीं। डाकियों की साइकल को सोचने-चाहने की शक्ति देते समय मैं एक अलंकार का सहारा ही ले रहा हूं। पश्चिम में इस अलंकार को सर पर चढ़ने नहीं दिया जाता, जबकि हमारे यहां तोते भजन गाते हैं, मैनाएं शास्त्रार्थ करती हैं, उल्लू उपदेश देते हैं, गायें गुहार करती हैं और साइकलें तरह-तरह की शिकायतें। बेजान भौतिक पदार्थ, अमूर्त अवधारणाएं, परिंदे-दरिंदे सब अपनी-अपनी बोलियां बोलते और बड़े-बड़े सवालों पर सोच-विचार करते रहते हैं। वाचिक परंपरा के अनुयायी होने के नाते वे बोले बग़ैर सोच ही नहीं सकते, सोचे बग़ैर बोलते भले ही रहें। उन्हें सुनने के लिए सिर्फ़ कान चाहिए, समझने के लिए कुछ नहीं। (यह मैं किधर बहक गया? क्यों बहक गया? इस शैली की संभावनाएं तो मैं पहले ही समाप्त कर चुका हूं! व्यंग्य यूं भी हमारे यहां वर्जित है। और मैं तो व्यंग्य भी नहीं कर रहा। तो क्या कर रहा हूं? डाक का इंतज़ार—डरता-डरता।)

मेरा अंदाज़ा है—मैं अन्दाज़ों से बाज़ कब आऊंगा?—कि सुबह वाला डाकिया अपनी गश्त ख़त्म कर लेने के बाद जब साइकल दोपहर वाले डाकिए के हवाले करता होगा तो (अब यहां उन दोनों के बीच दिलचस्प बातचीत की गुंजाइश है, लेकिन इधर संवाद से मुझे इतनी विरक्ति हो गई कि मेरा बस चले तो साहित्य में इसे एकदम वर्जित करवा दूं) साइकल सोचती होगी, मारी गई, दोपहर वाला डाकिया सोचता होगा, वह पागल बूढ़ा किसी काले परदे के पीछे घात लगाए खड़ा होगा। इसी तरह दोपहर वाला डाकिया अपनी गश्त ख़त्म कर लेने के बाद जब साइकल दोपहर वाले डाकिए के हवाले करता होगा तो साइकल सोचती होगी, फिर मारी गई, और बाद दोपहर वाला···। बाद दोपहर वाला डाकिया अपनी गश्त ख़त्म कर लेने के बाद साइकल पर सवार होकर घर की तरफ़ चल देता होगा और साइकल सोचती होगी, मज़ा आ गया। वैसे यह ज़रूरी नहीं। ऐन मुमकिन है कि उन लोगों ने साइकिल रखने-उठाने की कोई ख़ास ख़ुफ़िया जगह बना रखी हो। ऐन मुमकिन है कि वे सब पड़ोसी हों या एक ही घर में रहते हों और विधुर हों। ऐन मुमकिन है कि साइकल कुछ भी न सोचती हो, क्योंकि उसे कुछ भी याद न रहता हो। स्मृति के वग़ैर सोच असंभव। बस अब और नहीं।

इन तमाम अंदाज़ों के बावजूद मेरा दिन बड़ी मुश्किल से धकिलता है। बीच-बीच में किसी अड़ियल कुत्ते या ख़च्चर की तरह यूं रुक जाता है जैसे कह रहा

हो : कर लो जो करना चाहते हो, मैं आगे नहीं जाऊंगा, मेरा तो टेसू यहीं अड़ा ! (यहां फिर संवाद की गुंजाइश है लेकिन मैं अपनी विरक्ति का बंदा हूं) तब मुझे बहुत गुस्सा आता है। अपने दिन पर भी, अपने आप पर भी। दिन पर उतना नहीं, जितना अपने आप पर, अपने जीवन पर, अपने जीवन-दर्शन पर, क्योंकि अपना एक जीवन-दर्शन नहीं इसलिए हर जीवन-दर्शन पर, ख़ास तौर पर हर उस जीवन-दर्शन पर जो आत्महत्या का विरोधी हो। उस ग़ुस्से की कड़कती रोशनी में अपने सारे परदे फ़ाश हो जाते हैं और उनके पीछे से निकल आता है एक कंकाल—किसी ज़ंग ख़ुरदा साइकल-सा, धूप में सूखता हुआ। अपने ग़ुस्से की मार से डरता हूं। कभी यह दूसरों पर भी निकला करता था, अब सिर्फ़ अपने आप पर। अब दूसरे सब निर्दोष नज़र आते हैं। चाहूं तो इसे अपनी ऊंचाई का ही एक प्रमाण मान सकता हूं। चाहूं तो मान सकता हूं कि यह ग़ुस्सा नहीं, परम ज्ञान है। चाहूं तो भी ऐसा नहीं कर सकता। ग़ुस्सा किसी ऊंचाई का प्रमाण या परिणाम हो सकता है न किसी परम ज्ञान का पर्याय। ग़ुस्सा अपनी दुर्बलता और बेबसी का ही एक रूप है। इसे मारने के लिए कभी कोई पोथा उठा लेता हूं, कभी अपनी डायरियों के ढेर में से कोई पीली कॉपी। किसी से ज़्यादा शांति तो नहीं मिलती लेकिन इतनी मिल जाती है कि दिन जैसे-तैसे कट जाए, दम निकलते-निकलते रुक जाए, इन्तज़ार फिर शुरू हो जाए, अंदाज़ फिर रेंगने लगें, जी फिर रीझने।

मैंने पाया है कि अधिकतर धार्मिक ग्रन्थों का सार मुझे अपनी हर डायरी में मिल जाता है, क्योंकि मैं बरसों से हर शाम उसी सार को अपने शब्दों में उतार-संवार रहा हूं। अपने शब्दों में इसलिए नहीं कि मुझे यह भ्रम है कि मेरे शब्द उस सार को ज़्यादा अच्छी तरह से संभाल सकते हैं बल्कि इसलिए कि वे मेरे हैं, अधूरे हैं, अक्षम हैं, और उनमें उतरा सार मेरे स्वभाव और सीमाओं के ज़्यादा अनुकूल होगा। लेकिन यह दावा झूठा है, यह दावा भी झूठा है। इसमें यह ग़लत-फ़हमी छिपी हुई है कि मुझे मालूम है मैं अपने शब्दों में क्या उतारना चाहता हूं, उनसे क्या कहलवाना चाहता हूं, कि मुझ में सार की पहचान है।

तो अभी-अभी अपने आपको सज़ा देने के लिए मैंने अपनी एक कटी-फटी डायरी को फाड़ कर रद्दी से अटी हुई टोकरी में ठूंस दिया है। उसे फाड़ने में दिक़्क़त हुई। महसूस होता रहा जैसे काग़ज़ न हो, चमड़ा हो, जैसे डायरी न हो, साक्षात् डर हो और फटने से इनकार कर रहा हो। अब हाथों और दिल में हलका कड़वा दर्द हो रहा है। सब कुछ भूलकर इन पुरज़ों को समेटने-जोड़ने बैठ जाना चाहता हूं। गोंद की शीशी लेकर। कई दिन आसानी से कट जाएंगे। डाक का इन्तज़ार नहीं करना पड़ेगा। डाकिए भूल जाएंगे। पुरज़ों को जोड़ते-जोड़ते बीच-बीच में उन्हें पढ़ भी लूंगा। कई पीड़ाएं फिर हरी हो जाएंगी, कई यादें जलना शुरू कर

देंगी, कई मुर्दे उठकर इठलाना शुरू कर देंगे। इन संभावनाओं से सहम गया हूं। अब एक उल्टी-सी ख़्वाहिश ने सर उठा लिया है : किसी दिन कुछ ऐसा हो—गुस्सा आ जाए, पागल हो जाऊं, निर्ममता का दौरा पड़ जाए, आत्मप्रताड़ना प्रखर हो उठे, आत्मबोध का आलोक हो जाए—कि बेख़ुद होकर सारी डायरियां और सारे ड्राफ़्ट फाड़ डालूं! उन्हें फाड़ते-फाड़ते अंगुलियां टूट जाएं कैंचियां कुन्द हो जाएं। जलाना शायद कम कठिन हो। जलाने से पहले उन्हें फाड़ना तो होगा ही। काग़ज़ को फाड़ने में जो बात है जलाने में नहीं। वैसे इन पुरज़ों को भी जलना तो पड़ेगा ही, नहीं तो इधर-उधर उड़कर डाक का इन्तज़ार करना हराम कर देंगे। अभी तो ख़ैर ख़ुद ही जल रहा हूं। डायरी को फाड़ते वक़्त जो सूखी सनसनाहट सारे बदन में दौड़ गई थी वह कब और कैसे इस जलन में बदल गई, इसका तो मुझे कुछ पता नहीं चला। और अब यह जलन भी कम होनी शुरू हो गई है। ख़त्म हो जाने के बाद भी कुछ देर तक तो जिस्म की याद में बची-बसी रहेगी। हैरान हूं कि ऐसा हमला पहले कभी क्यों नहीं हुआ। अपने आपको सज़ा देने की बात तो एक बहाना ही था, इस हत्या का असली स्रोत तो वह आत्महत्यारी प्रेरणा ही रही होगी, जिसे आमतौर पर जैसे-तैसे दबाकर रखता हूं, जिसे दबाए रखना कभी कठिन नहीं रहा।

हो न हो, अंत अब दूर नहीं। कुछ देर अब इस संभावना की सुगंध सूंघूंगा। अंत अब दूर नहीं! लेकिन ज़्यादा देर तक सूंघूंगा तो यह संभावना दूर जा बैठेगी। बरसों से हर बिपता को यही सोचकर टालता आ रहा हूं कि अंत अब दूर नहीं। जिस चीज़ की चाह हो वह कभी पास नहीं रहती। इंतज़ार अंत से भी ज़्यादा जानलेवा। अंत निश्चित है, उसकी घड़ी अनिश्चित। घिसी-पिटी सच्ची उक्तियां। एक उम्र इनसे परहेज़ करने में गंवा दी, अब राहत इन्हीं से मिलती है। मिलती नहीं, महसूस होता है कि मिल गई है, मिल रही है, मिल जाएगी। राहत दरअसल कहीं से नहीं मिलती। औरों को मिलती होगी, मुझे नहीं। मुझे नहीं मिलती, इसीलिए सोचता हूं औरों को मिलती होगी, और इसीलिए कभी-कभी यह भी सोच लेता हूं कि औरों को भी नहीं मिलती होगी।

फाड़ दी गयी डायरी के पुरज़े पंखे की हवा में फड़क-तड़प रहे थे, उन्हें समेट कर महाभारत के नीचे दबा दिया है। अब वे सब चुप हो गए हैं। ऐसे ही नहीं कहते कि महाभारत में हर प्रकार की आशंकाओं और विपदाओं के नमूने भी हैं, समाधान भी।

कई बार सोचा है कि अंत अब दूर हो या न हो मुझे डाक के इंतज़ार का बेहूदा सहारा छोड़कर पूजापाठ में ही पनाह लेनी चाहिए। डाक की प्रतीक्षा से पूजापाठ की प्रक्रिया—भले ही वह निष्ठाविहीन क्यों न हो—हर पहलू से कम बेहूदा होगी। अब अगर संभला नहीं तो दोनों का तुलनात्मक मूल्यांकन करने बैठ

ज़ाऊंगा। आज नहीं तो कल। आज तो हरगिज़ नहीं, कल किसने देखा है। काश कल के प्रति यह लापरवाही सचमुच मेरे मन में होती! देखा तो नहीं लेकिन भूल नहीं पाता कि कल आएगा, उसी तरह जैसे क़ल आया था, और आज से अच्छा नहीं होगा, उसी तरह जैसे कल आज से अच्छा नहीं था। लेकिन यह आशा किसी जाले की तरह अंदर झूलती रहेगी कि कल आज से अच्छा होगा। तो पूजापाठ की नौबत भी आएगी। अगर हाल यही रहा, हौल ऐसा ही रहा, तो ज़रूर आएगी। हैरानी तो यह है कि अभी तक आई क्यों नहीं। वैसे अगर मीनमेख न निकालूं तो मानना पड़ेगा कि आ चुकी है। यह जो कभी-कभी गीता, उपनिषद, मानस वग़ैरह उठा मुंह बनाकर बैठ जाता हूं, पूजापाठ की भूमिका ही तो है। अब कुरसी पर पीठ कुबड़ी करके बैठता हूं, किसी दिन आसन पर बैठ जाऊंगा—धोतीधारी बनकर, धूप जलाकर, तिलक लगाकर, किसी पत्थर के सामने, किसी पेड़ के नीचे। अपने काले परदों से शर्म आएगी! बस टेक दिए घुटने संस्कारों के सामने! इतना ही दम था? आख़िरी उम्र में मुसलमान! किसी योगिन की गोद में जा गिरो। मन भी लग जाएगा, तन भी।

इस शर्म के डर के बावजूद किसी दिन सारे संकोच उतार कर, सारे संशयों समेत, पूजापाठ में जुट जाऊंगा। जुटना तो शायद अब किसी भी काम में असंभव है, फिर भी…। शायद अंधेरे में इतरा रहा हूं। उम्र-भर की अनास्था को किसी भी फूंक या मंत्र से आस्था में बदल देना असंभव है। वैसे अगर डाक में आस्था के बग़ैर उसका इंतज़ार कर सकता हूं तो इष्ट में आस्था के बग़ैर उसकी पूजा क्यों नहीं कर सकता। पूजा न सही, पाठ तो कर ही सकता हूं। पूजा न सही, पाठ तो करना ही चाहिए, तप न सही, जप तो हो। पाठ शुरू हो गया तो पूजा से परहेज़ फ़िर मुमकिन नहीं होगा। पूजा शुरू हो गई तो अनास्था शायद अपने आप उड़ने लगे। और फिर मैंने कौन-सी प्रतिज्ञा कर रखी है कि अनास्था का अंत नहीं होने दूंगा। प्रतिज्ञा न सही लेकिन उम्र-भर का साथ तो उससे रहा ही है। उसका अंत देखा नहीं जाएगा। अपनी स्थिति पर हंसी आएगी : जब आस्था की ज़रूरत थी तब अनास्था के साथ नाचता रहा, अब अनास्था के साथ रहने-जीने का ढंग कुछ आने लगा है तो अनास्था का अंत हो गया! लेकिन अंत से पहले इतना बावेला क्यों? क्योंकि अंत के बाद बावेला संभव नहीं।

अब और कुछ नहीं रहा, इसलिए इन परदों के बारे में बताना चाहता हूं। इनका रंग काला क्यों है, डाकिये तो हैरान होते ही होंगे, अड़ोस-पड़ोस वाले भी ज़रूर कुछ सोचते होंगे। शायद हर शाम घर-घर में इनकी चर्चा होती हो। अगर किसी से मेल-जोल होता तो कई सवालों का जवाब देना पड़ता : क्यों साहिब, यह मातमी माहौल किस-किस की याद में? अगर फर्नीचर नहीं तो ये काले परदे क्यों? अगर सादगी ही आपका आदर्श है तो इतने कमरे क्यों? आप इतने बूढ़े हैं

आपके कुछ बच्चे तो होंगे ही ? आप उनके पास क्यों नहीं रहते ? ज़रूर उन्हें आपके काले परदे नापसंद होंगे ? एक बात पूछें, आपका फ्रिज कहां है ? दिन-भर आप करते क्या रहते हैं ? अगर आप लेखक हैं तो आपके कोरे काग़ज़ और क़लम-दवात कहां हैं ? आपकी किताबें कहां हैं ? आपको प्रेरणा कहां से मिलती है ? इन काले परदों से ? या उन खाली बोतलों से ? भरी बोतलें कहां छिपा रखी हैं ? शरमाइए मत, लेखक हैं तो पीते तो होंगे ही ? शाम के वक़्त, जब परिन्दे परेशान हो रहे होते हैं और रात दिन के देहांत के इंतज़ार में दम साधे खड़ी होती है ? दिन-भर के थके-मांदे दुखियारे पूरा अंधेरा उतर आने से पहले कुछ कच्ची-कुचैली रोटियां सेककर पेट में डाल लेने की उतावली में होते हैं ? तब शायद आप पर शून्य का हमला होता होगा ? पश्चात्तापों के पिशाच आप पर झपट पड़ते होंगे ? आत्मबोध का भूत सवार हो जाता होगा ? व्यर्थता-बोध का हमला होता होगा ? तब आप पिए बग़ैर रह कैसे सकते होंगे ? उस स्थिति में पीना एक इनसानी फ़र्ज़-सा हो जाता है । आत्महत्यारे विकल्पों को टालने का एक अर्धात्महत्यारा उपाय । अकेले में पीने के कुछ ख़तरे तो हैं लेकिन असली पीने वाले अकेले ही पीते हैं, क्यों ? या फिर पीते-पीते अकेले हो जाते हैं, ठीक ? आप भी तो असली पीने वालों में से हैं ना ? 'इसीलिए तो ये काले परदे टांग रखे हैं आपने, क्यों ? मेरा अंदाज़ा है आप हर रोज़ पीकर आते होंगे ? न मैं किसी का, न कोई मेरा । मेरा अंदाज़ा है कि आप उन लोगों में से नहीं जो भूलने के लिए या बेहोश होने के लिए पीते हैं । आप तो होश और याद को और प्रखर करने के लिए ही पीते होंगे ? एक बात कहें आपसे : क्यों नहीं आप कोई शुद्ध स्वदेशी नशा अपना लेते ? हरिकीर्तन या कोई योग-शोग ? शरबत या चौअर्का ? या फिर भांग ? गोली की शक्ल में सुना है हर पान वाले से मिल जाती है । देश के कोने-कोने में । इसी बहाने आप जनमानस से जान-पहचान बढ़ा लेंगे । तब सब बच्चे अपने नज़र आयेंगे, सब औरतें पराई परियां । अच्छा अब इतना तो बता ही दीजिए कि ये काले परदे कैसे हैं ?

यह मैं किधर बहक गया था ! किसी पड़ोसी को क्या पड़ी है कि मेरे या मेरे पर्दों के बारे में सोचता-पूछता फिरे ? असल में मैं किसी को अपना पड़ोसी बनने ही नहीं देता । जहां रहता हूं अजनबी बनकर रहता हूं । जब अजनबियत ख़तरे में पड़ने लगती है तो ठिकाना बदल लेता हूं । इसलिए मेरे यहां कोई फ़र्नीचर वग़ैरा नहीं होता । इसीलिए कोई मिलने-जुलने नहीं आता । वैसे फ़र्नीचर यूं भी मेरा दुश्मन है । मुझे अंधेरे में सैर की आदत है । सैर के लिए मैं बाहर अब कम ही जा पाता हूं, इसीलिए जहां तक मुमकिन हो मकान खुला लेता हूं । टूटा-फूटा भले ही हो लेकिन खुला ज़रूर हो । खुला और ख़ाली, ताकि मैं अंधेरे में उसमें आराम से घूम सकूं । जब फ़र्नीचर हुआ करता था पांव, घुटने, टखने, कुहनियां, हाथ, सर सब ज़ख्मी रहते थे । जब तक फ़र्नीचर था, मिलने-जुलने वाले भी हुआ करते थे ।

हुआ यह कि जूं-जूं मैं वार्तालाप से विरक्त होता गया, तूं-तूं फ़र्नीचर और मिलने-जुलने वालों से भी मुक्त होता गया। अब हालत यह है कि ख़ाली कमरा मेरा आदर्श है और ख़ाली मन मेरा परम उद्देश्य। इसीलिए मेरे हर ठिकाने में अब नंगा फ़र्श होता है, नंगी दीवारें होती हैं, नंगे बल्ब होते हैं, काले परदे होते हैं, रात को घटाटोप अंधेरा होता है, और उस अंधेरे में मैं सैर कर रहा होता हूं—कमोबेश नंगा। अब मेरे इस ठिकाने में सिर्फ़ एक आड़ा-तिरछा पलंग है, जिस पर एक कांटेदार गद्दा बिछा रहता है, जिस पर जब कभी कुछ देर के लिए लेट जाऊं तो महसूस होता है कंटक शय्या मिल गई है। जिस्म में जान आ जाती है, सब दर्द एक साथ जाग उठते हैं, महसूस होता है मुंह से अमृत-वर्षा होने वाली हो—वह नहीं होती। इस पलंग को कभी किसी कमरे में घसीट ले जाता हूं, कभी किसी में। कैफ़ियत बदलने के लिए नहीं, यह देखने के लिए कि कहीं कैफ़ियत बदल तो नहीं गई। यह कहते हुए कड़ुवा-सा हर्ष होता है कि कैफ़ियत कभी नहीं बदलती। यह कहते हुए काला-सा सुख मिलता है कि जब बदलेगी तो मैं उसे बयान नहीं कर सकूंगा। शायद तब आख़िरी हंसी आ जाए। वैसे अब मैंने हंसना बंद कर दिया है, क्योंकि हंसी के नाम पर मुंह से जो निकलता है उसे बरदाश्त करने की ताक़त नहीं रही। शायद मेरी हंसी मुझसे बहुत आगे निकल गई है, वहां पहुंच गई है जहां मैं पहुंचना चाहता हूं। जब हंसा करता था तो उसमें मुझे सूखे पत्तों की खड़खड़ाहट सुनाई दिया करती थी, कड़कती धूप का सन्नाटा और बूढ़ी हड्डियों का संगीत सुनाई दिया करता था। अब ऐसी हंसी का इंतज़ार है जिससे कुछ भी नहीं सुनाई दे या फिर समूचे संसार की साएं-साएं।

अचानक एक पुराना दोस्त याद आ गया है। दोस्त से ज़्यादा वह मेरा आदर्श हुआ करता था। उसके दोष मुझे दिलचस्प नज़र आया करते थे, उसके गुणों में भी कुछ दोष झिलमिलाते रहते थे। वह उन स्वस्थ लोगों-सा था जिन्हें बीमार लोगों की बड़ी-बड़ी संवेदनशील आंखों से ईर्ष्या होती है, उन अमीरों-सा था जो किसान और कामगार के पसीने की गंध पर मुग्ध होते हैं। वैसे वास्तव में वह स्वस्थ था न धनवान। मेरी ही तरह मरा-मरा-सा दिखाई देता था, मेरी ही तरह के मैले परिवार का बोझ ढो रहा था। फ़र्क़ यह था कि मैं उस बोझ के कारण बुझा-बुझा रहता था, वह उसके बावजूद खिला-खिला। वह मेरी हंसी के बारे में कहा करता था : तू जब हंसता है तो मरघट में बैठे किसी ऐसे पागल साधू की सूरत मेरे सामने आ खड़ी होती है जो जलती हुई चिताओं के इर्दगिर्द नाचता हुआ हंस रहा हो। मेरी हंसी की हिंसक खोखलाहट को दूर करने के लिए उसके पास एक ही उपाय था : इनक़िलाब ! और इनक़िलाब मुझे दूर के किसी ढोल-सा सुनाई देता था, जिससे मेरी हंसी का खोखलापन दूर नहीं होता था। आख़िर तंग आकर मैंने अपनी हंसी को दबाना शुरू कर दिया था। दबाव के कारण मेरी हंसी मुस्कराहट

में बदल गई थी। तब उसने कहा था: तुम्हारी इस मुस्कराहट से तो तुम्हारी हंसी बेहतर थी; इसे देखकर तो मुझे कोई ऐसा सांप याद आ जाता है जिसे सब कुछ मालूम हो—ज्ञान का सांप !

उस दोस्त का अब कुछ अता-पता नहीं। कई बरस पहले आख़िरी बार मिला था तो बुझा हुआ और बूढ़ा नज़र आया था। आंखों में तो एक नन्हा-सा अलाव था, आवाज़ की आभा भी बरक़रार थी, लेकिन जिस्म जर चुका था। उसने किसी बीमारी का सरसरी-सा ज़िक्र किया था, कुछ इस तरह जैसे किसी दूर के रिश्तेदार की बीमारी के बारे में बता रहा हो। इनक़िलाब का ज़िक्र नहीं हुआ था। वह मुलाक़ात बड़ी बोझिल रही थी। हमने एक-दूसरे के पते लिए थे। ख़त उसने लिखा है न मैंने। इंतज़ार मैं भी करता रहता हूं, शायद वह भी। उसकी वह जाने, मेरी ख़ामोशी का असली कारण यही है कि मुझे समझ नहीं आता उसे लिखूं क्या ? उस मुलाक़ात में जैसे रह-रहकर यह दिक़्क़त महसूस होती रही थी कि उससे क्या कहूं, क्या पूछूं, इसी तरह उसे ख़त लिखने के हर ख़याल से यह सवाल चिपक जाता है कि क्या लिखूं, क्या न लिखूं ? एक-दो बार कोरा काग़ज़ लेकर बैठा तो महसूस हुआ जैसे अपने जीवन की सफ़ाई पेश करनी पड़ रही हो। बहुत कोशिश की लेकिन लक़वा दूर नहीं हुआ। ठीक स्वर सूझ के नहीं दिया। बार-बार उस मुलाक़ात का अटपटा मौन याद आता रहा। जब उसने अपनी बीमारी का सुस्त-सा ज़िक्र किया था तो मैंने उस बीमारी का नाम पूछा था न इलाज की कोई तफ़सील। शायद इस डर से कि उसे बताने में संकोच होगा, या शायद इस अंदेशे के कारण कि वैसा कोई भी सवाल हमारे बीच के व्यवधान को साकार कर देगा। उससे कुछ भी पूछने के ख़याल को यह सवाल खींच लेता था कि वह मेरे कौतूहल को अन्यथा तो नहीं लेगा। बीच-बीच में हम दोनों यूं चुप हो जाते रहे थे जैसे किसी तीसरे के संकेत का इंतज़ार हो। उसका पता नहीं, मैंने सोचा था कि अगर हम एक घड़ीसाज़ की दुकान के सामने खड़े रहने के बजाय कहीं जा बैठ बीअर पीने लगें तो शायद बर्फ़ टूट जाए। फिर ख़याल आया था शायद बीमारी के कारण बीअर उसे मना होगी। न जाने क्यों मुझे यह वहम हो गया था कि उसकी बीमारी मामूली नहीं थी, शायद मोहलक हो। उसके मुक़ाबले में मैं स्वस्थ था। उसे न जाने यह अंतर कैसा लगा हो, मैं एक साथ खुश और शर्मिंदा महसूस कर रहा था। अपनी इस उलझी हुई भावना को उससे छिपाकर रखना चाहता था। एक ज़माना था जब उससे कुछ भी छिपाने की ख्वाहिश होती थी न जरूरत। उससे यह शिकायत ज़रूर रहती थी कि वह हमेशा कुछ-न-कुछ मुझसे छिपाकर रखता था। वह इस शिकायत पर हंस दिया करता था। उसकी हंसी के लिए मुझे कभी कोई उचित उपमा नहीं सूझी। उसके पास खड़े-खड़े मैं सोच रहा था कि इतनी देर में हम एक बार भी मुसकराए या हंसे नहीं। किसी भूले-बिसरे दोस्त को

बरसों बाद अचानक देख लेने से अनायास जो मुसकराहट या हंसी, आश्चर्य और हर्ष और घबराहट के किसी फूल की तरह खिल आती है, वह भी हमारे चेहरों पर नहीं खिली थी। हम बूढ़े ही नहीं, बेगाने भी हो गए थे।

और अब उसे चिट्ठी लिखने के हर ख़याल के साथ यह ख़ौफ़ भी चिपका रहता है कि इस बीच वह चल बसा होगा और चिट्ठी वापस आ जाएगी। अगर उसका कहीं थोड़ा-सा भी नाम होता तो शायद उसकी मौत की खबर किसी अख-बार के किसी कोने में छिपी दिखाई दे जाती। वैसे मैं अब अखबार भी कभी-कभी ही देखता हूं, लेकिन जब देखता हूं तो किसी पुराने वाक़िफ़ या दोस्त का नाम या फ़ोटो देखकर दहल जाता हूं। सब साले सफल और सक्रिय नज़र आते हैं—सिवाय उसके और मेरे। वह अगर ज़िंदा है तो शायद समझता हो कि मैं भी सफल और सक्रिय हूं। मेरे ही नाम का एक और है, जिसका नाम कभी-कभी किसी अख़बार में दिख जाता है। अगर मेरा वह दोस्त ज़िंदा है तो···। वैसे वह ज़िंदा क्यों नहीं होगा। मृतप्राय लोगों की उम्र बहुत लंबी होती है। लेकिन उसको ख़त लिखने से डरता हूं। अगर ख़त लौट आया तो महसूस होगा वह ख़त अपने को ही लिखा था। मर चुके आदमी को ख़त लिखना अपने आपको ही ख़त लिखने के बराबर होता होगा। नहीं, मैं कुछ और ही कहना चाहता था। कुछ और भी। जो मैं कहना चाहता था वह इस वाक्य की पकड़ में नहीं आया। शायद ही किसी वाक्य की पकड़ में आए। उसे रहने ही दूं। जैसे और बहुत-सी बातों को रहने दिया है।

दोपहर वाला डाकिया साइकिल धकेलता हुआ मेरे घर के सामने से गुज़र रहा है। यह दूसरे दोनों से बड़ा है। क़रीब-क़रीब बूढ़ा। कभी-कभी इसके जीवन की कल्पना करने की नाकाम कोशिश करता हूं। एक बार उसका नाम उससे तक़रीबन पूछ लिया था। मैं बाहर अपने फाटक के पास खड़ा था, वह साथ वाले घर के फाटक के पास। मैं यूं सहमा-सा खड़ा था जैसे डाक का नहीं, किसी डायन का इंतज़ार है। कई दिनों बाद बाहर निकला था। धूप की तिकड़ के कारण आंखें परेशान थीं। फिर भी मैं बार-बार उन्हें ऊपर तने आकाश की ओर उठा रहा था, जैसे वहां भी कोई डाकिया किसी गरुड़ पर सवार डाक बांट रहा हो। ऊपर से आग बरस रही थी। आकाश की ओर देखने से मेरे मन को शांति तो नहीं मिलती लेकिन एक विस्तार ज़रूर मिल जाता है। उस विस्तार का वर्णन मेरे लिए संभव नहीं। उसमें ऐसे-ऐसे बुनियादी सवाल उड़ते नज़र आते हैं जिन्हें मैं अक्सर अपने मन में उड़ते देखता हूं। धूप से ऊपर की तटस्थ नीलाहट में उड़ते हुए अदृश्य अदम्य बुनियादी सवाल। हर पकड़ और पहुंच से परे। अन्तरिक्ष में जड़ी हुई अचल चीलें। आकाश—क्रोधासन्न परमपिता। उर्दू और फ़ारसी के शायरों का आकाश। जिसे देखने के लिए आंखों को क़रीब-क़रीब बन्द कर लेना पड़ता है।

ऐसे कि अनुभव हो आप किसी सूई की आंख में से अनन्त को देख रहे हों। मैं ऐसे ही आकाश से आक्रांत हो रहा था कि डाकिये की साइकल की आवाज़ मेरे कानों में पड़ी थी। मैं किसी भी सोच या सैर में डूबा हुआ क्यों न हूं, मेरे कान अपना काम चुपचाप करते रहते हैं—जैसे मेरे न हों। उसी आवाज़ ने मुझे आकाश से नीचे उतारा था। पहले तो यूं लगा जैसे आकाश भी मेरे साथ नीचे उतर आया हो। सब कुछ घूमता हुआ महसूस हुआ था। एक धधकते हुए अंधियारे में। मैं घबराया नहीं था। फाटक को थामकर खड़ा हो गया था। डाकिया साथ वाले घर के फाटक को खोल ही रहा था कि मैंने आवाज़ दी—जय सियाराम, भाई! उसने मेरी तरफ यूं देखा था जैसे कोई किसी बूढ़े डाकिये की तरफ़ देख रहा हो। उसे समझ नहीं आया होगा कि क्या कहे, क्या करे। इस मकान में अपने सात-आठ महीने के क़याम में मैंने शायद ही किसी से कोई बात की हो। ख़्वाहिश तो होती ही है, मैं उसे पूरी नहीं होने देता। हर बार यह सोचकर दबा देता हूं कि बोलने से कुछ सरता नहीं। सरता तो मामूली मौन से भी कुछ नहीं, लेकिन इस चेतना की चमक तो बनी रहती है कि आप दूसरों की तरह भैं-भैं नहीं कर रहे। इसलिए मेरे 'जय सियाराम, भाई' से वह ही नहीं चौंका था, मैं भी चौंक उठा था। मकान के अन्दर अकेले में तो अक्सर कुछ न कुछ गुनगुनाता ही रहता हूं, बाहर की नंगी धूप में अपनी आवाज़ सुनने का वह कई महीनों में पहला अवसर था। वह आवाज़ किसी दुर्लभ प्राचीन साज़ की-सी सुनाई दी थी—मोटी, मैली और मर्म से लथ-पथ, जैसे किसी गूंगे की हो। डाकिये का एक हाथ फाटक को थामे हुए था, दूसरा डाक को। वह मेरी तरफ़ अवाक् देख रहा था। मुझे खतरा हुआ कि अन्दर से कोई बुढ़िया बाहर आकर मुझपर बरसना शुरू कर देगी—यह समझकर कि मैं डाकिये को अन्दर जाने से रोक रहा हूं। यह ख़तरा बेकार था। साथ वाले घर में कोई बुढ़िया है ही नहीं। वहां एक नौजवान जोड़ा रहता है। और उनके तीन लड़के। तीसरा उनका नज़र नहीं आता लेकिन होगा उन्हीं का। मुझे वही सबसे अच्छा लगता है—खोया-खोया-सा, जैसे जानता हो कि वह उनका नज़र नहीं आता। हां तो डाकिये ने कुछ देर तक मुझे घूरा, फिर उस फाटक से हाथ उठाकर उसका एक सिकोरा-सा बनाया और हवा में घुमा दिया। मैं समझ गया कि वह मुझे सरफिरा ठहरा रहा है और यह आदेश भी दे रहा है कि मैं अन्दर चला जाऊं कि धूप में सर तपाने से मेरा सर और फिर जाएगा। उसके बाद उससे उसका नाम पूछने की हिम्मत नहीं हुई थी।

दोपहर वाला डाकिया क़ब का गुज़र चुका है। आज उसने आंख उठाकर इधर देखा तक नहीं। शायद वह भी किसी बुनियादी सवाल में उलझा हुआ हो।

मैं किन बुनियादी सवालों में उलझा रहता हूं? जवाब देते हुए झेंप महसूस होती है। जीभ जाम हो जाती है, क़लम कुंद। असली बुनियादी सवाल वही होते

हैं जो ज़बान पर आने से इनकार करते रहें, जिनकी जड़ें अतल अंधेरे में हों, जिनका समाधान कहीं न हो।

मेरे उस दोस्त ने उस पुराने ज़माने में एक कविता लिखी थी। उसकी एक ही पंक्ति थी, जिसे अनेक तरीक़ों से लिखा और बोला जा सकता था, अनेक तानों से गाया जा सकता था। कभी-कभी हम दोनों भविष्य के बादलों में छिपे इनक़िलाब और वर्तमान के धुएं में दम तोड़ती अपनी दुनिया को भूलकर उस कविता का जाप शुरू कर देते थे, और जब तक गले सूख नहीं जाते थे, उस जाप को जारी रखते थे।

आज मेरे मन की कैफ़ियत वैसी ही है। आज मैं उस कविता का जाप करूंगा। झूम-झूम कर। नाच-नाचकर। जब तक मेरा गला सूख नहीं जाता : ये काले परदे कैसे हैं! कैसे हैं ये काले परदे! परदे काले कैसे हैं ये! ये कैसे हैं काले परदे! ये कैसे काले परदे हैं! हैं कैसे ये काले परदे! ये काले परदे कैसे हैं! काले ये परदे…।

आगे देखो फ़तेहपुरी

एक लम्बी मैली मुद्दत तक इधर-उधर भटक लेने के बाद फिर अपने इस बेमुरव्वत शहर में लौट आया हूं। आख़िरी बार। एक मुश्तेख़ाक सा। यहीं ख़त्म होने की ख़्वाहिश दिल में बिठाए। सूखे हुए अरमानों के किसी घिसे-फटे पुतले सा। किसी दीवाने के ख़्वाब सा।

एक ज़माना हुआ यहीं से मेरा सफ़र शुरू हुआ था। जैसे-तैसे। जैसा-तैसा। कुछ हमसफ़रों के साथ। जिनमें से कुछ अब भी यहीं कहीं गिरे पड़े तड़प रहे होंगे। उनसे अब मेरा कोई सरोकार नहीं। उनका गुज़र अब यादों और दुःस्वप्नों में भी कभी-कभी ही होता है। उनसे मिलने की ख़्वाहिश खत्म हो गयी है। यह ख़ौफ़ अभी ज़िन्दा है कि उनमें से कोई किसी रोज़ यहीं कहीं नज़र आ जाएगा। वे सब भी मेरी ही तरह सुबह-शाम सैर के बहाने किसी-न-किसी पीले-पिचके पार्क में डोलते रहते होंगे—छोटे-छोटे क़दम उठाते, खोए-खोए से, हर बूढ़े में अपने भूत को टटोलते हुए, चलती-फिरती हसरतों की तरह।

उस गुज़रे ज़माने की धूल अभी तक उड़ती नज़र आती है, धूप अभी तक बिखरी महसूस होती है। इधर-उधर भी, अपने अन्दर भी। उस ज़माने में मैं ख़ुद इस शहर के कुछ ख़ास-ख़ास इलाक़ों में धूल की तरह उड़ा करता था, धूप की तरह बिखरा करता था। कभी शौक़िया, कभी मजबूरन। कभी अकेला, कभी अपने कुछ साथियों के साथ। उस ज़माने में कोशिश हुआ करती थी कि हर मजबूरी शौक़ में बदल जाए, कि शौक़ और मजबूरी का फ़र्क़ मिट जाए। इसी कोशिश में से कई काली-नीली मूर्खताएं जन्म लेती थीं। अब अक्सर सोचता हूं कि उन मूर्खताओं के अभाव में उस ज़माने की दहशत को सहना मुहाल हो जाता, और मुहाल हो जाता।

दहशत उस ज़माने में हमारा चहेता शब्द हुआ करता था और चहेता अनुभव भी। इस शहर के कुछ इलाक़ों से एक ख़ास क़िस्म और शिद्दत की दहशत मिला करती थी। इसीलिए मैं अक्सर उनमें किसी बेख़ुद भूत की तरह मंडराता रहता था और एक ख़ास क़िस्म और शिद्दत की दहशत बटोरकर थका-मारा अपने

ठिकाने पर लौट आया करता था। ठिकाना अक्सर बदलता रहता था, इसीलिए एक मसख़रे ने मुझे ठिकाना-ब-दोश का ख़िताब दे रखा था। अपने हर ठिकाने पर वीराने का गुमान होता था, हर वीराने पर ठिकाने का। अपने कुछ वीराने दूसरों के आम ठिकानों से ज़्यादा ख़ूबसूरत नज़र आते थे, उनकी बहारें आम बहारों से ज़्यादा जान लेवा। अभी तक याद उनकी रौनक़ों से आबाद तो नहीं, नीमरौशन कभी-कभी ज़रूर हो जाती है। जैसे कोई खण्डहर जुगनुओं से।

अब इस शहर के किसी भी इलाक़े में धूल की तरह उड़ने या धूप की तरह बिखरने की सकत मुझमें बाक़ी नहीं रही। शहर एक शैतान में बदल गया है, इसके फैलाव में मेरे वे दहशतनाक इलाक़े गुम से हो गए हैं। अब दहशत बटोरने के लिए उनकी पैमाइश करने का हौसला मुझमें नहीं रहा। अब तो सुबह-शाम अपने इस अजनबी इलाक़े के ही एक पीले-पिचके पार्क में सुस्त-सी सैर कर लेता हूं—अपनी यादों को बीनता हुआ, अपनी नेमतों को गिनता हुआ। कभी किसी अमर क्षण के आलोक में सब कुछ और सब कुछ नहीं को स्वीकार करता हुआ, और कभी किसी अमर क्षण के आलोक में सब कुछ और सब कुछ नहीं से इनकार करता हुआ।

आज सुबह भी यही कर रहा था कि अचानक महसूस हुआ कि कोई कहीं छिपा खड़ा टकटकी बांधे मुझे देख रहा है। ऐसा आभास अक्सर तो नहीं होता लेकिन जब होता है, शरीर में सन्नाटे का शोर मच जाता है। ऐसा आभास किसी भी वक़्त, कहीं भी हो सकता है—जब अपने शून्यता-कक्ष में बन्द होता हूं तब भी, जब अपने दुःस्वप्नदेश में विचर रहा होता हूं तब भी। जब शून्यता-कक्ष में होता हूं तो सन्नाटे के शोर को दबाकर कक्ष की तलाशी लेता हूं लेकिन टकटकी का स्रोत नहीं मिलता, जब दुःस्वप्नदेश में होता हूं तो हड़बड़ाकर यूं उछल पड़ता हूं जैसे किसी ने तीर मार दिया हो; फिर रात-भर सारे मकान को ही नहीं, अपने सारे भूत को छानता रहता हूं लेकिन उस टकटकी का स्रोत नहीं मिलता। आख़िर हर बार टूटकर इस नतीजे पर जा गिरता हूं कि नास्तिक तो हूं, अदृश्य के आतंक से मुक्त नहीं हूं और उस टकटकी का स्रोत वही अदृश्य है।

आज सुबह जब अचानक यह आभास हुआ कि कोई कहीं छिपा खड़ा टकटकी बांधे मुझे देख रहा है तो मैंने यही समझा कि अदृश्य मुझे निहार रहा होगा। सिर उठाकर मैंने इधर-उधर देखा। कुछ टेढ़े-कुबड़े पेड़, कुछ गुमसुम कबूतर, कुछ काली करारी आयाएं, दो कुत्ते, पांच बच्चे, एक बैल, दो सूअर, कुछ तितलियां, और अपने भयावह सामूहिक व्यायाम में मग्न कई मुड़े-तुड़े बूढ़े—उस टकटकी का मालिक कहीं नहीं दिखायी दिया। मैं सिर झुकाकर फिर क़दम उठाने के लिए तैयार हो ही रहा था कि पार्क के एक कोने में मुझे एक बूढ़ा एक दीवार के सहारे टेढ़ा खड़ा दिखायी दे गया। उसी की आंखें दो छोटी-छोटी खिड़कियों की तरह

खुली एकटक मुझे घूर रही थीं। अपलक आंखें मेरी जान निकाल लेती हैं। उस भुरभुरी दीवार पर किसी सूखी लकड़ी की तरह गिरे से खड़े उस बूढ़े की अपलक आंखों ने भी आज मेरी जान निकाल ली होती, लेकिन मैंने पहली ही नज़र में न जाने कैसे उसे पहचान लिया था। छोटे-छोटे क़दम उठाता मैं उसके पास पहुंच गया। झुर्रियों में फंसी हुई उसकी आंखों की जिज्ञासा और आभा से उसका चेहरा यूं चमक रहा था जैसे झुर्रियाली लकड़ी का बना हुआ कोई चेहरा चांदनी में। उस ज़माने में भी उसकी आंखें ही उसकी सूरत का एकमात्र सहारा हुआ करती थीं; तब भी वह बुज़ुर्ग नज़र आया करता था; उसकी आवाज़ में लकड़ी बोलती सुनायी देती थी, वह बहुत गम्भीर हुआ करता था, उसके चेहरे पर बड़े-बड़े सवालों के बादल छाये रहते थे। उसे मिलकर वैसी ही ख़ास क़िस्म और शिद्दत की दहशत हुआ करती थी जैसी इस शहर के कुछ इलाक़ों की पैमाइश से।

आज हम चालीस-पैंतालीस बरस बाद मिल रहे थे। उसे पहचानते ही मेरा चेहरा तो एक उलझी हुई मुस्कराहट से चिर गया था, उसके चेहरे में कोई दरार नहीं आयी थी। वह अब भी अपलक मुझे देख रहा था। मैंने हाथ बढ़ाया तो उसने ढीले पत्ते सा एक हाथ एक क्षण के लिए मेरे हाथ में रख दिया। मैंने उसे दबाया नहीं। उसने कहा—"मुझे मालूम हो गया था कि आप यहां लौट आए हैं और इसी इलाके में आपकी रिहाइश है।"

उसकी आवाज़ में एक बूढ़ी बातकल्लुफ़ लकड़ी बोल रही थी।

मैंने उसकी बात के जवाब में कुछ कहना ज़रूरी नहीं समझा। वैसे मुझे यह ख़तरा भी था कि उसे मेरी आवाज़ में शायद उल्लू बोलता सुनायी दे जाए।

फिर वह बोला—"मेरी रिहाइश भी अब इसी इलाक़े में है।"

मुझे हैरानी नहीं हुई बल्कि अपने इस अंदेशे की पुष्टि होती महसूस हुई कि मेरे कई पुराने परिचित इसी इलाक़े में बिखरे पड़े अपने आखिरी दिन गुज़ार रहे होंगे और अवसर पाते ही वे सब एक-एक करके मुझे पहचानना शुरू कर देंगे और कुछ ही दिन बाद मैं अपने ही जैसे गए-बीते बूढ़े सैरबाज़ों से घिर जाऊंगा। वे सब मुझे अपने दुखड़े सुनाएंगे, मुझसे मेरे दुखड़े सुनना चाहेंगे; कोई बहू की शिकायत करेगा, कोई बीवी की; किसी के फेफड़े फुंक चुके होंगे, किसी का दिल हर दम डूबा रहता होगा; सब अपना-अपना जीवन-दर्शन बघारेंगे और मुझसे उम्मीद करेंगे कि मैं उनकी दानाई पर अश-अश करूं; सब अपनी-अपनी दवाइयों की खूबियों और ख़राबियों की नुमाइश लगाया करेंगे और मुझसे ईर्ष्या करेंगे कि मुझे इस उम्र में भी ऊब और अनास्था के सिवा कोई बीमारी नहीं। इन्हीं अन्देशों के कारण मैं सैर के दौरान सिर नहीं उठाता, किसी बूढ़े या बूढ़ी की आंख से आंख नहीं मिलाता, किसी से वक़्त या रास्ता नहीं पूछता, अपनी सैर का वक़्त और रास्ता बदलता रहता हूं। फिर भी कोई अन्देशा दूर नहीं होता। यह खटका किसी सहमी

हुई चिड़िया की तरह मेरे मन में बैठा रहता है कि सारी एहतियात के बावजूद किसी सुबह या शाम कोई पुराना साथी मुझे पहचान लेगा और उस ज़माने को उगलना शुरू कर देगा जिसकी धूल-धूप अभी तक मेरे अन्दर और इधर-उधर उड़ती-बिखरती रहती है। इसीलिए जब किसी चुके हुए चेहरे पर पहचान का फीका चांद उभरता दिखायी देता है तो मैं अपना रुख़ बदल लेता हूं और उल्टी दिशा में यूं दौड़ने-सा लगता हूं जैसे उसी क्षण मुझे यह बोध हो गया हो कि मैं तो ग़लत रास्ते पर चल रहा था। दौड़ना तो ख़ैर अब मेरे लिए किसी भी हालत में मुमकिन नहीं, लेकिन जब कभी पहचान लिए जाने का यक़ीन मुझ पर सवार हो जाता है तो महसूस यही होता है कि दौड़ रहा हूं। तब यह इत्मीनान मेरे साथ दौड़ रहा होता है कि वह पुराना परिचित या साथी मेरा पीछा नहीं करेगा, आवाज़ भी नहीं देगा, मन-ही-मन गाली भले ही दे दे।

मैं अपने पुराने साथियों से परहेज़ इसलिए नहीं करता कि मैं अपने आपको उनसे या उनको अपने आप से बेहतर या बद्तर समझता हूं, बल्कि इसलिए कि मैं जानता हूं उनमें मुझे अपना भूत दिखायी दे जाएगा; यह अलग मुसीबत है कि मेरा भूत हर क्षण मुझसे चिपका रहता है, लेकिन किसी दूसरे की सूरत में उसे देख लेने के ख़याल से ही मुझे दहशत होती है, वैसी ही जैसी कि उस ज़माने में इस बेमुरव्वत शहर के कुछ ख़ास-ख़ास इलाक़ों से हुआ करती थी।

अगर यह सच है तो आज अपने उस पुराने साथी को पहचान लेने के बाद मैं रुख बदल लेने के बजाय उसके पास क्यों चला गया? शायद इसीलिए कि उसे देखने से पहले मैंने उसकी टकटकी को महसूस किया था और उस पर मुझे अदृश्य की टकटकी का गुमान हुआ था। बेशक उसे पहचानते ही वह गुमान उड़ गया था लेकिन साथ ही उससे बचने का सही क्षण भी उड़ गया था।

सो अब लकड़ीली आवाज़ वाले अपने उस पुराने साथी के पास खड़ा मैं सोच रहा था कि उस ज़माने में भी वह मुझे 'आप' कहा करता था, आज भी 'आप' कह रहा है। उसने अपने और मेरे बीच तकल्लुफ़ की लकड़ी का जो जंगला तब खड़ा किया था, वह अभी तक बरक़रार है। मुझे यह भरोसा हुआ कि वह मुझसे कोई व्यक्तिगत बात कहेगा न पूछेगा। मेरा ख़याल था कि कुछ देर ख़ामोश खड़े रहने के बाद हम अलग हो जाएंगे; शायद वह फिर कभी मिलकर किसी लम्बी गुफ़्तगू की उम्मीद ज़ाहिर करेगा और मैं वैसी ही मद्धिम उम्मीद ज़ाहिर करने के बाद अपने ठिकाने की तरफ़ चल दूंगा। तभी उसने कहा—अगर आपको कुछ फ़ुरसत हो तो मेरे साथ मेरे कमरे में तशरीफ़ ले चलिए, चाय के प्याले पर आराम से बातचीत करेंगे। उसे उस ज़माने में भी चाय के प्याले पर बातचीत करने का बहुत शौक़ हुआ करता था—लम्बी और गम्भीर बातचीत करने का, जिस पर बड़े-बड़े बुनियादी सवालों के बादल छाए रहते थे। हर तीसरे फ़िक़रे में वह किसी महान

चिन्तक के किसी मार्मिक विचार या वाक्य का हवाला इतनी मासूमियत और ख़ुश्की के साथ जड़ दिया करता था, कि सुनने वाला प्रभावित भी होता था, परेशान भी। महसूस होता था जैसे कोई लकड़ी ब्रह्मवाक् बोल रही हो। मैं उससे कहना चाहता था कि सुबह की चाय मैं पीकर ही निकला था, दूसरा प्याला मुझे मना है, लेकिन मैं चुपचाप उसके साथ हो लिया।

उसका कमरा उसी का कमरा नज़र आया। वही कमरा उसका पूरा घर नज़र आया। एक कोने में चाय और खाना बनाने का सामान, दूसरे में नहाने का, तीसरे में किताबों से लदे तीन दुर्बल रैक, बाक़ी बची जगह सोने-बैठने-लिखने-पढ़ने और बातचीत करने के लिए; दीवारें कोरी; फ़र्श नंगा; खिड़कियों पर उखड़े-उखड़े से परदे; कमरे की सारी चीज़ें गहरी सोच में डूबी हुई। मैंने सोचा कि बीच-बीच में वे अपनी ख़ामोशी तोड़ कर एक-दूसरे से पूछ लेती होंगी—आप उस बुनियादी सवाल को लेकर किसी नतीजे पर पहुंचीं?

उस कमरे में मुझे किसी औरत या बच्चे की तसवीर दिखाई नहीं दी, घरेलू जीवन की धूल का कोई कण दिखाई नहीं दिया। लगा जैसे वह मुझे चालीस-पैंतालीस साल पुराने उसी कमरे में ले आया हो जिसमें वह उस ज़माने में रहा करता था, जैसे वह उसी कमरे को साथ उठाए एक उम्र इधर-उधर भटक लेने के बाद उस इलाक़े में आ रुका हो। मैं उस ज़माने में गुम हो गया। जब तक वह चाय बनाता रहा मैं आंखें बन्द किए उन इलाक़ों की सैर करता रहा जिनसे उस ज़माने में मुझे आशा-निराशातीत दहशत मिला करती थी—पुल बंगश, मजनूं का टीला, सीताराम बाज़ार, तुरकमान गेट, टोडरमल लेन, आनन्द परबत, माता सुन्दरी रोड, अन्धा मुग़ल, दरीबा कलां, गली नाई वालां, गस्टन बस्टन रोड, और इन सबसे ऊपर और आगे फ़तेहपुरी।

क़बरबिज्जू

बादशाहों की इस बिगड़ी हुई सुंदर आनंदपुरी में भूख ख़ूबसूरत ख़ामोश बच्चों के भेस में आपके पीछे-पीछे चलती है। आप यहां के टूटे-फूटे महलों, भुरभुरी मस्जिदों, मैली महराबों, काले तालाबों और ठण्डे मक़बरों पर अश-अश करते हैं, यहां की भूख इन बच्चों के भेस में आपके भरेपूरे शरीरों और शोर मचाते मोटे बच्चों पर। आपने देखा होगा कि इन बच्चों की आंखें उजली हैं, उनकी आभा ऊदी। भूख की आभा अक्सर ऊदी होती है, भूखों की आंखें अक्सर उजली। यहां की भूख एक भीनी आग है जिसमें जल-तप कर सारी अशुद्धियां साफ़ हो जाती हैं, सारे दोष सूख जाते हैं, और आंखों में एक अजीब-सा जलाल ठहर जाता है। यहां के भूखे बच्चों की आंखों का जलाल देखकर सैलानी अक्सर मुझसे ऊलजुलूल सवाल पूछने लगते हैं : ये बच्चे भील हैं या गौंड? कहीं इन सबकी रगों में उन अय्याश बादशाहों का ख़ून तो नहीं दौड़ रहा? इनके पेट सचमुच अक्सर ख़ाली रहते हैं? इनकी आंखें तो कमाल की हैं लेकिन ये मुसकराते क्यों नहीं? इनकी आवाज़ भी क्या इतनी ही उजली है जितनी उनकी आंखें? ये बोलते क्यों नहीं?

आपने नोट किया होगा ये बच्चे बोलते कम हैं, भालते ज़्यादा हैं। बोलने से भूख और भड़कती है, चुपचाप देखते रहने से पेट न सही आंखें तो भर जाती होंगी। सैलानी लोग यहां के लंगूरों से उतने ही खुश होते हैं जितने इन बच्चों से। लंगूरों को वे चने खिलाते हैं, बच्चों से उनके नाम पूछते हैं, कहते हैं स्कूल जाया करो, पूछते हैं, हमारे साथ नीचे चलोगे? इन बच्चों के नामों से सैलानियों को अक्सर निराशा होती है, ख़ासतौर पर महिलाओं को जिन्हें इनके मामूली मैले नामों में इनकी उजली आंखों का ऊदा जलाल नज़र नहीं आता। इनकी आदतों से सैलानी अक्सर प्रभावित होते हैं, क्योंकि जैसाकि आपने भी देखा होगा ये बच्चे आपकी तरफ़ बिटर-बिटर देखते ज़रूर हैं, लेकिन हाथ नहीं फैलाते और न ही शहरी भूखे बच्चों की तरह आवाज़ और मुंह को बिगाड़ कर रिरियाते हैं। मैदानी भिखमंगों की तरह आपके पीछे भी नहीं पड़ जाते। जब आप लोग मज़े ले-लेकर

केककिचौरी खा रहे होते हैं तो इन्हें देखकर आपको यह महसूस नहीं होता कि आप इन्हें खा रहे हैं। आपके मुंह हिलते देख इनके मुंह ज़रूर हिलने लगते हैं लेकिन इनकी लारें नहीं टपकतीं। आपको खाते-हड़पते देख इनकी आंखें अनायास झुक जाती हैं जैसे आपकी ओर से ये आपकी क्रूरता पर शर्म महसूस कर रहे हो। जब इनकी आंखें झुकी हुई होती हैं तो बुझते हुए दियों सी नज़र आती हैं। ग़ौर से देखने पर आपको उनमें से धुआं उठता हुआ नज़र आ जाएगा—ऊदा, उजला धुआं। इन बच्चों का शील सचमुच प्रशंसनीय है। शहरी और मैदानी भूखे बच्चे इनसे बहुत कुछ सीख सकते हैं। आप लोगों के पले-पुसे बच्चे भी।

मेरा ख़याल है कि ये बच्चे जानते हैं कि इनकी आभा और कोमलता का राज़ इनकी भूख और ख़ामोशी में ही है, इसीलिए ये रिरियाते-चिल्लाते हैं न हाथ फैलाते है न ललचाई हुई हिर्सीली नज़रों से आपकी तरफ़ देखते हैं। मेरा ख़याल है कि इन्हें यह ख़तरा भी लगातार लगा रहता है कि अगर इनकी भूख मिट गई तो इनकी वह आभा नष्ट हो जाएगी, इनका वह जलाल जाता रहेगा, जिसकी बदौलत आप इनकी तरफ़ खिचते हैं। मेरा ख़याल है कि इनकी कोशिश रहती है कि भूले से भी ये कोई ऐसी हरकत न कर बैठें, कोई ऐसी आवाज़ न निकाल दें, जिसे देख या सुन कर आपके दिल पिघल जाएं और आप इनकी भूख मिटाने की ज़िद्द करने लगें। मुझे विश्वास होता जा रहा है कि ये बच्चे अपनी भूख से प्यार करने लगे हैं, कि इन्हें आपके हट्टे-कट्टे बच्चे अच्छे नहीं लगते, कि इन्हें भी यह भ्रम हो गया है कि भूख की आभा ऊदी होती है। आप ख़ुद सोचिए कि अगर ये बच्चे आम भिखमंगों की तरह मिमियाते, ख़ाली पेट की दुहाई देते, आपके बच्चों को दुआएं देते, आपके कपड़ों को छू-छू कर अपने होंठों की ओर इशारे करते तो आप इन पर मोहित होते, इनकी सौम्य सुस्ती की तारीफ़ें करते? आप सोचिए और मैं इन्हें समझाता हूं कि कुछ देर के लिए ये अपनी बड़ी-बड़ी खाली आंखों से आपको निहारना बंद कर दें, क्योंकि मैं देख रहा हूं कि आप के मन में यह शक उठना शुरू हो गया है कि ये बच्चे शायद इतने सीधे और मासूम नहीं जितने नज़र आते हैं, कि अगर ये सारा वक़्त आपके साथ चिपके रहे तो आप इन्हीं के बारे में सोचते-सुनते रहेंगे और आनंदपुरी के दूसरे दृश्य पूरी तरह नहीं देख सकेंगे। आप घबराएं नहीं, एक इशारे की देर है, ये सब चुपचाप यहां से चले जाएंगे।

तो लीजिए वे गए और मैं उनके बारे में अब और खुलकर बोल सकता हूं। मैं जानता हूं कि आप इतना ख़र्च और झंझट उठाकर यहां का सौन्दर्य सोखने, यहां के खण्डहरों पर मुग्ध होने और अपने देश के इतिहास पर गर्व करने आए हैं, यहां की दरिद्रता देखने नहीं। मैं जानता हूं कि आप कहें न कहें इन भूखे आभावान् बच्चों में आपकी दिलचस्पी दरअसल बाई-द-वे ही है। उसी तरह जैसे दफ़्तर या

बस की तरफ़ लपकते हुए या चांद की तरफ हुमकते हुए किसी का ध्यान एक क्षण के लिए किसी पिल्ले या चिड़िया पर रुक जाए। या अपने बच्चे को चूमते-चाटते हुए कोई किसी मच्छर या मक्खी पर भी मुसकरा दे। या प्रार्थना-पूजा करते समय कोई किसी चुहिया या छिपकली में भी भगवान की लीला देख ले। मेरा मतलब है कि आप इतनी दूर नीचे से इतने ऊपर यहां इन कमबख़्तों की ऊदी उजली आंखें देखने नहीं आए, अपनी आंखों को आराम देने आए हैं। और अपनी आत्माओं को शांति देने। और अपनी समस्याओं से राहत पाने। और लौट कर अपने दोस्तों को यह बताने कि आपने यहां क्या-क्या देखा, कितना ख़र्च किया, कितना एंजॉए किया। शायद ही आपमें से कोई नीचे उतर कर इन बच्चों को याद करे, इनके बारे में कोई बात करे। हो सकता है इनकी आंखें कभी-कभी आपकी नींद नोचने की कोशिश करें लेकिन ऐसा शायद होगा नहीं। आप अपने-अपने शहर में भूख के नाना रूप हर रोज़ देखते ही होंगे। नीचे भी भूखे-नंगे बच्चों की कोई कमी नहीं, बल्कि उनसे तो आपकी आंखें इतनी अभ्यस्त हो चुकी होंगी कि वे आपको दिखाई भी नहीं देते होंगे। भूख अपने देश में दुर्लभ नहीं। भूख से किसी को अब कोई भय या दुःख नहीं होता क्योंकि वह हमारे संस्कारों में रस-बस गई है, उसे भी हमने उसी तरह अपनी संस्कृति में समो लिया है जिस तरह सैकड़ों दूसरी आक्रमणकारी कुरीतियों को। यह बात अलग है कि ऐतिहासिक और ऊंचे स्थलों की भूख में भी एक ख़ास भव्यता होती है, एक ख़ास शीतलता होती है, एक ख़ास ओज होता है। खुली हवा और खिले बादलों और शानदार खण्डहरों का कुछ असर तो आख़िर यहां की भूख पर भी पड़ेगा ही। और साथ ही साथ आपकी लाई और अधखाई चीज़ों का भी। वैसे भूख आख़िर भूख है, बच्चे आख़िर बच्चे। घबराइए नहीं, मैं भूख पर भाषण नहीं दूंगा, न ही भूखे बच्चों की बढ़ती हुई आबादी की रोक-थाम के लिए कोई सुझाव। सच पूछिए तो मैं चाहता हूं कि आबादी बढ़ती ही चली जाए। इनसानों की भी जानवरों की भी। कीड़े-मकौड़े, मच्छरों और परिन्दों की भी। मेरा विश्वास है आबादी के दबाव से पैदावार खुद-ब-खुद बढ़ने लगेगी। यह दबाव धरती पर ही नहीं पड़ेगा, आकाश या अंतरिक्ष में छिपे बैठे भगवान पर भी पड़ेगा, जिसके बारे में यह भ्रम इधर कुछ कमज़ोर पड़ गया है कि जिसे वह पैदा करता है उसका पेट भी जैसे-तैसे भर देता है।

आप खाना-चबाना जारी रखिए। मेरी किसी बात को सीरियसली मत लीजिए। मैं तो आपको एण्टरटेन करने के लिए ही हूं, ख़ुश्क जानकारी तो आपको कहीं और से भी मिल सकती है। सो मेरी बकवास को एक कान से सुनिए, दूसरे से निकाल दीजिए। अगर मैं हद से गुज़रता दिखाई दूं तो इशारा कर दीजिए, मैं मौन हो जाऊंगा। एक बात बताऊं, मैं दिखाई बेशक बड़ा देता हूं लेकिन हूं दर-असल छोटा। आप लोगों की दया ने मेरा डीलडौल ज़रूर बढ़ा दिया है लकिन

मेरी उम्र ज़्यादा नहीं। ख़ैर, मेरी उम्र को गोली मारिये, आप तो इन खण्डहरों की उम्र ही जानना चाहते होंगे ना? वह भी बताता रहूंगा, बीच-बीच में, लेकिन पहले उन बच्चों को भुगता लूं। जी नहीं, वे ग़ायब नहीं हो गये, अगले पड़ाव में हमें फिर मिल जाएंगे। जब तक हम वहां पहुंचेंगे, वे सब भी कूदते-फुदकते वहां पहुंच ही जाएंगे। भूख के बावजूद वे कूदने-फुदकने से बाज़ नहीं आते। इसीलिए एक बार फिर कहना चाहता हूं, बच्चे आखिर बच्चे हैं, भूखे हुए तो क्या! उसी तरह जैसे कुत्ते आख़िर कुत्ते और कीड़े आख़िर कीड़े। आपने देखा होगा कि कुत्तों की भी यहां कोई कमी नहीं। और शायद यह भी कि उनकी आंखों में भी भूख की आभा है। लेकिन क्योंकि वे कुत्ते हैं, इसलिए मुझे तो उनकी आभा से भय ही महसूस होता है, आपका पता नहीं। आपसे क्या छिपाना, मैं तो इन कुत्तों को लेकर बहुत चिंतित रहता हूं, और कभी-कभी तो मेरी यह चिंता इतनी चंचल हो जाती है कि मेरी नींद में भी यही कुत्ते दौड़ते रहते हैं, कभी पागल भेड़ियों की तरह, कभी पालतू बच्चों की तरह। और फिर कभी-कभी दिन में भी मुझे ये कुत्ते भूखे भेड़ियों से नज़र आने लगते हैं और ये बच्चे भूखे कुत्तों से। तब मैं आप लोगों को एन्टरटेन करने के क़ाबिल नहीं रहता। अपनी कोठरी में पड़ा रहता हूं और यह सोच-सोच कर सूखता-सहमता रहता हूं कि अगर अचानक किसी रोज़ मेरे स्वप्न साकार हो गए तो क्या होगा। उन स्वप्नों में आप भी होते हैं, आपके बच्चे भी। नहीं, विस्तार में नहीं जाऊंगा। बस यह समझ लीजिए कि उन स्वप्नों में मेरे लिए कुत्तों और बच्चों में तमीज़ करना मुश्किल हो जाता है। आप लोगों के बच्चे तो वहां भी बच्चे ही नज़र आते हैं, लेकिन यहां के बच्चे यहां के कुत्तों से इस तरह घुले-मिले दिखाई देते हैं कि दहशत होती है। तब इन सबकी आंखें खूनी नज़र आती हैं और ख़ामोशी ख़ौफ़नाक।

ख़ैर छोड़िए! मेरा तो दिमाग़ ही शायद बीच-बीच में ख़राब हो जाता है वर्ना मैं इस तरह के स्वप्न देखता न उनसे इतना परेशान होता। तो लीजिए मैं बात बदल देता हूं। कुत्तों का ज़िक्र ही नहीं छेड़ना चाहिए था। हां तो मैं यहां के बच्चों को समझाता रहता हूं कि वे अपनी भूख पर काबू रखें, उसकी आभा को अपनी आंखों में बनाए रहें। मैं उन्हें कई बार बता चुका हूं कि आप लोग ऊपर पहुंचते ही कितने उदार हो जाते हैं; कि नीचे की भूख से आपको मितली आती है, ऊपर की भूख में आपको आभा मिलती है; कि नीचे की भूख आपको गंदी मालूम पड़ती है। ऊपर की भूख निर्मल; कि वही लोग जो नीचे के भिखारी बच्चों को दुत्कारते हुए उनकी तरफ़ देखते तक नहीं, ऊपर के भूखे बच्चों को दुलारते हुए उनके नखशिख की तारीफ़ करने लगते हैं। इन बच्चों को मैं आप लोगों के बारे में और भी बहुत कुछ बताता रहता हूं। मिसाल के तौर पर यह कि आप लोगों को भूख की समस्या बेशक नहीं, लेकिन और समस्याओं की आपको कोई कमी

नहीं, और उन्हीं के कारण आप लोगों के पेट अक्सर फूले हुए रहते हैं और मन अक्सर अशांत। और यह भी कि बड़े हो जाने पर वे खुद-ब-खुद जान जाएंगे कि मन की शांति तन के सुख से कितनी ऊंची, कितनी महान है। और यह भी कि आप में से कितने ही दयावान ऐसे होंगे जो उनको अपने साथ नीचे ले जाने, और उनमें से कितने ही ऐसे भी जो उन्हें गोद ले लेने, की बात मन-ही-मन सोचते रहते हैं। अब आप ही से पूछूं? क्या आप में से कुछ लोगों ने इन बच्चों में से एक को अपने साथ नीचे ले जाने की बात नहीं सोची? एक अच्छे-से बच्चे को साथ ले जाने की बात? ऐसा बच्चा जिसे कोई बीमारी न हो, कोई बुरी आदत न हो, जिसे नहला-धुला कर साफ़-सुथरा बनाया जा सके, खिला-पिला कर मोटा किया जा सके? जो नीचे जाकर आपके मुन्ने को खिलाए, आपके कुत्ते को घुमा लाए, घर में ऊपर के काम में आपकी मदद करे, और कुछ वक़्त निकल आए तो आपसे क ख ग या ए बी सी भी पढ़ ले? यह नेक ख़याल यहां आकर हर नार्मल मैदानी इनसान के मन में एक न एक बार ज़रूर उठता है, और फिर बैठ जाता है, क्योंकि सर्द और साफ़ दिमाग़ से सोचने पर उस नार्मल इनसान को ख़बर हो जाती है कि इन भोले बच्चों को उनकी कच्ची जड़ों से उखाड़ कर नीचे या कहीं भी ले जाना ग़लत और ख़तरनाक होगा, कि इन्हें इसी सुन्दर वातावरण में जीने-मरने देना चाहिए, कि इनकी भूख मिटाने के बहाने इनकी दूसरी सारी संभावनाओं को कुचल देना ठीक नहीं। ख़ैर, कारण कुछ भी क्यों न हो, कोई इन्हें साथ नहीं ले जाता, कोई इन्हें गोद नहीं लेता। ये सब यहीं बड़े होंगे, यहीं बूढ़े हो जाएंगे, यहीं मर जाएंगे।

आपमें से कुछ सोच रहे होंगे कि मैं इन बच्चों का या इनके जनकों का एजेन्ट हूं। आपका शक बजा तो है, सही नहीं। बात यह है कि मैं भी यहीं का हूं। कभी मैं भी इन बच्चों की ही तरह आप लोगों को अपनी उजली ऊदी आंखों से बिटर-बिटर देखा करता था और मेरे मुंह से कोई आवाज़ तक नहीं निकलती थी; कभी आप लोगों को अपने बच्चों के साथ खाते-खिलखिलाते देख मेरी अन्तड़ियां भी ऐंठ उठा करती थीं, और मेरा जी चाहता था कि झपट कर आपके बच्चों को कचर-कचर चबाना शुरू कर दूं; कभी मैं भी आपके जूठे टुकड़ों से अपना पेट और आपकी झूठी तारीफ़ों से अपना दिल भर लिया करता था। वह ज़माना कितना अच्छा था। पेट भरने के सिवा मुझे कोई चिंता नहीं होती थी, आप लोगों को निहारते रहने के सिवा मुझे कोई चाव नहीं होता था। आपको भूखे तन-मन की मौजों का अनुभव नहीं, अंदाज़ा भी शायद नहीं। आप कल्पना भी नहीं कर सकते कि भूखे पेट के भीतर क्या-क्या होता रहता है, कि भूख कैसे-कैसे भीने भयावह अरमानों को जन्म देती है। अब आप इन्हीं बच्चों को लीजिए। बड़ी-बड़ी उजली आंखों और महीन-मुलायम आवाज़ों के बावजूद ये बच्चे इतने बेचारे नहीं जितने

दिखाई देते हैं। आप इनके भीतर झांकें तो हैरानी से हकलाना शुरू कर दें। इनकी ऐंठी हुई अन्तड़ियां सांप बनकर आपको डस लेना चाहेंगी, इनका रहा-सा ख़ून ज़हर बनकर आपकी शक्कर या शराब में घुल जाना चाहेगा, इनके अरमान उछल कर आपकी आंखें नोच लेना चाहेंगे। जब मैं इनका सा था तो एक बार एक मोटी महिला ने मेरे भीतर झांकने की मूर्खता की थी। यह मत पूछिए कि उसकी क्या दुर्दशा हुई। अब भी उसकी बिलबिलाहट की याद पर हंसी आ जाती है—एक बेरहम और बेलिहाज़ हंसी। लेकिन यह मैं किधर बहक गया!

आप घबराएं नहीं। मैं भूंकता तो हूं, काटता नहीं। यहां के कुत्ते तो मुझसे भी बेहतर हैं, वे भूंकते हैं न काटते हैं। एक बात बताऊं—अगर आप में से कोई साहिब टूरिस्ट विभाग से मेरी शिकायत करने की सोच रहे हों तो उन्हें मालूम होना चाहिए कि मेरी इन्हीं ऊटपटांग बातों के लिए मुझे भी यहां की दिलचस्पियों में शामिल कर लिया गया है। टूरिस्ट विभाग वाले मुझे पागल गाइड कहते हैं। पागल कुत्ता ख़तरनाक होता है, पागल इनसान अक्सर पहुंचा हुआ। मैं पहुंचा हुआ तो नहीं लेकिन ख़तरनाक भी नहीं। कुछ लोग तो यहां आते सिर्फ़ मुझे देखने-सुनने के लिए हैं। ख़ैर, मैं अपने मुंह मियां मसख़रा नहीं बनूंगा। अभी हमें बहुत-से स्पॉट देखने हैं—हवा महल, जहाज़ महल, गूंज घर, जनाना हमाम, रूपमति का चौबारा, सत्तर सीढ़ियां, गर्म पानी, नीलकण्ठ। इन सब स्थलों पर आपको बच्चे दिखाई देंगे, कुछ पर बन्दर और लंगूर भी। कुछ लोगों का ख़याल है कि वे बन्दर और लंगूर इन्हीं बच्चों के भाई या भूत हैं। मैं फिर ग़लत बात कह गया। वैसे भूत यहां बहुत हैं। बादशाहों के, बेगमों के, उनके ख़ादिमों और बांदियों के। एक वहम के मुताबिक जो यहां मरता है भूत बन जाता है। अगर आपमें से किसी को भूत बनने की तमन्ना हो तो अपना अन्त यहां आकर कीजिए।

रंगरची जानकारी देने के फ़िराक में मैं फिर ऐसी बात कर गया जिस पर आपको व्यंग्य का गुमान हो सकता है। लेकिन मुझे यह ज्ञान हो चुका है कि व्यंग्य व्यर्थ है क्योंकि वह वस्तुस्थिति के अस्वीकार्य में से जनमता है, और शांति संपूर्ण स्वीकार्य से ही मिलती है। लेकिन क्या करूं, बकते-बकते जब निर्बल हो जाता हूं तो ज़ुबान पर क़ाबू रहता है न कल्पना पर। अपना बुरा-भला भी भूल जाता हूं, आपका भी। संभलने की कोशिश में और फिसलता चला जाता हूं, यहां तक कि यह ख़ौफ़नाक वहम मुझे पकड़ लेता है कि मैं इनसान नहीं, भूत हूं, और मुझे अपने सारे पूर्वजन्म याद हैं, और यह भी कि उन सब में मैं किसी न किसी जीव-जन्तु के रूप में भूखा रहा, अतृप्त रहा। तब मुझे अपने ऊपर इतनी दया आ जाती है कि मैं रोना शुरू कर देता हूं, और आप लोगों पर इतना ग़ुस्सा कि जी चाहता है कि आपके चिथड़े-चिथड़े कर दूं। तब मेरी बिगड़ी हुई हालत देखकर श्रोतागण

सोचने लगते हैं : इसे आखिर हो क्या गया ! अभी तो ही-ही कर रहा था, अब हाय-हाय करने लगा। अभी तो इतनी नफ़ीस और नोकदार गप्पें मार रहा था, अचानक इतना नंगा और निहत्था कैसे हो उठा !

तो प्यारे सैलानियो, इस वक़्त भी मेरी हालत ठीक नहीं। इसलिए मैंने फ़ैसला कर लिया है कि इस बकवास को इसके प्रभाव की परवाह किए बग़ैर जैसे-तैसे ख़त्म कर दूं। अचानक मुझे यह इलहाम भी हो गया है कि आपको भूख में दिलचस्पी है न भूख की आभा में, कि भूख की महिमा से आपको कोई मतलब नहीं, कि आपको सिर्फ़ मेरा पागलपन पसंद है। नहीं, पसंद शायद वह भी नहीं। जैसे सांप में सम्मोहन की शक्ति होती है उसी तरह पागल में। लेकिन पागल पिघलना शुरू कर दे तो उसकी शक्ति ख़त्म होनी शुरू हो जाती है। मेरे साथ भी शायद यही हो रहा है। इसीलिए मैं अफ़रातफ़री में ही कुछ आख़िरी बाते आगे-पीछे कहकर ख़ामोश हो जाना चाहता हूं। तो सुनिए।

पहले तो आप सबको एक सुझाव देना चाहता हूं, ख़ासतौर पर उनको जिनके बच्चे चांदी के चम्मच मुंह में लिए इस संसार में पधारे। आप अपने लाडलों को कुछ दिन भूखा रखें; खाने का सामान उनके सामने तो रहे लेकिन उनकी पहुंच से परे हो; अपने सीने पर पत्थर रख कर आप उन्हें चूसने के लिए छोटे-छोटे मुलायम पत्थरों के सिवा कुछ न दें; कुछ ही दिनों में आपके बच्चों की आंखें आभा उगलना शुरू कर देंगी, और उनके गालों की हड्डियों में एक जानलेबा बांकपन आ जाएगा।

और अब आपके मन में सोए हुए एक सवाल को जगा कर उसका जवाव आपको सुनाना चाहता हूं। हो सकता है कि मेरा यह ज़वाब भी आपको व्यंग्य के व्यर्थ गुलाबी रंग में डूबा हुआ नज़र आए, स्वीकार्य के भगवे रंग में नहीं। लेकिन मैं अपने स्वभाव से मजबूर हूं। आपके सवाल को अपने शब्द दूं तो वह इस तरह सुनाई देगा : इन बच्चों के सौंदर्य और इनकी आंखों की ऊदी आभा का राज़ तो आपने बता दिया, यह भी तो बताइए कि अगर ये भीख—बख़्शीश नहीं मांगते, चोरी-मज़दूरी नहीं करते तो ज़िन्दा कैसे रहते हैं, अपने पेट कैसे भरते हैं ? इनके पेट भरते तो ख़ैर क्या होंगे, वह तो एक मरा हुआ मुहावरा ही है, फिर भी...

अब जवाब सुनिए, आप लोग जब दिन की सैरबाज़ी के बाद खा-पीकर अपने-अपने बिस्तरों में जा पड़ते हैं तो आनन्दपुरी के बेशुमार कुत्ते और बेशर्म बच्चे अंधेरे की तरह इधर-उधर फैल जाते हैं। फिर थोड़ी ही देर में सारे कचरे का सफ़ाया हो जाता है। कोई छिलका, छिछड़ा, दाना, टुकड़ा, डिब्बा, बोतल, काग़ज़, पत्तल इनकी ज़ुबान की चाट से बच नहीं पाता। अगर कुछ न मिले तो ये मलमूत सूंघकर ही अपनी भूख बुझा लेते हैं। हर रात का यह दृश्य देखने लायक़ होता है। अंधेरा इधर-उधर छलांगें मारता हुआ महसूस होता है। महसूस होता

है जैसे वह उजाले का ख़ून पी जाने की कोशिश में हो। इन कुत्तों और बच्चों को किसी ने सिखाया-पढ़ाया नहीं कि ये दिन में दुम हिला-हिला कर या हाथ फैला-फैला कर आपको तंग न करें वर्ना शहर बदनाम हो जाएगा और आप लोग यहां आना बन्द कर देंगे। यह सबक़ इन्हें अपने आप ही आ गया है। इस शहर की सफ़ाई का सेहरा भी इन्हीं के सर बांधना होगा। आपने देखा होगा कि कहीं आपको गंदगी का कोई धब्बा या मक्खी का कोई बच्चा तक नज़र नहीं आया, सिवाय उस गन्दगी के जो आपने फैलाई। यहां के कुत्तों और बच्चों की आजकल यह शिकायत रहने लगी है कि आप लोग अब उतनी गन्दगी नहीं फैलाते जितनी पहल फैलाया करते थे। मैं इन्हें समझाता रहता हूं : कमबख़्तो, दुनिया बदल गई है, सैलानियों की आदतें बदल गई हैं, लेकिन तुम्हारे ज़ायक़े नहीं बदले। मेरी बात इनकी समझ में नहीं आती। ख़ैर, अब मैं आख़िरी दमों पर हूं। मेरा जी चाह रहा है कि एक बार आपकी तरफ़ थूक कर अपनी तक़रीर यहीं ख़त्म कर दूं। लेकिन ऐसा करने की हिम्मत मुझ में नहीं। पागल तो हूं लेकिन इतना नहीं कि आप पर प्रभाव डालने के लिए अपनी रोज़ी और जान को ख़तरे में डाल दूं।

आपने इतने ध्यान और धैर्य से मेरी बात सुनी और आप बौखलाए तक नहीं। इसलिए धन्यवाद या इनाम के तौर पर अब मैं आपको एक ख़ास बात बताना चाहता हूं। भेद की बात ऐसी जो मैं सबको नहीं बताता। मुझे यक़ीन है कि उसे सुनकर आपको हैरानी तो होगी लेकिन और कोई फ़र्क़ या असर आपकी ज़िन्दगी में नहीं पड़ेगा। वह बात यूं है : यहां यह वहम आम है कि जब यहां का कोई बच्चा या कुत्ता भूख से मर जाता है तो फ़ौरन क़बरबिज्जू की जून में चला जाता है। और फिर वह यहां इस शहर में नहीं रहता, नीचे उन मैदानी क़स्बों और शहरों में चला जाता है, जहां आप लोग रहते हैं। तो वहां अगर कहीं आपको कोई क़बर-बिज्जू नज़र आ जाए तो समझ लीजिए कि वह पिछले जन्म में यहीं का कोई बच्चा या कुत्ता था और अब क़बरबिज्जू के भेस में आपकी मौत का इंतज़ार कर रहा है। उस क़बरबिज्जू से सावधान रहिए, क्योंकि यह भी संभव है कि वह आपकी मौत का इंतज़ार करने के बजाय उसका माध्यम बन जाए।

भूख कुमारी के साथ एक शाम

मैं अपनी उस चहेती सड़क पर शाम की सैर कर रहा था। मेरी चाल धीमी थी, मेरा मन सुनसान था। मैं उसे साफ़ और ख़ाली करने की कोशिश में लंबी-लंबी सांसें ले रहा था और अपनी कोशिश की विफलता पर मुस्करा रहा था। शाम ने अभी अपने बाल पूरी तरह नहीं खोले थे। आकाश में एक तरफ़ पीली सुर्खी पुती हुई थी, जो हर क्षण फीकी पड़ती जा रही थी—मेरी मुस्कराहट की तरह। सड़क किसी कुचले हुए सांप-सी बिछी हुई थी। मैं किसी बेघर बूढ़े की तरह बेदिली के साथ उसे रौंद रहा था। और अपने आपको भी। अभी वह चट्टान नहीं आई थी जिस पर हर शाम कुछ देर के लिए मैं नीमचिंतक मुद्रा में बैठकर दूर नीचे झिलमिलाती झुग्गियों को देखता रहता हूं और मेरी कल्पना उनके इर्द-गिर्द परकटे कबूतरों की तरह फड़फड़ाती रहती है। कई बार उस चट्टान पर खड़े हो बांहें फैलाकर उन झुग्गियों के जाल में से कूद जाने का ख़याल आया है। हर ऊंचे मुकाम से कूद जाने का ख़याल मुझे हर बार आता तो है, लेकिन टिकता नहीं, न ही जिस्म में कोई झुरझुरी पैदा करता है। मैंने इसे मुर्दा ख़याल का नाम दे रखा है। उस चट्टान से आगे मैं नहीं जाता। हर बूढ़े सैरबाज़ ने कोई-न-कोई पेड़ या पत्थर या मोड़ या गढ़ा या निशान ऐसा बना रखा होता है जिससे आगे वह नहीं जाता, जिससे आगे वह जाना चाहता है। उस शाम भी मैं उस चट्टान से आगे नहीं जाता लेकिन लगा वहां कोई और बैठा हुआ है। उसके पास जा बैठने का ख़याल ही पैदा नहीं हुआ। दूर से देख लिया होता तो संभलना आसान होता, लेकिन मैं तो सर डाले चल रहा था, इसलिए चट्टान के पास पहुंचकर ही मुझे लगा कि मेरी जगह खाली नहीं है। वहीं से पांव पलट लेना ठीक नहीं लगा। मैंने चट्टान पर बैठी उस धुंधली-सी छाया को आंख भरकर नहीं देखा था। वैसा करना भी मुझे शायद ठीक नहीं लगा होगा। मेरे मस्तिष्क में एक मारू सेंसर बैठा रहता है। हर शाम मैं उसे उखाड़ बाहर फेंक देने की बेकार कोशिशें करता रहता हूं और मुस्कराता रहता हूं। बहरहाल, मैं चट्टान के पास एक क्षण ठिठककर आगे बढ़ गया। सोचा, कुछ क़दम आगे जाकर किसी बहाने से गरदन घुमाकर देख लूंगा कि वहां कोई था भी

या नहीं, और फिर कुछ याद-सा करता हुआ तेज़-तेज़ क़दमों से वापस मुड़ जाऊंगा। लेकिन उस चट्टान से दो क़दम आगे निकलते ही कैफ़ियत बदलती चली गई। पीछे मुड़ने या मुड़कर देखने का ख़याल गुम हो गया। कुछ ही क़दम आगे जाने के बाद सर सीधा हो गया, चाल चुस्त हो गई, आंखें इधर-उधर उड़ने लगीं। मैंने अपने आपको रौंदना अनायास बंद कर दिया। एक नई मुस्कराहट मेरे होंठों पर खिल आई। महसूस हुआ मानो उस चट्टान से आगे का आलम और हो। हैरानी तो हुई लेकिन मैंने उसे ज़्यादा नहीं होने दिया। डर था कि डरना शुरू कर दूंगा। हवा और मेरे ख़ून में एक साथ ऐसी हरकत आ गई थी कि मैंने गरदन तान कर और बाज़ू पूरी तरह हिला-खुलाकर चलना शुरू कर दिया था—किसी बूढ़े फौजी अफ़सर या आर्यसमाजी की तरह। मेरी चाल मेरी उम्र के हिसाब से यूं भी चुस्त है, लेकिन अपनी उस चहेती सुनसान सड़क पर शाम की सैर के दौरान मैं उसे सुस्त कर लेता हूं, क्योंकि मैं यह सैर सेहत बनाने के लिए नहीं, अपने अंदर उतरने के लिए ही करता हूं। और अपने मन को ख़ाली करने के लिए भी। यह बात अलग है कि अंदर उतरने की बजाय मैं अपने आपको रौंदना शुरू कर देता हूं और सोचता हूं, शायद यह भी अंदर उतरने की कोशिश का ही एक अनिवार्य अंग हो। यह बात भी अलग है कि मन सुनसान तो हो जाता है, ख़ाली नहीं होता।

लेकिन उस कैफियत ने भी ज़्यादा दूर तक मेरा साथ नहीं दिया। सहसा लगा जैसे कोई मेरे पीछे-पीछे चला आ रहा हो। ऐसा एहसास मुझे अक्सर होता है। सुनसान सड़कों पर ख़ास तौर पर। शाम के वक़्त। जब दिन का देहांत हो रहा हो। इस एहसास से मेरा ख़ून सूख जाता है और कान खड़े हो जाते हैं। मुड़ कर देखने की ख़्वाहिश तो होती है, हिम्मत नहीं होती। अकसर मेरा यह वहम कुछ देर बाद अपने आप ख़त्म हो जाता है—मिरगी के दौरे की तरह। लेकिन जितनी देर तक मैं इसकी जकड़ में रहता हूं, इस प्रतीक्षा में कसा रहता हूं कि मेरे पीछे-पीछे चल रहा वह हौआ झपटकर मुझे दबोच लेगा और मेरा दम निकल जाएगा। कभी ऐसा हुआ नहीं, लेकिन इस तथ्य से मैं यह नतीजा नहीं निकाल पाया कि कभी ऐसा होगा नहीं। उस शाम भी मेरा जिस्म एक जान-लेवा झपट की प्रतीक्षा में था। मेरे क़दम न जाने तेज़ हो गए थे या धीमे। मेरे खड़े कानों में पीछे आ रहे व्यक्ति की पदचाप क्रमशः ऊंची होती जा रही थी। गरदन घुमाकर देखने की ख़्वाहिश को मेरे इस पुराने खौफ़ ने दबा रखा था कि पीछे कोई न हुआ, कुछ न हुआ, तो क्या करूंगा! पीछे आने वाला व्यक्ति या भूत पांव से नंगा था और दौड़ता हुआ-सा मेरी ओर बढ़ रहा था। पहले कभी ऐसा महसूस नहीं हुआ था। अंदेशा हुआ कि शायद घबराहट के कारण अनजाने में मैंने ही दौड़ना शुरू कर दिया होगा। लेकिन नहीं, मैं दौड़ नहीं रहा था। मैंने

अपने वहम के अंत का इन्तज़ार करना शुरू कर दिया। अकसर जब मेरा जिस्म पसीने में भीग जाता है तो मेरा पीछा करती पदचाप भी अचानक ख़त्म हो जाती है और मुझे पता चल जाता है कि मेरा दौरा टल गया। लेकिन उस शाम मेरा बदन एकदम सूखा था और वह छपछप करती पदचाप मेरे बिलकुल क़रीब आ चुकी थी। मैंने सोचना शुरू कर दिया, आज सचमुच कोई मेरे पीछे दौड़ा आ रहा है। तभी एक शरारती-सी आवाज़ सुनाई दी—अब मुड़कर देख भी लीजिए। मैं चौंका नहीं। आवाज़ किसी कच्ची लड़की की थी। उसमें आश्वासन था, उसकी शरारत में मिठास थी। मेरा अंदेशा दूर हो गया। मैं रुक गया। वह भी रुक गई। कुछ क्षण मैं इस उम्मीद में खड़ा रहा कि वह मेरे पीछे से हटकर मेरे सामने आ मेरा रास्ता रोक कर खड़ी हो जाएगी। मैंने सोचा, यही उस चट्टान पर बैठी होगी। जब वह सामने आई, न दोबारा बोली तो मैं समझ गया कि वह अपनी बात पर अड़ी हुई थी, जब तक मुड़कर उसे देखूंगा नहीं, वह ख़ामोश खड़ी रहेगी। वह असूल की पक्की है, उम्र में बेशक कच्ची ही हो। मुझे उसकी ज़िद्द बुरी नहीं लगी।

वह मुस्करा रही थी। पांव और सर से नंगी थी। घुटनों तक मैली नीली फराक पहने थी, गंदे गुच्छा बालों में लाल रिबन टांके हुए थी। उसकी मुस्कराहट का रंग भी लाल था। लेकिन उसके होंठ सूखे हुए थे, गालों पर मैली लकीरें खिंची हुई थीं। उसने हाथों को सर के पीछे बांध रखा था। उसकी कलाइयां बहुत पतली थीं। छातियां नन्हीं और नुकीली। उसकी बड़ी-बड़ी आंखों से आभा फूट रही थी। मैंने सोचा, इसी आभा का कमाल है कि अंधेरे में भी यह इतनी साफ़ नज़र आ रही है। मेरी आशंकाएं एकदम दूर हो गईं। प्यार से पूछा—कौन हो तुम? उसने धीरे से अपना नाम बताया, जिसे सुनकर मुझे हैरानी भी हुई, हल्की-सी मुस्कराहट भी आई, फीकी-सी वेदना भी हुई। भूख की मारी! यह कैसा नाम? लड़की ने हंसते हुए दुहराया—भूख की मारी। वाह! मुझे लगा जैसे शाम हंस रही हो। मैं समझ गया कि मुझसे कोई ग़लती हो गई थी। मैं उसकी हंसी में शामिल हो गया। उसे लगा होगा जैसे रात हंस रही हो। उसने कहा—भूख की मारी नहीं, भूख कुमारी! मेरी हंसी टूट गई। मैं सोच में पड़ गया। मेरी सोच साफ़ नहीं थी। लेकिन ज़्यादा देर ख़ामोश रहना मुझे ठीक नहीं लगा। सो मैंने कह दिया—नाम अनोखा है। वह झट से बोली—रूप तो अनोखा नहीं? मैं प्रभावित हुआ। लड़की होशियार है, लेकिन इसे इस तरह आबादी से दूर अंधेरे में अकेले आवारागर्दी नहीं करनी चाहिए। मैं इसे इसके घर छोड़ आऊंगा। उसकी बात को बात में टालने के लिए मैंने कह दिया—हां, रूप अनोखा नहीं। जवाब में वह बोली—मुझे सब पता है आप कौन हैं, कहां रहते हैं, क्या करते हैं…। मैंने टोक कर कहा—सच? वह बोली—बाई गॉड! मुझे हंसी तो आई ही, शायद यह

ख़याल भी आया कि लड़की ख़तरनाक है। मैंने ख़तरे को एक तरफ़ करते हुए कहा—यहां क्या कर रही हो? वह बोली—आपसे बातें। अब की बार उसकी हंसी मुझे अखर गई। यकायक अपनी उम्र का ख़याल आ गया। यह लड़की मेरा मज़ाक उड़ा रही है। मैंने सख़्त नज़रों से उसे देखा और सख़्त आवाज़ में पूछा—रहती कहां हो? वह बोली—नीचे उस झुग्गी कालोनी में। पूछा—तोऊपर क्याकर रही हो? ख़तरा था वह पहले वाला जवाब दोहरा देगी। वह बोली—ख़ैर। फिर कुछ झल्लाहट महसूस हुई। अपने आपको समझाया, झल्लाने की क्या बात है, बेचारीको कुछ देकर चलता करना चाहिए। पूछा—क्या चाहिए? वह बोली—कुछ नहीं। मैंने अब नोट किया कि हम साथ-साथ चल रहे थे, कुछ इस तरह से जैसे वह मेरी बेटी हो। मैं फिर मोम हो गया। चट्टान अब ख़ाली थी। अगर इस लड़की ने मेरा पीछा न किया होता तो शायद मैं आज बहुत दूर तक जाता, बहुत देर बाद लौटता। लगा जैसे वह लड़की मुझे लौटाने के लिए ही भेजी गई हो। मन हुआ, कहूं, तुम अब नीचे चली जाओ, मुझे अभी आगे जाना है। मुझे कहीं नहीं जाना था। वैसे भी अब वह कैफ़ियत नहीं रही थी। सोचा, अब फिर किसी और शाम। हम चट्टान के पास पहुंच चुके थे। मैं रुक गया। वह भी रुक गई। मैंने पूछा—चट्टान पर बैठी क्या कर रही थीं? वह बोली—आपका इंतज़ार। पूछा—क्यों? बोली—आपसे कुछ बातें करना चाहती हूं। कहा—तो करो। बोली—चट्टान पर बैठकर करूंगी।

चट्टान पर बैठते ही दूर नीचे झिलमिलाती झुग्गियों में कूद जाने का ख़याल फिर आया। लगा जैसे उस लड़की ने मेरा ख़याल चुरा लिया हो। वह मेरे पास ही सामने बैठी अपनी बड़ी-बड़ी आभावान आंखों से मुझे पढ़ रही थी। कहीं पागल न हो। भूख कुमारी! यह नाम इसी ने दिया होगा अपने आपको। नाम पर नमकीन-सी हंसी आ गई। इसकी आवाज़ फिल्मी राजकुमारियों जैसी है। ज़रूर टी० वी० पर फ़िल्में देखती होगी। हर झुग्गी में एक रंगीन टी० वी० सेट रहता है। और एक फ्रिज़। शायद वी० सी० आर० भी। मैंने अपने मन को रोका। गाना गाकर भीख मांगती होगी। नहीं, भीख नहीं मांगती होगी। उसके दोनों घुटने छिले हुए थे। गरदन इतनी पतली थी कि छोटे-से हाथ में भी आ जाए। उसकी आंखों की आभा शायद भूख में से ही फूट रही थी। मन हुआ उसके सर पर हाथ फेर दूं। उसका रिबन ठीक तरह से बांध दूं। पूछूं, कितने दिनों से भूखी हो। वह एकटक मुझे देख रही थी। पूछा—टी० वी० देखती हो? बोली—कभी-कभी। पूछा—घर में है? बोली—नहीं। अपने सवाल सरासर ग़लत जान पड़े। उन सवालों जैसे जो कुछ लेखक अपने उन पात्रों से पुछवाते हैं जो वेश्याओं के पास सिर्फ़ बातें करने के लिए जाते हैं। फ़ैसला कर लिया, अब कुछ नहीं पूछूंगा। पता नहीं, यह मुझसे क्या कहना चाहती है। मेरे बारे में सब जानती है। यह भी जानती होगी

कि मैं आजकल किन-किन उलझनों में से गुज़र रहा हूं। अपनी उलझनों से आंखें अट गईं। इस बेचारी को कुछ पता नहीं। भूख कुमारी! कहीं कोई परी न हो। बचपन में कभी कोई परी नहीं दिखी, बुढ़ापे में ख़ाक दिखेगी।

शाम के बाल कब के खुल चुके थे। आकाश में असंख्य छेद छटपटा रहे थे। पीली सुर्ख़ी ग़ायब हो चुकी थी। अंधेरा सनसना रहा था। मैं यूँ बैठा था जैसे कोई बूढ़ा राह भूला राजा, जिसे कोई लकड़ी चुनने वाली लड़की परियों की कहानियां सुना रही हो। भूख कुमारी की आंखें चमक रही थीं। उसके नंगे पैर दो सोए हुए परिंदों से नज़र आ रहे थे—उसकी पतली टांगों से अलग, कटे हुए से। मैंने कहा—भूख कुमारी जी, कुछ कहिए। वह बोली—अंधेरा कुछ और गहरा हो ले। आपको जल्दी क्या है, आजकल तो आप अकेले हैं। मैं सतर्क हो गया। यह तो जासूसी करती होगी। कहा—अकेला तो हूं लेकिन घर तो जाना ही है। अपना वाक्य वापिस ले लेने की ख़्वाहिश हुई। अपने घर घुसरे होने पर शर्म आई। वह बोली—अभी तो आपके अमल का वक़्त भी नहीं हुआ। इसे सच सब मालूम है। मेरे घर में काम करने वालों को जानती होगी। वह भी शायद इसी की झुग्गी कालोनी में रहती होगी। अचानक मन उसके साथ उसकी कालोनी में जाने के लिए मचल उठा। लेकिन कहूंगा नहीं। बिदक जाएगी। वैसे भी क्या करूंगा जा कर? कल्पना कर सकता हूं। अपने घर के आसपास गंदगी की कोई कमी नहीं। अपना देश इस लिहाज़ से भी महान है। इलाक़ा अमीरों का हो या ग़रीबों का, गंदगी करीब-करीब एक जैसी। कहा—हां, अमल का वक़्त तो अभी नहीं हुआ; वैसे कभी-कभी नागा भी तो कर लेता हूं। वह बोली—सच? मैंने कह दिया—बाई गॉड! हम दोनों की हंसी एक साथ निकल गई। कुछ देर बाद उसने कहा—आपकी हंसी अच्छी है। मैं उसके मुंह से इस प्रशंसा के लिए तैयार नहीं था। अचकचा गया। कुछ फ़ैसला नहीं कर पाया कि उसके मन में क्या है। मुझे कुछ कहना चाहिए था, लेकिन मैं चुप रहा। फिर उसने कहा—आप हर शाम यहां कुछ देर के लिए बैठकर दूर नीचे झिलमिलाती झुग्गियों को देखते हैं। अब यह बताएगी कि मैं हर शाम यहां से उन झुग्गियों में कूद जाने की बात सोचता हूं। मैंने पूछा—तुम्हारी झुग्गी से यह चट्टान नज़र आती है? उसने फ़ौरन जवाब नहीं दिया। फिर शरारती आवाज़ में बोली, मेरी झुग्गी से सारा जहान नज़र आता है। मैं यह सुनकर न जाने क्यों दहल-सा गया। मैं उसकी उड़ान के लिए तैयार नहीं था। उसने पूछा—आज आप आगे क्यों निकल गए थे? मैंने कहा—मेरी जगह ख़ाली नहीं थी। वह बोली—आपने मुझे देखा था। मैंने कहा—तुम्हें तो नहीं देखा था लेकिन यह देख लिया था कि मेरी जगह ख़ाली नहीं। वह बोली—वैसे आपकी जगह खाली ही थी; मैं तो यहीं बैठी थी जहां अब बैठी हूं। मैंने कहा—मैं सारी

चट्टान को अपनी जगह समझता हूं। मेरा ख़्याल था वह हंस देगी या कुछ ऐसा कर देगी जिस पर मुझे हंसी आ जाएगी, लेकिन वह किसी और ही ख़याल में खो गई दिखाई दी।

किसी अजनबी तेज़ बच्ची के साथ उस तरह की कैफ़ियत में किसी चट्टान पर बैठकर उस तरह की बातें करने का यह पहला अवसर था। यह मुझसे न जाने क्या बातें करना चाहती है? संकोच क्यों कर रही है? मुझे इसकी मदद करनी चाहिए। कोई ऐसी बात करनी चाहिए जिससे इसे अपनी बात कहने में आसानी हो। शायद इसके घर में कोई बीमारी हो। या कोई और विपदा। मुझे अपने इस अन्दाज़े से सहसा कमीनगी की गंध आई, जिसे दबाने के लिए ही मैंने पूछा—स्कूल जाती हो? वह बोली—जाती थी, अब नहीं। पूछा—छोड़ क्यों दिया? वह बोली—मन नहीं लगता था। पूछा—क्यों? बोली—जो वे पढ़ाते थे, मुझे पहले से ही आता था, मेरा दिमाग़ बहुत तेज़ है। उसका मुंह इतना पक्का था कि मुझे हंसी आ गई। वह मेरी हंसी में शामिल नहीं हुई। बोली—आपको विश्वास नहीं आता। मैं चौंक उठा। इसे मेरा यह दोष भी मालूम है! फिर संभलते हुए पूछा—किस बात पर? मुझे डर था, वह कहेगी, किसी भी बात पर। लेकिन उसने मेरा लिहाज़ कर दिया और कहा—मेरी बात पर। मैंने आराम की सांस ली और प्यार सनी आवाज़ में कहा—विश्वास तो आता है···। उसने टोक कर पूछा—हैरानी होती है? उसकी बातों पर मुझे जो कुछ हो रहा था, उसे 'हैरानी' का नाम देकर चलता कर देना ठीक नहीं लगा, लेकिन मैं उस सब कुछ में उलझना नहीं चाहता था। मैं ख़ामोश रहा। मुझे अब उसकी बातों में वैसा ही आनंद आ रहा था जैसा किसी उपन्यास के किसी उदास और उलझे हुए बूढ़े पात्र को उसी उपन्यास के किसी दूसरे शोख और सुलझे हुए कच्ची उम्र और पक्की प्रज्ञा वाले किसी पात्र से बात करने में। जी चाहा उससे कह दूं कि वह मुझे रोज़ मिला करे, उसी चट्टान के पास, और फिर थोड़ी दूर तक मेरे साथ सैर कर आने के बाद वहीं बैठकर वैसी ही बड़ी-बड़ी बातें किया करे। कहा नहीं। कहना ठीक नहीं लगा। डर हुआ बिदक जाएगी या कुछ ऐसा कह या पूछ बैठेगी कि मैं बिगड़ जाऊंगा। सहज रहने, कम बोलने और ज़्यादा सुनने का फ़ैसला मन ही मन कर लिया। किसी भी ग़लत बात या सवाल या हरकत से समां बदल जाने का ख़तरा था। लेकिन ज़्यादा सोचने से भी सहजता ख़तरे में पड़ सकती है। मैं संकट में था, वह सहज थी। मस्त बैठी थी। किसी राजकुमारी की तरह। उसके नाम पर फिर ख़ामोश हंसी आई। इसके मां-बाप ने यह नाम इसे नहीं दिया होगा। इसने ख़ुद ही रख लिया होगा। मां-बाप के बारे में पूछने का ख़्याल आया लेकिन पूछना ठीक नहीं लगा। अगर उसने कह दिया, माँ-बाप नहीं हैं तो क्या कहूंगा,

क्या करूंगा ? यह उलझन झूठी महसूस हुई । अपनी सोच की स्याही पर गुस्सा आया । अंधेरा घना हो चुका था । सड़क पर कोई रोशनी नहीं थी । आकाश में एक पीला नाखून सितारों से अलग कटा-टिका था । भूख कुमारी की बड़ी-बड़ी आंखें चमक रही थीं । इतनी बड़ी-बड़ी आंखें भूखी बच्चियों की ही होती हैं। शायद बेचारी ने सुबह से कुछ न खाया हो । उसकी कलाइयां काले कांच की बनी हुई महसूस हुईं लेकिन उसके पैर फिर दो स्वस्थ परिंदे से दिखाई दिए, या शायद दो परों से । मेरी सोच बहक रही थी ।

अचानक उसकी आवाज़ आई—आजकल आप जो कहानी लिखने की कोशिश कर रहे हैं, वह कैसी चल रही है ?

मेरा आश्चर्य अंधेरे में घुल गया । कई अंदाज़े मन में उठ खड़े हुए । उनमें कुछ अंदेशे भी थे । मैंने सबको बिठा दिया और अपनी आवाज़ को स्थिर रखते हुए जवाब दिया—ठीक नहीं चल रही ।

जो बात वह करना चाहती थी, वह शायद शुरू हो चुकी थी ।

वह बोली—मुझे मालूम है । मैंने पूछा—क्या ? वह बोली—आपकी कहानी ठीक नहीं चल रही । पूछा—कैसे मालूम है ? बोली—आपके बंगले के पिछवाड़े जो घूरा है, मैं उसे बीनने जाती हूं, वहां आजकल आपके मुचड़े और फाड़े हुए कागज़ों की ढेरियां लगी रहती हैं । तो यह बेचारी घूरे बीनती है ! मैं अंधेरे में डूब गया । उसने कहा—मुझे तो यह भी पता चलता रहता है कि आप ख़ुद ठीक चल रहे हैं या नहीं । मैंने भरी हुई आवाज़ में पूछा—वह कैसे ? वह बोली—आप की फेंकी हुई ख़ाली बोतलों से । मुझे हंसी आ गई । अंधेरे में डूबे हुए आदमी की हंसी । कुछ क्षण मेरी हंसी अंधेरे में घुलती-भटकती रही, फिर ग़ायब हो गई । हंसी बेआवाज़ थी लेकिन भूख कुमारी ने शायद उसे सुन लिया था । वह भी हंस रही थी । उसकी हंसी और आवाज़ में उजाला था । मैंने पूछा—तो आजकल कैसा चल रहा हूं । वह बोली—आजकल आप चल ही नहीं रहे, इसीलिए तो आप से मिलने आई हूं । मैंने कहा—लेकिन यहां क्यों, घर में क्यों नहीं, मैं तो दिन-भर घर में ही रहता हूं ? वह बोली—मैं जानती हूं, लेकिन घर में मिलती तो आप समझते मैं भीख मांगने आई हूं । आप सीधे मुंह बात तक न करते, ठीक तरह से बिठाते भी नहीं । आपको मुझसे बू आती, मुझ पर शक होता । यहां इस अंधेरे में, इस चट्टान पर, हम आमने-सामने बैठे हैं, जैसे बराबर के दो लोग । बेशक उम्र में आपसे बहुत छोटी हूं, आपकी बेटी या दोहती-पोती जैसी, लेकिन आप मुझ पर रौब नहीं जमा रहे । और फिर वहां आपका वह दुमकटा कुत्ता गोगो हमें बात करने देता ! वह तो दूर से ही मुझे सूंघ कर पागल हो जाता है ! घूरा भी आराम से नहीं बीनने देता । आपके काग़ज़ों को तो रात को ही समेट पाती हूं ।

बा घूरे और बदबू और गोगो की हो रही थीं और मुझे लग रहा था जैसे कोई मुझे परियों की कहानियां सुना रहा हो। जी चाह रहा था आंखें मूंद कर उस चट्टान पर लेट जाऊं और उससे कहूं, घूरों की कहानियां सुनाओ। लेकिन ऐसा करना ठीक नहीं लगा। हैरानी हुई कि मैंने उसे अपने घर के पिछवाड़े वाले घूरे पर कभी देखा क्यों नहीं ! यह सोचकर शर्म महसूस हुई कि देखा तो ज़रूर होगा, पहचाना नहीं। उस घूरे के पास से दिन में कम-अज़-कर दो बार ज़रूर गुज़रता हूं। उसे बीन रही औरतों और लड़कियों को देखता हुआ, उसके पास बैठी दोहरी माई के बारे में सोचता हुआ, गोगो की जंजीर खींचता हुआ, उसे चुप रहने का आदेश देता हुआ, घूरे की ग़लाज़त को अपने अंदर उतारता हुआ, अपनी रुकी हुई कहानी को धकेलता हुआ, अपनी रुकी हुई ज़िंदगी को कोंचता हुआ। गोगो दिन में कई बार पिछले दरवाज़े को खोलकर बाहर भाग जाता है। मैं दिन में कई बार उसके पीछे भागता हूं और सोचता हूं, पीछे वाले सोचते होंगे, बूढ़े में इतनी फुर्ती क्यों ? इसे और कोई काम नहीं। हर बार पीछे वाला घूरा फेंके हुए यथार्थ के ढेर-सा दिखाई देता है। भूख कुमारी ने मुझे कई बार देखा होगा। मैंने भी उसे देखा तो होगा, पहचाना क्यों नहीं ? इतनी बड़ी-बड़ी आंखों और लाल रिबन वाली राजकुमारी-सी लड़की पर मेरी आंखें क्यों नहीं टिकीं ? अपनी दृष्टिहीनता पर ग़ुस्सा आ रहा था, शर्म आ रही थी। जी चाह रहा था, कह दूं, मुझे मुआफ़ कर दो। कहना ठीक नहीं लगा।

फिर उसकी आवाज़ आई—आपसे ऐसी बातें इस अंधेरे में इस चट्टान पर बैठ कर ही हो सकती थीं—आपको दूर नीचे की उन झिलमिलाती झुग्गियों में झांकते देखते हुए, उनमें कूद जाने के खयाल से खेलते-देखते हुए, खुद उसी खयाल से खेलते हुए, मेरे बारे में तरह-तरह के तुक्के…। मेरे मुंह से अनायास जो आवाज निकल गई उसके लिए मेरे पास कोई नाम नहीं, लेकिन उसमें ज़रूर कोई ऐसा शब्द रहा होगा कि भूख कुमारी को हंसी आ गई। हंसी को समेटते हुए उसने कहा—अरे, आप हैरान किस बात पर हो रहे हैं ? इस चट्टान से उन झुग्गियों में कूद जाने का खयाल अगर आपको आ सकता है तो मुझे क्यों नहीं आ सकता ! माना कि आप लेखक हैं, बुज़ुर्ग हैं, अपने आपसे उकताए रहते हैं, लेकिन इसका यह मतलब तो नहीं कि जो ख़याल आपको आते हैं, किसी और को आ ही नहीं सकते। हो सकता है, इस चट्टान में ही कोई ऐसी ख़ूबी हो, मेरे या आपके दिमाग़ में कोई ऐसी ख़राबी नहीं। और उन झुग्गियों में भी। और इस अंधेरे में भी। वह न जाने क्या कह रही थी। मैं अवाक् उसकी तरफ़ देख रहा था। यह छोटी-सी लड़की इतनी बड़ी कैसे हो गई ! यह सब जानती है। इसके छोटे-से मुंह में से ये बड़ी-बड़ी बातें कैसे भोलेपन से निकलती चली आ रही हैं। और यह तो बोल भी मेरे ही अन्दाज़ से रही है। शायद उसकी नक़ल-सी उतारती हुई। इसे ऐसी नज़र कहां

से मिली ? घूरों से ? यह इस भेस में क्यों है ? मेरी कल्पना अनेक काले सवालों से छलनी हो रही थी। भूख कुमारी की आंखें अंधेरे में दो सितारों की तरह टिमटिमा रही थीं। मन हुआ, हाथ बढ़ाकर उन आंखों को छूकर देखूं। अब मुझे यक़ीन हो गया था कि वह मेरी किसी भी बात या हरकत पर बिदकेगी नहीं। यह लड़की असाधारण है। असाधारण का कोई वर्ग नहीं होता, उम्र नहीं होती, देश नहीं होता, वेश नहीं होता। अब मैं यह मान लेने के लिए भी तैयार था कि वह लड़की नहीं, लड़की के रूप में कोई परी है। इस विचार की पैरवी करते हुए मैंने उससे पूछा—तुम सचमुच घूरे बीनती हो ? वह बोली—और नहीं तो क्या ?। ग़रीब हूं, अनपढ़ हूं, घूरा नहीं बीनूंगी तो और करूंगी भी क्या ? हमारा सार ख़ानदान यही काम करता है। मेरा नाम घूराबाई भी हो सकता था। झुग्गी वाले मेरी मां को इसी नाम से याद करते हैं। उसे बहुत बुरा लगता था, मुझे नहीं। काम गन्दा तो है, मुश्किल नहीं। वैसे भी मैं इस काम में माहिर हूं। शायद इस शहर की सबसे बढ़िया घूराबाई। एक नज़र में मुझे पता चल जाता है, क्या उठाना है, क्या नहीं। दूसरों की तरह मुझे गंदगी में हाथ-पांव नहीं मारने पड़ते। और कभी-कभी तो बड़े मज़े की चीज़ें मिल जाती हैं। हमारी झुग्गी एक छोटा-सा अजायबघर है। मुझे कभी खिलौनों की कमी नहीं रही। न ही खाने की। न ही पहनने की। यह रिबन और यह फ़राक मैंने आपके पिछवाड़े वाले घूरे से ही उठाया था। मेरे नंगे पैरों को मत देखिए। नंगे पांव घूमना तो मुझे अच्छा लगता है। जूतों के कई छोटे-बड़े जोड़े मेरे पास हैं, लेकिन जब तक तलुओं में कांटा-कंकर न चुभे, मुझे मजा नहीं आता। आजकल लोगों के पास हराम की कमाई इतनी हो गई है कि जी खोलकर सब अल्लम-गल्लम बाहर फेंकते रहते हैं। मां कहा करती थी, भला हो नगर निगम वालों का कि वे कूड़ा नहीं उठवाते। ज़रूरत का सारा सामान मिल जाता है। देर-सबेर। बस धीरज चाहिए। माँ ने तो मेरे दहेज़ के लिए भी कई चीज़ें घूरों से ही उठा कर संभाल रखी हैं। कहा करती थी, बिटिया तू देखती जा, ऐसा बढ़िया दहेज़ दूंगी कि बंगलों वाले भी देखें तो हैरान हों। मेरा मतलब है कि इस धंधे की दुनिया ही अपनी है। आपने देखी नहीं, इसीलिए आपको दया आ रही होगी। वैसे बीनने वालों की अपनी हालत तो ख़राब ही रहती है, लेकिन कमाने वाले तो उन्हीं की मेहनत से लाखों कमा रहे हैं। कमाई को गोली मारिए, मुझे तो यह काम एक कला-सा जान पड़ता है। आप लिखते हैं, मैं घूरे बीनती हूं। घूरे के नाम से ही मेरे मुंह में तो पानी आ जाता है। आपको तो ख़ैर क़ै आ रही होगी।

मैं उसके मुंह पर हाथ रख देना चाहता था। रखा नहीं। सोचा, ठीक नहीं लगेगा। मुझे क़ै नहीं, रोना आ रहा था। अंधेरा न होता तो बहुत मुश्किल होती।

इतनी प्यारी लड़की को जूठन खानी पड़ती है। कितनी ही प्यारी लड़कियों को जूठन खानी पड़ती होगी। मुझे रोना भी आ रहा था, शर्म भी, ग़ुस्सा भी। अपना लिखना-सोचना-जीना सब एक से अश्लील कर्म नज़र आ रहे थे। लेकिन एक क्षण के लिए भी मैं यह नहीं भूल पा रहा था कि मैंने उस प्यारी परी-सी लड़की के लिए कुछ कर सकूंगा, न अपने अश्लील कर्म से मुक्त होने के लिए। अधीरता का आघात हो रहा था। जी चाह रहा था कि एक झटके से उठ कर अपने घर की ओर भाग जाऊं कि सुरक्षा पलायन में ही है। भूख कुमारी ने मेरी विडंबना और दुर्बलता भांप ली होगी। बड़े भोले अंदाज़ में बोली—आपने पूछा, मैंने बता दिया, लेकिन लगता है, कुछ ज़्यादा ही बता दिया, वैसे आपका दिल तो कड़ा होना चाहिए, आप में तो सब कुछ देख-सुन सकने की हिम्मत होनी चाहिए, आप तो लेखक हैं। और यूं भी आप अपने पिछवाड़े वाले घूरे को तो दिन में कई बार देखते ही हैं। मुझे भी आपने देखा तो होगा। मैंने आपको उस दुमकटे कुत्ते के साथ कई बार देखा है और उस दोहरी माई के पास खड़े हो उसे जूठन खाते देखते भी। खैर, आपका घूरा है बहुत मज़ेदार ! बढ़िया चीज़ें मिलती हैं। बढ़िया काग़ज़। उन मुचड़े-फाड़े काग़ज़ों को मैं बेचती नहीं, घर ले जाकर उन्हें जोड़-जोड़कर पढ़ती हूं। कुछ टुकड़े तो इतने छोटे होते हैं कि लाख कोशिशें करने पर भी उन्हें जोड़ नहीं पाती और कुछ इतने ख़ाली कि उन्हें जोड़ना ही नहीं पड़ता। लेकिन कई इस तरह के भी होते हैं, ख़ास तौर पर वे जो सिर्फ़ मुचड़े हुए हों, जिन्हें खोलकर पढ़ने में कोई कठिनाई नहीं होती। उनमें से बहुतों में वही बातें बार-बार लिखी दिखाई देती हैं, और उन्हीं से मैंने यह अंदाज़ा लगा लिया है कि न आप ठीक चल रहे हैं, न आपकी वह कहानी जिसका नाम शायद फिलहाल आपने 'भूख' रखा हुआ है।

मैंने अपने आपको अचंभित होने या सोचने या अपने फेंके हुए फाड़े-मुचड़े काग़ज़ों की वैसी कुशल देखभाल पर रीझने का अवकाश अबकी बार नहीं दिया। जो मुंह से निकला, निकलने दिया। जो निकला वह कुछ इस तरह से था : तुम सचमुच घूरे बीनती हो, यक़ीन नहीं आता। तुम घूरों की जूठन खाती हो, यक़ीन नहीं आता। तुम मेरे फेंके हुए मुचड़े-फटे काग़ज़ों को जोड़-जाड़ कर मेरे और मेरे काम के बारे में अंदाज़े लगाती रहती हो, यक़ीन नहीं आता। तुम दूर नीचे उस झुग्गी कालोनी में रहती हो, यक़ीन नहीं आता। तुम्हारा नाम भूख कुमारी है, यक़ीन नहीं आता। तुम मेरे सामने बैठी हुई हो, यक़ीन नहीं आता। यह भाषा, यह अन्दाज़, यह तेज़ी, यह व्यंग्य, यह अदब-आदाब, यह आवाज़, यह हंसी, यह आत्मविश्वास, ये आंखें किसी घूरे बीनने वाली मैली-कुचैली लड़की के पास आईं कहां से? घूरों से? उन झुग्गियों से? उस ख़ानदान से, जो घूरे बीनता है? यक़ीन नहीं आता। सच बताओ, तुम हो कौन?

मैं भी कांप रहा था, मेरी आवाज़ भी। अभी तक मैंने सब कुछ मज़ाक में लिया था। मज़ाक में नहीं, सहज भाव से। सहज भाव से भी नहीं, आश्चर्य-अविश्वास मिश्रित कौतूहल से। लेकिन जूठन खाने और मेरे फेंके हुए फटे-मुचड़े काग़ज़ों को जोड़-जाड़ कर पढ़ने की बात से उसने मेरा संतुलन तोड़ दिया था। अब उसने हाथ बढ़ाकर मेरे दोनों हाथों को पकड़ लिया। उसके छोटे-छोटे खुरदरे हाथों में मेरे कांपते हुए नर्म हाथ घायल पक्षियों की तरह तड़प रहे थे।

उसने कहा—अरे, यह भी कोई बात हुई! आप तो एकदम आपे से बाहर हुए जा रहे हैं। यकीन नहीं आता तो न सही, आप इतना मलाल क्यों करते हैं? आपने तो दुनिया देखी है, लेखक हैं, हर तरह के लोगों का आपको अनुभव होना चाहिए, होगा भी, हक़ीक़त में न सही, कल्पना में तो हर तरह के चमत्कार होते ही होंगे, आपको तो किसी भी बात पर इस तरह से नहीं होना चाहिए। यक़ीन न सही, इतना गुस्सा क्यों? किस पर? मुझ पर? भूख कुमारी पर? तो लीजिए, आप मुझे भूख की मारी ही कह लीजिए! अब मुस्करा भी दीजिए। लम्बी सांस लीजिए। एक बार फिर। एक बार फिर। देखिए, आपका कांपना कम हो गया। कलाकार तो खुद जादूगर होता है। उसे तो किसी भी कमाल पर अविश्वास नहीं होना चाहिए। वैसे मैं जानती हूं, आप आजकल अकेले हैं, दिन-भर मेज़ पर झुके रहते होंगे, कंधे दुखने लगते होंगे, खाते कम होंगे, पीते ज़्यादा, इसीलिए शायद आपको इतना तैश आ गया और फिर आपकी वह कहानी भी तो नहीं चल रही; लेकिन मैं आपकी मदद कर सकती हूं इसीलिए आज आप से....।

वह बोलती चली गई, मैं अपने बोले पर पछताता चला गया। उसकी बातों में भी जादू था, उसके हाथों के दबाव में भी। वह उस जादू से मेरे अविश्वास को तोड़ने की कोशिश कर रही थी। मुझे उसके हाथों और शब्दों से ताक़त मिल रही थी। जी चाह रहा था कि उसके साथ दूर नीचे झिलमिलाती झुग्गियों के जाल से मैं कूद पड़ूं। मैं धीरे-धीरे संभलता तो जा रहा था लेकिन मेरा अविश्वास वहीं पर अड़ा हुआ था। मैंने अपने आपको समझाया, यह लड़की कोई परी हो या प्रेत, मुझे इस पर बरसने का कोई अधिकार नहीं, इसकी बातों पर यक़ीन आए न आए, उनका असर मुझ पर हो रहा है, उस असर को मुझे सोखना चाहिए, उगलना नहीं। यही सब सोचते-सोचते और उसे सुनते-सुनते मैं क़रीब-क़रीब पूरी तरह संभल गया। मैंने कहा—मुझे क़ाबू में रहना चाहिए था। वह बोली—कोई बात नहीं। फिर उसने मेरे हाथ छोड़ दिए। उसके हाथों का ख़ूबसूरत खुदरापन मेरे हाथों में बस गया था। कुछ देर हम खामोश रहे। मैं उसकी बड़ी-बड़ी आंखों में झांकता रहा, वह मेरी छोटी-छोटी आंखों में। फिर उसने पूछ लिया—वैसे आपको यक़ीन क्यों नहीं आता?

मैं इस प्रश्न के लिए तैयार नहीं था। कुछ देर पहले भी उसने यही प्रश्न

पूछा था। उसने उस बार मेरा लिहाज करते हुए इस प्रश्न को सीमित रखा था। अब उसका प्रश्न असीम नज़र आता था। इसका जवाब मेरे सारे जीवन के साथ गुंथा हुआ था। इस गुंथाव को उस समय उसके सामने खोलना मेरे लिए असंभव था। मैं चुप रहा। सोचा, वह फिर लिहाज़ कर देगी और प्रश्न दोहराएगी नहीं। उसने मुझे निराश नहीं किया। खतरा हुआ शायद मैंने उस शाम के जादू को बुझा दिया हो। इस खतरे के ख़्याल को दबाने के लिए ही मैंने उससे पूछा—तुम्हारी उम्र कितनी है? वह बोली—यही तेरह-बारह बरस; और आपकी? मैंने कहा—यही इकसठ-बासठ बरस। वह बोली, चाल से तो आप सोलह बरस के ही लगते हैं। मैं मुस्कराया। उसे मेरी इस कमज़ोर रग का भी पता था। फिर उसने कहा—अच्छा, अब अगर आप वचन दें कि आवेश में नहीं आएंगे तो मैं बात जारी रखूं। मैंने कह दिया—वचन देता हूं। वह बोली—आपको उस कहानी को लेकर इतनी मुश्किल क्यों हो रही है?

ज़ाहिर है, मैं इस प्रश्न के लिए भी तैयार नहीं था। जी में आया, कह दूं, मुश्किल तो मुझे हर कहानी को लेकर होती है, मुश्किल में ही तो असली मज़ा है, मुश्किल किस ईमानदार कलाकार को नहीं होती, वग़ैरह-वग़ैरह। उसकी जगह पर कोई और होता तो शायद मैंने ऐसी ही किसी तकरीर का सहारा लिया होता। लेकिन सामने भूख कुमारी बैठी हुई थी—घूरे बीनने वाली, मेरे फेंके हुए पुरज़ों को सहेजकर रखने वाली, मेरी उस शाम की साथिन। सो मैंने कहा—ठीक-ठीक नहीं जानता, जानना भी नहीं चाहता, कुछ कहना भी नहीं चाहता। डर है कि कहानी मर जाएगी, और फिर तुम्हें उसे घूरे पर मुचड़े-फटे काग़ज़ों के गंदे गुच्छे नहीं मिलेंगे। वह बोली—तो मत कहिए। मुझे गेंद गुच्छों को खोलने-जोड़ने की लत पड़ गई है। मेरी झुग्गी में उनका एक थब्बा-सा बनता जा रहा है। मां होती तो मुश्किल होती। मैंने पूछा—मां को क्या हुआ? उसने बताया—मर गई। पूछा—कैसे? बोली—हैज़े से। पिता के बारे में पूछने की हिम्मत नहीं हुई। लेकिन उसने मानो मेरे अपूछे सवाल को बूझ लिया हो। बोली—पिता हैं ही नहीं। मतलब, मैं नहीं जानती—कौन थे, कहां हैं। मां ने कभी बता के नहीं दिया। कालोनी वाले मुझे हरामज़ादी कह कर छेड़ा करते थे। मैं उन्हें गालियां देती थी। वे और छेड़ते थे। अब मुझे अक़्ल आ गई है। अब मैं चुप रहने लगी हूं। एक दिन मां सपने में आई थी। उसी ने समझाया था, वर्ना मैं तो पागल हुई जा रही थी। अब लोगों ने छेड़ना क़रीब-क़रीब बंद कर दिया है। कहते हैं अब उन्हें मज़ा नहीं आता। मज़े के लिए लोग क्या-क्या नहीं करते!

उसके आख़िरी वाक्य में जैसे दुनिया-भर का अनुभव भरा हुआ हो। उसने ज़रूर भांप लिया होगा कि मेरी हालत फिर खराब होने वाली है। इसीलिए शायद वह चंचल-सी आवाज़ में बोली—मुझे भी लिखने का शौक़ है। मुझे हैरानी नहीं

हुई। मैं चुप रहा। उसने कहा—आप सोच रहे होंगे, वह किसे नहीं होता ! मैं जो सोच रहा था उसकी ख़ुद मुझे कोई ख़बर नहीं थी। मैंने अपनी सोच के अंधेरे में से निकलने के लिए ही कह दिया—क्या लिखती हो ? वह बोली—अभी तो काग़ज़ और अनुभव ही बटोर रही हूं।

उसके मुंह से निकला 'अनुभव' मेरी सोच के अंधेरे में किसी जादुई जुगनू की तरह झिलमिला उठा। महसूस हुआ, मेरे सामने कोई महान मनमोहिनी प्रतिमा बैठी अपना और मेरा मीठा-सा मज़ाक उड़ा रही हो। मैं फिर कुछ हल्का, कुछ उजला हो गया। सोचा—इसे अपने साथ घर ले जाऊंगा, अपने साथ खाना खिलाऊंगा। पहले हाथ धुलवाऊंगा। नहीं, कहूंगा—जल्दी से नहा लो। अपनी कोई कमीज़-पतलून पहनने को दे दूंगा। इसके अपने कपड़े घूरे पर फिंकवा दूंगा। लाल रिबन रहने दूंगा। मैल के नीचे से इसकी देह फूल की तरह खिल निकलेगी। इसे किसी अच्छे स्कूल में दाखिल करवा दूंगा···।

मेरी सोच बहुत दूर निकल गई थी। मैं उसे रोकने में नाकाम हो रहा था। मुझे उसके रूमानी रंग पर शर्म आ रही थी। खतरा महसूस हो रहा था कि भूख कुमारी किसी भी क्षण पूछ लेगी, यह आप क्या ऊलजुलूल सोच रहे हैं ? लेकिन उसने कुछ और ही कहा। बड़े बुज़ुर्गाना अंदाज़ में बोली—आपको विश्वास तो शायद नहीं आएगा लेकिन मैं आपकी मदद कर सकती हूं।

मैं चौंक उठा। मेरी सोच संभल गई। भूख कुमारी मेरे जवाब की प्रतीक्षा में नज़र जमाकर मुझे देख रही थी।

मैंने कहा—मुझे विश्वास आए न आए, मुझे तुम्हारी मदद मंज़ूर है।

भूख कुमारी चट्टान पर खड़ी हो गई। उसने अपना नीला फ़राक ठीक किया, एक अंगड़ाई ली, और मुस्करा कर कहा—तो फिर आपको मेरे साथ मेरी कालोनी में चलना होगा। वहां कुछ रोज़ मेरे साथ मेरी झुग्गी में रहना होगा। ये कपड़े उतारकर फटे-गंदे कपड़े पहनने होंगे। गली में गंदी नाली के किनारे सोना होगा। अपने बंगले को भूल जाना होगा। उन दिनों में लौटना होगा जब आप जवान हुआ करते थे, जब आप भूख के क़रीब हुआ करते थे, जब आप भूख को खत्म करने के सपने देखा करते थे। जूठन खानी होगी। क़ै पर काबू पाना होगा। अपनी कल्पना की सीमाओं को तोड़ना होगा···।

वह काफी देर बोलती रही और मैं चुपचाप सुनता रहा। मेरा सर झुका हुआ था। उसकी आवाज़ मुझ तक यूं आ रही थी जैसे आकाश से उतर रही हो। मैं यह कहने के लिए तैयार हो रहा था कि मुझे सब शर्तें मंज़ूर हैं, लेकिन यह बात मुंह से निकल नहीं रही थी।

वह अचानक ख़ामोश हो गई। मैंने सर उठाया। वह मुस्करा रही थी। उसने

मेरी दुविधा को देख लिया था। बोली—इसी वक़्त कोई फ़ैसला मत कीजिए। मैं किसी रात आपके सपने में आऊंगी, तब तक के लिए आप मेरी शर्तों को अपने भीतर बसने दीजिए।

यह कहकर उसने चट्टान से छलांग लगाई और ढलान पर लुढ़कती-कूदती हुई-सी दूर नीचे झिलमिलाती झुग्गियों की तरफ़ दौड़ गई। मैं कुछ देर वहीं बैठा रहा, फिर उठकर अपने घर की तरफ़ चल दिया।

इस बात को कई दिन हो गए हैं। मैं हर रात उस सपने का इंतज़ार करता हूं जिसमें भूख कुमारी आएगी और मैं उसे अपना जवाब दूंगा।

उसकी आग़ोश में

अब वह मुझे अक्सर दिखाई दे जाती है, कभी-कभी एक ही दिन में कई-कई बार, किसी भी वक़्त जब आधी रात सुथरा सुनसान अंधेरा उगल रही हो, सुबह साफ अंगड़ाइयां ले रही हो, शाम अपने ख़ूबसूरत ख़ून में नहा रही हो, किसी भी वक़्त।

अब वह मुझे अक्सर दिखाई दे जाती है, कभी-कभी एक ही दिन में कई-कई बार, किसी भी वक़्त, कहीं भी—किसी बार की नीली कोख में, किसी जशन के लाल उजाले में, किसी गोष्ठी की घुटन में, किसी हवामहल में, पुरानी किताबों की किसी दुकान में, पुरानी यादों के किसी क़ब्रिस्तान में, किसी अस्पताल के बदबूदार लिफ़्ट में, किसी दोस्त-दुश्मन की बग़ल में, अपने ही मन के किसी कोने में, किसी गीली गुफ़ा में, किसी पगली पगडंडी पर, कामना के किसी कानन में, भय के किसी कुएं में, किसी अजनबी आंख के नूर में, किसी भी वक़्त, कहीं भी।

अब अगर किसी कारणवश वह दिखायी न दे तो सुनायी दे जाती है, कभी-कभी एक ही दिन में कई-कई बार, किसी भी वक़्त कहीं भी—किसी पक्षी के मौन में, किसी आवाज़ के क्षेत्र में, किसी-किसी आह में, कभी-कभी किसी हंसी में, किसी-किसी सांस में, कभी-कभी हर आहट में, बहते पानी में, किसी बुढ़िया के आशीर्वाद में, किसी बीमार की मुस्कान में, किसी-किसी बादल की गरज में, किसी-किसी गूंज में, किसी भी वक़्त, कहीं भी, अक्सर अनायास।

अब जब वह किसी कारणवश दिखायी न दे, सुनायी न दे, तो यों महसूस होने लगती है मानो मेरी चेतना में रस-बस गयी हो, जैसे वह किसी भी वक़्त, कहीं भी, अनायास देखी जा सकती हो, सुनी जा सकती हो, महसूस की जा सकती हो।

अभी ऐसी अवस्था नहीं आयी कि कह सकूं वह मुझे हर वक़्त, हर कहीं, हर चीज़, हर आवाज़, हर मौन, हर आलम में दिखायी देने लगी है, महसूस होने लगी है, अभी ऐसी अवस्था नहीं आयी, जब आ जाएगी तो कुछ कहने या न कहने की इच्छा नहीं रहेगी, आवश्यकता नहीं रहेगी, कुछ न कह पाने का अरमान नहीं रहेगा, और मैं आंखें बन्द कर उसकी मस्तालू आग़ोश में पड़ रहूंगा, अभी वह अवस्था नहीं आयी, मैं उसीकी प्रतीक्षा कर रहा हूं।

अब कभी-कभी वह बेधड़क मेरे घर में भी घुस आती है, मेरे बिस्तर में भी, मेरे बदन में भी, किसी भी वक़्त, कहीं भी, अचानक, और मैं उसे अपने घर, बिस्तर, बदन से निकाल नहीं सकता, कई यत्न करता हूं, कई याचनाएं, उस पर कोई असर नहीं होता, वह जब जाती है अपनी ही मर्ज़ी से, अपने ही किसी कारण से, मेरी किसी कोशिश से नहीं, और जाते-जाते साफ़ सुना जाती है, फिर आऊंगी, ज़रूर आऊंगी, किसी भी वक़्त फिर आ जाऊंगी, कहीं भी, अनायास, जब तुम्हें मेरे आने का कोई खटका नहीं होगा, जब तुम अपनी मामूलियत में मस्त मौज उड़ा रहे होंगे, कि तुम मुझसे बेख़बर तो हो सकते हो, मुक्त नहीं, जब तक तुम हो, जब तक मैं हूं, जब तक यह सब है, मैं फिर आऊंगी।

शुरू के दौर में उससे दहशत ही हुआ करती थी, उसे देखने से, सुनने से, महसूस करने से, उसके ख़याल से भी, उसे भोगने की उत्कट लालसा के बावजूद, उसकी आग़ोश में जा गिर गहरी नींद सो जाने के साथ, उस पर विजय पा लेने की ख़्वाहिश के बावजूद, शुरू के दौर में अपने ख़ौफ़ को अपनी ख़्वाहिश से अलग करना असम्भव लगता था, और मैं अक्सर अंधेरे में पड़ा-पड़ा अंधेरे से दुआएं मांगता रहता था कि वह मुझे मेरे हाल पर छोड़ दे, मुझसे दूर रहे, दूसरों के पास जाती रहे, मेरे पास कभी न आए सपनों में भी नहीं, सपनों में तो हरगिज़ नहीं, क्योंकि वहां उसके तेज का सामना करना और कठिन हो जाता था, उसके मौन को संभालना असम्भव हो जाता था, उसकी एक ही झलक से स्वप्न का समां यों बदल जाता था कि दूसरे दिन महसूस होता था मानो रात किसी नागिन के संग गुज़री हो, शुरू के दौर में अगर वह पास से भी गुज़र जाती तो मेरा ख़ून सफ़ेद हो जाता था, महसूस होता था मौत पास से गुज़र गयी हो, उस दौर में उससे बचने के लिए, बचे रहने के लिए, मैं अपने रास्ते और रहन-सहन बदलता रहता था, दुनिया के धंधों में उलझा रहता था, उस दौर में अपनों-परायों को हिदायत कर रखी थी कि उसका नाम तक मेरे सामने न लें, उसकी मनमानियों की तरफ़ कोई संकेत न करें। उसके रूप को कोई रेखा न दें, मेरी मौजूदगी में उसके बारे में सोचें तक नहीं, शुरू के दौर में मुझे जितनी दहशत उससे हुआ करती थी, किसी और से नहीं।

उस दौर में मैंने यह ख़ुशबहमी पाल रखी थी कि मैं उससे बेख़बर रहूंगा तो वह भी मुझसे बेख़बर हो जाएगी, मुझे भूल जाएगी, कि मैं उससे दूर रहूंगा, तो वह भी धीरे-धीरे मुझ से दूर होती चली जाएगी, कि मैं उसके सम्मोहन को स्वीकार नहीं करूंगा, कि मैं उसके जाल में कभी नहीं फंसूंगा, उस दौर में मैं दूर से भी उसे सलाम नहीं करता था, भूल से भी उसकी आंख से आंख नहीं मिलाता था, उस दौर में मैं उसे ज्ञान और ईमान का दुश्मन समझता था, इसीलिए शायद मैंने यह ख़ुशबहमी पाल ली थी कि मैं उससे बेख़बर रह सकूंगा।

अब भी उससे ख़ौफ़ तो कम नहीं खाता लेकिन यह ख़ुशबहमी मर चुकी है

कि मैं उससे बेखबर रह सकता हूं, कि उससे बेख़बरी का ढोंग रचाकर उसके खौफ़ोखयाल को मार सकता हूं, कि मैं जान और ईमान को सलामत रख सकता हूं, कि उन्हें सलामत रखना ज़रूरी है, कि मेरी नींद को कभी कोई आंच नहीं आएगी, कि मेरी दुनिया हमेशा बनी रहेगी, सच तो यह है कि अब किसी भी ख़ुशवहमी का सहारा नहीं रहा, कि अब उससे बेख़बर रहना एक साथ असम्भव और अनावश्यक लगने लगा है, अब वह मेरी हर सांस में फांस की तरह उलझी रहती है, अब उसका खयाल हरदम मेरी खाक में चमकता रहता है, अब उसके खौफ़ से भी खुश्बू आती है, अब उसकी आग़ोश ही एकमात्र असली पनाह नज़र आती है, अब उसीके प्रताप से कभी-कभी अपनी खाक से भी नूर फूटता नज़र आता है, अब भी उससे खौफ़ तो आता है लेकिन अब मैं उसे ख़्वाहिश में बदल लेता हूं, अब मैं उसी खौफ़ के सहारे ज़िन्दा हूं।

अब वह लगातार कुछ दिन नज़र न आए, सुनाई न दे, महसूस न हो तो मैं निराधार हो भरने-बिखरने लगता हूं, फिर हर चीज़ से डरना शुरू कर देता हूं, खाक हो जाता हूं, सिर्फ खाक होकर रह जाता हूं, आवाज़ से ओज उड़ जाता है, कुछ याद नहीं कर पाता, कुछ भूल नहीं सकता, बेनूर हो जाता हूं, शब्द खोखले हो बजते हैं, सोच सच्चाई से खाली हो जाती है, किसी परिन्दे पर आंख नहीं टिकती, कान इकहरे हो जाते हैं, कहीं कोई किरण नहीं दिखती, आकाश अर्थहीन हो जाता है, धरती मिट्टी का एक मोहमल ढेला, हवा भर जाती है, सितारे सिफ़र हो जाते हैं, अब वह लगातार कुछ दिन नज़र न आए, सुनाई न दे, महसूस न हो तो मैं किसी अनाथ अंधे की तरह मुंह बाए इधर-उधर झूलना शुरू कर देता हूं।

तो आज शाम भी मैं इसी तरह इधर-उधर झूल रहा था, मक़बरों वाले बाग़ में, क्योंकि कई दिनों से वह कहीं दिखाई नहीं दी थी, सुनाई नहीं दी थी, महसूस नहीं हुई थी, और मैं सोच रहा था कि हो सका तो रात भी वहीं कहीं किसी मक़बरे में गुज़ार दूंगा, कि शाम को वहां अपने ही जैसे अनाथ अंधों को इधर-उधर झूलते पाकर कुछ कड़वी सान्त्वना मिलेगी, कि शायद रात को वह किसी सपने में ही मेरे साथ आ सोएगी, कई दिनों से वह किसी सपने में भी नहीं आई, सो मैं बेइंत्तहा बेनूरी के आलम में घबराया हुआ सा इधर-उधर झूल-झांक रहा था और उसे याद कर रहा था।

कई बार याद करने पर भी वह दिखाई नहीं देती, बस एक धुन्ध-सी नमूदार होकर सामने अंगड़ाने लगती है, एक मनोहर नीली धुन्ध जिसमें से कभी जैज़ पियानो के नीले बुलबुले उठते सुनायी देते हैं, कभी सरोद की पारदर्शी प्रकार, और मैं कल्पना कर लेता हूं कि वही सुनाई दे रही है, वही दिखाई दे रही है, कि अगर दम न टूटा तो शायद उसका साफ़ दीदार भी हो जाए, तो शायद किसी जादू से मैं उस अंगड़ाती हुई धुन्ध में से उसकी कोई एक मूर्ति उतार लूंगा, लेकिन

कभी-कभी कल्पना भी कोरी हो जाती है और मुझे उसकी धुन्ध पर ही सन्तोष करना पड़ता है।

आज शाम मकबरों वाले बाग में झूलते झांकते मैं उस शाम को भी याद कर रहा था जब एक अजनबी शहर के एक काले नीले बार में मैंने उसे पहली बार देखा था, जब अपने भीतर भटकता हुआ मैं न जाने किन राहतों से होता हुआ उस कोने में जा पहुंचा था जिसमें वह अकेली बैठी हुई थी, धुन्ध में लिपटी हुई, खामोश, ख़ूबसूरत, खौफ़नाक, सबसे अलग, सबसे ऊपर, साक्षात् संगीत, साक्षात् मौत और मेरे रोएं खड़े हो गए थे।

आज शाम मकबरों वाले बाग़ में अनायास वह शाम याद आ गई थी और मैंने उसके बारे में सोचना शुरू कर दिया था, हलांकि मुझे सोचना नहीं आता, किसी भी बात या व्यक्ति या बिपता या वस्तु या पुस्तक या याद या सम्भावना—इस सूची का कोई अन्त नहीं—को लेकर मेरे मन में जो मटियाली मौज-सी उठ खड़ी होती है, उसे सोच की उपाधि सिर्फ़ सहूलियत के लिए ही दे लेता हूं, सोचना मुझे नहीं आता, फिर भी आज मक़बरों वाले बाग़ में मैं उसके पहले दीदार को याद कर रहा था और उसके बारे में सोच रहा था, मेरी आंखें आधी बन्द थीं, उसके बारे में सोचते समय मेरी आंखें पूरी तरह बन्द कभी नहीं होतीं, मैं उन्हें होने ही नहीं देता, डरता हूं बेहोश हो जाऊंगा, अधूरा बेहोश, अधूरी बेहोशी से डरता हूं, मौत को ही अब असली बेहोशी मानता हूं, नक़ली बेहोशी से अब तसल्ली नहीं मिलती, नक़ली बेहोशी से डरता हूं, मौत से नहीं, अब नहीं, जब से उस हरजाई को अपनी नियति या अपना अभिशाप मान लिया है तब से नहीं, तब से मौत को एक अमर माशूक़ा के रूप में देखना शुरू कर दिया है।

सो मैं आंखें आधी बन्द किए उसके बारे में सोच रहा था, क्योंकि कई दिनों से वह कहीं दिखाई नहीं दी थी, सुनाई नहीं दी थी, महसूस नहीं हुई थी, किसी सपने में भी नहीं, अपने मन के किसी कोने में भी नहीं, अपने बिस्तर या बदन में भी नहीं, और मैं निराधार हुआ जा रहा था, मैं आंखें आधी बन्द किए उस शाम को याद कर रहा था, उसके पहले दीदार को याद कर रहा था, नीली धुन्ध में खोया हुआ उसके बारे में सोच रहा था, हालांकि मुझे सोचना नहीं पड़ता, किसी भी याद या यन्त्रणा को लेकर मन में जो मटियाली मौज-सी उठती है, उसे सहूलियत के लिए सोच की उपाधि दे लेता हूं।

सोचते-सोचते जब नींद-सी आने लगी—उस वक़्त मैं एक मकबरे की मुन्डेर से टेक लगाए टेढ़ा खड़ा था—तो मैंने ऊपर छाए आकाश का सहारा लिया, क्योंकि ऐसा करने के लिए अपना सर उठाने और आंखें सुकेड़ने के अलावा कुछ करना भी नहीं पड़ता और अनन्त में उड़ने का सुभ्रम भी हो जाता है, मैली मामूलियत से ऊपर उट जाने का सुभ्रम, मुक्तिका सुभ्रम जो हर मामूली इनसान को अपनी मामू-

लियत के साथ चिपके रहने की शक्ति भी देता है, उसकी शिकायत करने की शक्ति भी, वैसे भी मैंने आकाश को अनेक देशों की धरती पर खड़े होकर निहारा है लेकिन जितना अलग वह अपने देश की धरती से दिखाई देता है उतना कहीं और से नहीं, अपने देश के दुख और दोष उसके आकाश के कारण कुछ कम दुष्कर हो जाते हैं, मेरे लिए, औरों का मुझे मालूम नहीं, हालांकि मैं जानता हूं कि आकाश का कोई देश नहीं, धर्म नहीं, धरती का भले ही हो, कि आकाश कोई ठोर या कोर नहीं, हमारा ही एक दृष्टिकोण है जिसे हमने एक ऊंचा नाम दे रखा है, यह सब जानता हूं फिर भी आकाश में उड़ने से बाज़ नहीं आता, उड़ने की कोशिश से बाज़ नहीं आता।

सो आज शाम मक़बरों वाले बाग़ में उड़ने के लिए मैं अपना सर उठा ही रहा था कि मेरी निगाह उसके झुके हुए सर पर जा पड़ी और मुझे भ्रम हुआ जैसे कहीं ऊपर से मैंने एक झुका हुआ आकाश देख लिया हो—आज से पहले मैंने उसे मक़बरों वाले बाग़ में कभी नहीं देखा था, उसके सर को झुका हुआ कभी नहीं देखा था—लेकिन उसे पहचान लेने में मुझे कोई देर नहीं लगी, क्योंकि उसकी गरदन से उठती हुई लौ किसी और की हो ही नहीं सकती थी, उसके बालों के बादल किसी ओर के हो ही नहीं सकते थे, इसीलिए उसे पहचानते ही मैं सारे का सारा न जाने कितनी देर के लिए सुन्न हो गया, एक आकाश को भूल दूसरे में खो गया।

मक़बरों वाले बाग़ में मैं तभी जाता हूं, जब कहीं और जाने से चैन नहीं मिलता, वैसे चैन तो वहां जाने से भी नहीं मिलता लेकिन मक़बरों के कारण महसूस होता है मिल रहा है, मिल जाएगा, शायद मिल जाएगा, वहीं कहीं पड़ा या खड़ा रहूंगा तो शायद मिल जाएगा, नहीं भी मिलेगा तो मन पर आया संकट टल जाएगा। मक़बरों वाले बाग़ में मैं तभी जाता हूं जब बेज़ारी इन्तहा पर पहुंच जाती है, जब मुझे महसूस होता है कि वह इन्तहा पर पहुंच चुकी है, जब मैं हर तरह से हार जाता हूं, हर तरफ़ से घिर जाता हूं, जब संकट अटल नज़र आता है, जब उसकी आग़ोश में जा गिरने की तमन्ना रहा-सहा ख़ून खींच लेती है, जब वह लगातार कई दिनों तक कहीं नज़र नहीं आती।

सो आज शाम मेरी निगाह उसके झुके हुए सर पर पड़ी तो न जाने कितनी देर बाद जब मैं सिफ़र-स्थिति से उभरा तो सबसे पहले मैंने यह ख़ैर मनाई कि उसने मुझे नहीं देखा, कि छूटते ही मुझे उसकी आंखों की आग का सामना नहीं करना पड़ा, कि मुझे यह सोचने का अवसर मिल गया है कि मुझे क्या करना चाहिए, हालांकि मुझे सोचना नहीं आता, मैं जो करता हूं अपनी किसी सोच के अनुसार नहीं करता, मैं अक्सर वही करता हूं जो सोचता हूं मुझे नहीं करना चाहिए, नहीं करूंगा, तो मैंने ख़ैर मनाई कि वह मेरी तरफ़ पीठ किए मुझसे

बेख़बर बैठी थी, हालांकि उसे मेरी हर हरकत और हालत की ख़बर हरदम रहती है, मेरा कोई गुमान या अन्देशा उससे छिपा हुआ नहीं, मैं उसके सामने पानी की तरह नंगा हूं, सो मुझे शक था कि उसने मुझे जैसे-तैसे देख लिया होगा, कि उसे मालूम था कि मैं उसके बादलों की बहार देख रहा था और सोच रहा था मेरा क्या होगा !

मैं चाहता तो उसे भूलकर ऊपर काले आकाश में उड़ सकता था, और नहीं तो यही देखने के लिए कि उसके आकाश में और ऊपर वाले आकाश में अंतर क्या है, कितना है, लेकिन नहीं, मैं चाहता जो भी उसे भूल कर कहीं और नहीं उड़ सकता था, वैसे मैं यह भी देखना चाहता था कि उसके झुके हुए सर के आकाश में खो जाने से अनन्त में खो जाने का जो अनुभव या भ्रम हुआ था वह लौटता है या नहीं, मुझे मालूम था वह लौटेगा नहीं, मेरा कोई भ्रम या अनुभव लौटता नहीं, मुझे उन लोगों से ईर्ष्या होती है जिनके अनुभव और भ्रम भुरभुरे नहीं होते, जिन्हें अपने भ्रम दूसरों के विश्वासों से भी अधिक ठोस नज़र आते हैं, लेकिन मुझे किन लोगों से ईर्ष्या नहीं होती, मुझे तो गली के तिनकों से भी ईर्ष्या होती है, मुझे अपना कोई गुण या तो दिखाई नहीं देता या उसपर गोवार का गुमान होता है, मैं ऊपर वाले आकाश में उड़ना चाहता तो भी दम साधे वहीं खड़े रहने के सिवा कुछ नहीं कर सकता था, मैं आकाश में भी शायद उसीकी तलाश करता रहता हूं, वैसे भी उसे देखते ही मैं जड़ हो जाता हूं, उड़ना तो एक तरफ रेंगना भी असम्भव हो जाता है, फिर भी अपने मन-मान को मरने न देने के लिए सोचता यही हूं कि उड़ रहा हूं, अन्दर ही अन्दर, चोरी-चोरी ।

यह ग़नीमत समझता हूं कि उसकी पीठ मेरी तरफ़ थी, अगर उसका रुख़ मेरी तरफ़ होता तो मुझे महसूस होता मानो मेरी आंखों में नीली रोशनी झौंकी जा रही हो, और मैं उसके बादलों की बहार अधमुंदी आंखों से न देख पाता, सो मैं ख़ैर मना रहा था और सोच रहा था कि समझदार बूढ़े हर नई तड़प-झड़प से परहेज़ करते हैं, बलाओं से दूर भागते हैं, बालों और बादलों का फ़र्क़ जानते हैं, मक़बरों वाले बाग़ में नहीं भटकते, मैं सोच रहा था मैं समझदार बूढ़ा नहीं, होता तो किसी जवान मजनूं की तरह इस मक़बरे की मुंडेर से टेक लगाए उस हरजाई के बालों को न बुहार रहा होता, मैं सोच रहा था बूढ़े मजनूं बेहूदा होते हैं, बूढ़ों को कोई भूख शोभा नहीं देती, मेरी तरह के आवारागर्द बूढ़े भिखारी या पागल नज़र आते हैं, भिखारी या पागल हो जाते हैं, उन्हें आराम से घर बैठे रहना चाहिए, किसी कोने में किसी चिथड़े की तरह पड़े रहना चाहिए, या बेघर हो जाना चाहिए, किसी गुफ़ा को ही घर बना लेना चाहिए, मैं सोच रहा था कि बूढ़ों को मौत क्यों इतनी मुश्किल से आती है, मुझे कब आएगी, कैसे आएगी, मुश्किल से आएगी, बिस्तर में आएगी या बाग़ में, होश में आएगी या बेहोशी में,

मैं यह सब सोचते-सोचते अपनी मौत से खेल रहा था, और तभी एक कौंध-सी मेरी चेतना पर टूट पड़ी कि मेरी मौत तो मेरे सामने बैठी हुई थी, मेरी तरफ़ पीठ किए, किसी दूसरे को अपनी आग़ोश में लिए, उसपर अपना सर झुकाए, उसके चेहरे को अपने बादलों से सहलाती हुई, उसे लोरियां सी देती हुई।

इस कौंध से मेरी तन्द्रा टूट गई और मैं मुन्डेर से टेक हटाकर पांच सीढ़ियां उतरकर नीचे घास पर जा खड़ा हुआ, उसी घास पर जहां मुझसे तीन क़दम दूर वह किसी दूसरे को अपनी आग़ोश में लिए बैठी थी, आंखें मूंदे, शब्दहीन लोरियों से उसकी नींद को गहरा रही थी, उसे कहीं और ले जा रही थी, उसके सफ़ेद बालों को अपनी अंगुलियों से संवारती हुई, उसके मुचड़े हुए चेहरे को अपने बालों से बुहारती हुई, किसी मां या माशूक़ा की तरह मुझसे बेख़बर।

वह बूढ़ा मुझे बेघर नज़र आया, भिखारी नज़र आया, पागल नज़र आया।

और वह बेवफ़ा उसकी जान लेने में इतनी मग्न थी कि उसने मेरी मौजूदगी को महसूस तक नहीं किया।

मैं तीन क़दम चलकर ऐन उन दोनों के पास उनके सर पर जा खड़ा हुआ। जब भी उसने सर नहीं उठाया।

शायद वह देखना चाहती थी मैं क्या तमाशा करूंगा।

मैंने कोई तमाशा नहीं किया।

शायद मैं देखना चाहता था वह क्या तमाशा करेगी।

उसने कोई तमाशा नहीं किया।

उसका सर उस बूढ़े के सर पर झुका झूल रहा था, उस बूढ़े की आंखें बन्द थीं, उसका मुचड़ा हुआ चेहरा एक नूरानी फूल में बदलता जा रहा था, मुझे महसूस हो रहा था, उसका सर मेरा था, उसके सफ़ेद बाल मेरे थे, नूरानी फूल में बदलता उसका मुचड़ा हुआ चेहरा मेरा था, वह बूढ़ा मैं ही था, मैं वह बूढ़ा भी था, और वह बेवफ़ा मेरे सर पर झुकी अपने बादलों से मेरे मुचड़े हुए चेहरे को बुहारती हुई, उसे एक नूरानी फूल में बदलती हुई, मेरी ही जान ले रही थी।

चोरों का चोर

(1)

आजकल हर शाम जब मैं अपने इस कमरे में अकेला बैठा अपने दिन और दर्द का जायज़ा लेते हुए अपनी नब्ज़ टटोल रहा होता हूं तो एक चोर अचानक अन्दर घुस आता है। मेरे जायज़े और मेरी नब्ज़ में जान नहीं होती। दिन की किसी भी दुर्घटना में से कोई नया अर्थ या अंधेरा फूटता दिखाई नहीं देता, दर्द में से कोई नई किरण या कौंध निकलती महसूस नहीं होती, दिन और दर्द को सहते चले जाने की अपनी ज़िद्द या लाचारी पर हंसी आती है, दिन और दर्द के बहाने अपने समूचे जीवन पर एक बेलिहाज़ नज़र डाल ही रहा होता हूं कि वह चोर अन्दर घुस आता है और मैं यूं सचेत हो जाता हूं जैसे कोई सांप देख लिया हो।

(2)

वैसे कोई आहट नहीं होती, किसी अजनबी सांस की फुंकार सुनाई नहीं देती। अन्दर से बन्द दरवाज़ा सफ़ेद दीवार सा ही बना रहता है, कोई खिड़की तिड़कती सुनाई नहीं देती, छत में कोई छेद नहीं होता, लेकिन मुझे पता चल जाता है कि वह अन्दर आ गया है। वह निराकार है। आदर्श चोर। चोरों का चोर। उसके आने की ख़बर मुझे अपने जिस्म के सजग सन्नाटे से मिल जाती है, मानो मेरे जिस्म ने तो उसे देख लिया हो, मैंने नहीं। अपने जिस्म से जलन होती है। जी चाहता है मैं महज़ अपना जिस्म बन जाऊं। फिर इस ख़्वाहिश पर हंसी आ जाती है : मैं महज़ अपना जिस्म नहीं तो और क्या हूं ?

(3)

वह चोर शायद मुझे यही बताने आता हो कि मैं और क्या हूं। बताने नहीं, मुझे यह सोचने पर मजबूर करने के लिए। चोर किसी को कुछ बताने या सोचने पर मजबूर करने के लिए नहीं आते, वे चोरी करने ही आते हैं।

(4)

हो सकता है, वह मेरी हंसी चुराने आता हो। मेरी हंसी ही मेरी इकलौती उपलब्धि है। यह चली गई तो मैं भी चला जाऊंगा। उसे इतना तो मालूम ही होगा। मामूली चोरों को भी अपने शिकार के बारे में बहुत कुछ मालूम रहता है, वह तो चोरों का चोर है। ज़ानता होगा कि इसी हंसी के सहारे मैं अपने दिन और दर्द को बरदाश्त कर पाता हूं, कि अगर यह न रही तो मैं मर जाऊंगा। कहीं वह चोर के भेस में कोई क़ातिल तो नहीं? किसी शाम उससे कहूंगा: यह जिस्म उठा ले जाओ, हंसी को रहने दो कि वही मेरी आत्मा है। कभी उससे कुछ कहा नहीं लेकिन वह जानता ही होगा कि मैं उससे क्या-क्या कहना चाहता हूं।

(5)

फिर भी किसी शाम उससे कहना चाहता हूं: तुम कैसे चोर हो कि इतने दिनों से हर शाम इस कमरे में आ रहे हो लेकिन अभी तक तुमने एक भी चीज़ नहीं चुराई? तुम कह सकते हो कि इसमें चुराने लायक है ही क्या? अगर यह बात है तो तुम आते क्यों हो? यही देखने कि मैं कहीं से कोई कूड़ा तो नहीं उठा लाया? मैं क़सम खाता हूं कि मैं अब कहीं से कुछ भी लाकर इस कमरे में नहीं रखूंगा। मैं तो इस कमरे को एकदम खाली कर देना चाहता हूं। यह अलग आफ़त है कि जब तक मैं हूं, इस कमरे में हूं, मेरी यह ख़्वाहिश पूरी नहीं होगी, इसीलिए कहता हूं कि मेरी प्रार्थना सुनो और मुझे उठा ले जाओ। तुम कह सकते हो कि मैं तुम्हारे किस काम आऊंगा? मैं तुम्हारे किसी काम नहीं आऊंगा, मैं जानता हूं, मैं आख़िर अपने ही किस काम आया हूं! इस नुकते से आगे मैं नहीं जा पाता।

(6)

किसी शाम उसे शर्म दिलाऊंगा। कहूंगा: देखो, तुम चोर हो, चोरों के चोर हो, चोरी करना तुम्हारा धर्म है, अगर तुम्हें इस कमरे में चोरी करने लायक़ कोई चीज़ नज़र नहीं आती, अगर मैं तुम्हारे किसी काम नहीं आ सकता, तो तुम क्यों हर शाम चले आते हो और मुझे परेशान करके बग़ैर कोई चोरी किए चले जाते हो? कहीं तुम्हें यह डर तो नहीं कि मैं 'चोर, चोर' चिल्लाने लगूंगा? मैं वचन देता हूं कि मैं ऐसी बेवकूफ़ी नहीं करूंगा।

(7)

किसी शाम उसे सुझाऊंगा: सुनो, अगर मैं तुम्हारे किसी काम नहीं आ सकता तो मेरे काम को ही चुरा ले जाओ, या मेरी यादों को, और मेरी याद को, ताकि मैं अपनी कामना और अपने अरमानों से तो मुक्त हो जाऊं, तुम कह

सकते हो कि तुम चोर हो, यार नहीं। मैं यही सुनना चाहता हूं, मैं तुम्हारी आवाज़ सुनना चाहता हूं, न जाने तुम कैसे चोर हो ? न जाने तुम क्या चाहते हो ? न जाने तुम हो भी कि नहीं ? किसी शाम उससे साफ़-साफ़ कह दूंगा : मेरे लिए तुम न होने के बराबर हो।

(8)

कभी-कभी यह शक मुझे दबोच लेता है कि वह मेरे कमरे में चोरी करने के लिए नहीं आता, चोरी का माल छिपाने आता है, जब यह शक हावी हो जाता है तो उसके जाने के बाद मैं आंखें फाड़-फाड़कर इधर-उधर हर कोने-कन्द्रे में झांकता हूं, बार-बार झाड़ू लगाता हूं, धूल को कई बार छानता हूं। कुछ दिखाई नहीं देता, कुछ हाथ नहीं आता, लेकिन यह अन्देशा दूर नहीं होता कि वह कहीं कुछ ऐसा छोड़ गया है जो उसी की ही तरह अदृश्य है, उसी की ही तरह खतरनाक है।

(9)

कभी-कभी यह शक भी मुझे दबोच लेता है कि चोर वह नहीं, मैं हूं, कि वह दरअसल इस कमरे का मालिक है और मुझे यहां से बेदखल करने के लिए ही आता है लेकिन मेरी हालत पर उसे रहम आ जाता है और वह कुछ किए-कहे बग़ैर वापस चला जाता है। जब यह शक हावी हो जाता है तो मेरी हंसी बिगड़ जाती है, जी चाहता है चिल्लाकर पूछूं : इतनी मुद्दत कहां मरे रहे ? अब इस उम्र में मैं इस कमरे को छोड़कर कहां जाऊं ? जहन्नुम में ?

(10)

आजकल हर शाम उसके चले जाने के बाद अपने इसी शक का सहारा लेता हूं कि इस कमरे में मेरे सिवा कोई आता-जाता नहीं, कि वह है ही नहीं, कि मैं ही यहां अकेला बैठा-बैठा उसे घड़ता-धुड़कता रहता हूं। इस सहारे से भी शान्ति नहीं मिलती।

अंधेरेकी आत्मा

मेरे मकान में एक छोटी-सी कोठरी है जिसमें उम्र-भर की संभाली और भूली हुईबेकार चीज़ों केअलावा अंधेरा भरा रहता है—उम्र-भर का संभाला और भूला हुआ बेकार अंधेरा भी, हर रोज़ में से फूटने वाला बेकार अंधेरा भी। उस कोठरी के दरवाज़े की लकड़ी को जगह-जगह से अंधेरे और समय ने खा लिया है। इसीलिए शायद वह हमेशा थोड़ा-सा खुला रहता है, कुछ इस तरह से कि मुझे लगता है जैसे वह कोठरी एक साथ अंधेरे को उगल भी रही हो,निगल भी। कोठरी का बल्ब बरसों से जला पड़ा है। आज से कुछ बरस पहले तक उसे बदलने का खयाल आया करता था, फिर उस खयाल से ख़ौफ़ आने लगा, अब यह बात ठीक ही लगती है कि अंधेरे की कोठरी का बल्ब जला हुआ हो। आज से कुछ बरस पहलेतक मैं कभी-कभी उस कोठरी में घुसकर अंधेरे में ही वहां संभाली और भूली पड़ी चीज़ों को उलटता-पलटता रहता था, इधर-उधर करता रहता था, मोमबत्ती की लड़खड़ाती हुई लौ में उनमें से कुछ चीज़ों को यूं घूरा करता था जैसे वही मेरे जीवन की वीरानी और जड़ता का कारण हो, उन्हें उठाकर बाहर कहीं फेंक आने के फीके इरादे बांधा करता था, और आखिर मोमबत्ती को फूंक मारकर उसकी गंध को सूंघता हुआ कोठरी को अंधेरे और बेकार चीज़ों के हवाले कर बाहर आ जाता था। फिर धीरे-धीरे यह हिमाक़त भी छूट गई। अब उस कोठरी में घुसने के खयाल से ख़ौफ़ आने लगा है। कभी-कभी बाहर से ही कोई नई बेकार चीज़ उस कोठरी में यूं फेंक देता हूं जैसे कोई अंदर पड़े अंधेरे को पत्थर मार रहा हो। आज से कुछ बरस पहले तक कभी-कभी मुंह अंधेरे उस कोठरी में नंगा जा बैठता था—आंखें मूंदकर, आसन जमाकर, ध्यान मुद्रा में, जैसे कोई अंधेरे में अंधेरे की पूजा कर रहा हो। महसूस होता था जैसे अंधेरे की आत्मा से तादात्म्य स्थापित हो रहा हो। लेकिन साथ ही यह भी महसूस होता था कि ऐसा कुछ भी नहीं हो रहा, कि उस अंधेरे के कारण अस्थायी-सी सुरक्षा का अनुभव हो रहा था। फिर धीरे-धीरे वह आसन भी छूट गया। अब कभी-कभी सुबह की सैर को निकलने से पहले कोठरी के कुछ खुले दरवाज़े पर यूं ठिठक जाता हूं जैसे

कोई किसी दोराहे पर। उस क्षणिक ठिठकन के दौरान कई काली उमंगें मन में उछलती हैं। उनके साथ खेलता-सा हुआ सैर को निकल जाता हूं।

आज सुबह भी यही करना चाहिए था, लेकिन आज न जाने किस मैली मौज में था कि सैर के बजाय मैंने उस कोठरी में भरे पड़े अंधेरे को चुन लिया। बरसों पहले की तरह कोठरी में पड़ी बेकार चीज़ों को उलटने-पलटने या अंधेरे में आसन जमाकर बैठ जाने के बजाय अपनी छड़ी से उन चीज़ों को और अंधेरे को एक साथ यूं कौंचना शुरू कर दिया जैसे कोई किसी लाश या बला या सांप को तैश दिला रहा हो। कुछ देर तक कुछ नहीं हुआ तो मेरा हौसला बढ़ गया। मैंने उस छोटी-सी घड़ी से उम्र-भर की संभाली और भूली हुई बेकार चीज़ों और उम्र-भर के सँभाले और भूले हुए बेकार अंधेरे को पीटना शुरू कर दिया—पैंतरे बदल-बदल कर, नाच-नाचकर, किसी कुशल तलवारबाज़ की भोंडी नकल-सी उतारते हुए। कुछ देर और कुछ नहीं हुआ, लेकिन फिर अचानक किसी ने वह छड़ी मेरे हाथ से छीन ली और उसी से मुझे इतना पीटा, इतना पीटा कि मेरी जगह कोई और होता तो वहीं ढेर हो गया होता। मैं बेहोश भी नहीं हुआ। अब एक अस्पताल में पड़ा उन चोटों को भोग रहा हूं—बार-बार, आनंदविभोर।

पुतला

आख़िर एक रोज़ एक रूखे ज़हरीले झगड़े के बाद मैंने उसे एक ठंडी रूठी हुई आवाज़ में कह दिया, "देखो, बात अब हद से गुज़रती जा रही है, तुम्हें मेरी कोई हरकत पसंद नहीं आती, हर बात बुरी लगती है, तुम हर वक़्त या तो उबलती बरसती रहती हो या बर्फ़ बन पड़ी रहती हो, सुबह-शाम गढ़े मुर्दे उखाड़-उखाड़-कर उनकी बदबू से बदहवास होती रहती हो, ऐसी-ऐसी चोटें करती हो कि पत्थर भी चकनाचूर हो जाए, ऐसी-ऐसी गालियां देती हो कि देवता भी दरिंदा बन जाए, तुम्हारी निगाहों में ही नहीं, तुम्हारे शब्दों में भी मैं निकम्मा, झूठा, आवारा, निखट्टू, शराबी, कवाबी, पागल, चापलूस, झगड़ालू, चालाक, नाकाम, कमीना, नपुंसक, मतलबी, कामी, भूंडा, बदसूरत और न जाने क्या-क्या हूं, सुबह-शाम तुम मुझसे तंग आई रहती हो, दांत पीस-पीसकर हैरान होती रहती हो कि तुमने इतनी उम्र मेरे साथ क्यों बरबाद कर दी, मेरा साथ छोड़ देने की धमकी देती रहती थी—देखो, अब बात बहुत बिगड़ गई है, इसीलिए एक सुझाव दे रहा हूं, अगर तुम्हें मंजूर हो तो शायद अब भी हम तबाह होने से बच जाएं, अब भी सब कुछ सुधर जाए, अब भी हमारा साथ ख़त्म न हो—देखो, कुछ दिन के लिए ही सही, इस सुझाव को स्वीकार कर लो, इसे आज़माकर देख लो, क्योंकि मैंने सुना है कि आजकल बाहर की दुनिया में इसकी बड़ी धूम है—हां, हां, सुविधा के लिए मैं इसे अपना सुझाव कह रहा हूं, है असल में यह एक पुराना उपाय जो सदियों तक बना रहने के बाद अब फिर चल निकला है—सुन तो लो, एक बार हां तो सुझाव या उपाय यह है कि मेरा एक पुतला बनवा लो, कहोगी तो मैं खुद ही बनवा लाऊंगा, और उसे घर में किसी ऐसी जगह रख दो जहां आते-जाते तुम उसकी मरम्मत कर सको—घूंसों और लातों से या किसी चाबुक से—उस पर थूक सको, उसे ताने और गालियां दे सको, इससे तुम्हें शांति मिलेगी, तुम्हारा उबाल ठंडा होता रहेगा, और मेरी तरफ़ से तुम पर कोई जवाबी हमला भी नहीं होगा, मैंने सुना है कि यह तरीक़ा बहुत कारगर है, कि इसकी बदौलत लाखों जोड़ एक-दूसरे से अलग होने से बच गए, इसे आज़माकर तो देख ही लो।

मैंने तो यह सुझाव व्यंग्य में ही दिया था। सोचा था सुनकर वह और भड़क उठेगी या बिलकुल ठंडी हो जाएगी, लेकिन वह दूसरे ही दिन कहीं से मेरा एक बदसूरत लेकिन मज़बूत पुतला बनवा लायी, और फिर उसने मेरे सुझाव पर अमल करना शुरू कर दिया। अब वह पुतला कारिडोर में गाड़ भी दिया गया है। आते-जाते वह उसे लातें और घूंसे मारती रहती है—चाबुक की नौबत अभी नहीं आई, उस पर थूकती रहती है, गालियां और ताने बरसाती रहती है। शुरू-शुरू में यह सब मेरी गैरहाज़िरी में ही होता था, अब मेरे सामने भी होने लगा है। वह तो अब खूब खुश रहती है, मेरे साथ मीठा बोलती है, गर्म रहती है, लेकिन मेरी तो जैसे हवा ही निकल गई हो। मुझे अपने आपसे नफ़रत-सी होने लगी है। अपना जिस्म अपना नहीं लगता, उस पुतले का-सा लगता है—जगह-जगह से कटा-फटा, थूक से लथपथ, गालियों से छलनी।

सैर के साथी

(सात खण्डों की एक कहानी)

शाम

बार की मालकिन और लड़कियां जापानी थीं लेकिन ग्राहक सब विदेशी नज़र आते थे। सब अलग-अलग अकेले बैठे यूं पी रहे थे जैसे कोई ऐसी दवा जिससे उनका दर्द बढ़ता जा रहा हो। सबके सब झुके हुए थे, आंखें बुझी हुई थीं। मैं एक ऐसे कोने में बैठा था जहां से सिर उठाने पर मुझे सब कुछ दिखाई दे जाता था। मैं बीच-बीच में सिर उठाकर सब कुछ देख लेता था। मेरी आंखें भी बुझी हुई थीं, मैं भी पी रहा था लेकिन मेरे दर्द पर मेरी दवा का कोई असर नहीं हो रहा था। मैं उस शहर में दो दिन के लिए रुक गया था और वह वहां मेरी पहली शाम थी। मुझे रह-रहकर महसूस हो रहा था कि मैं उस बार में, उसी माहौल में, पहले भी एक बार एक शाम गुज़ार चुका था। इस एहसास को आधार देने के लिए ही मैं बार-बार सिर उठाकर बुझी हुई आंखों से इधर-उधर देख लेता था—बार की मालकिन को, काम करती लड़कियों को, अलग-अलग बैठे अजनबियों को, बार की सजावट को, बोतलों को। मेरा दर्द किसी नीले पत्थर की तरह भीतर पड़ा हुआ था और मैं उसकी धड़कन की प्रतीक्षा में पी रहा था। मुझे उस शहर में कोई काम नहीं था, मेरा वहां कोई वाक़िफ़ नहीं था, इसीलिए मैं वहां दो दिन के लिए रुक गया था। मैं हल्का-सा हैरान हो रहा था कि मैं कैसे उस बार में पहुंच गया था जहां मालकिन और काम करने वाली लड़कियों के अलावा सब लोग विदेशी थे और अलग-अलग अकेले बैठे यूं पी रहे थे जैसे कोई ऐसी दवा जिससे उनका दर्द बढ़ता जा रहा हो। मैं सोच रहा था कि मेरा दर्द क्यों किसी नीले पत्थर की तरह भीतर पड़ा हुआ है, उस पर दवा का असर क्यों नहीं हो रहा है, उसकी धड़कन कब शुरू होगी। मैं कुछ और भी सोचता लेकिन तभी एक औरत अपनी मेज़ से उठकर अपना गिलास उठाए मेरी मेज़ पर आ बैठी, बैठने से पहले उसने मुझसे इजाज़त नहीं मांगी, बैठते ही उसने मेरी आंखों से अपनी आंखें मिलायीं और मुझे

अपना गिलास उठाने का इशारा किया। मैंने अपना गिलास उठा लिया। एक-एक घूंट साथ-साथ पी लेने के बाद हमने गिलास मेज़ पर रख दिए। मेरे दर्द ने धड़कना शुरू कर दिया। मेरी आंखों में कुछ रोशनी हुई। औरत आम सूरत की थी लेकिन उसकी आंखें आम नहीं थीं। उनमें से जैसे उसकी आत्मा झांक रही हो। मुझे लगा कि उन आंखों को चूम लेने से मुझ जैसे किसी भी बेचैन को कुछ देर के लिए क़रार आ सकता है। उसकी आंखों का ही असर रहा होगा कि मैंने अनायास अपनी भाषा में बोलना शुरू कर दिया : "मुझे एक ही बीमारी है; हर शाम कुछ पी लेने के बाद अपनी नाकामी का नमक चाटना शुरू कर देता हूं, कुछ इस अंदाज़ से जैसे कोई जानवर अपना ज़ख़्म चाट रहा हो; मुझे नाकाम लोग अच्छे लगते हैं, अपने लगते हैं; उनसे एक खास खुशबू आती है; मुझे कामयाब लोगों की चिकनाहट अच्छी नहीं लगती; उससे एक तीखी बू आती है; मेरा विश्वास है कि हर कामयाबी की क़ीमत होती है, हर कामयाब व्यक्ति कमोबेश बेईमान होता है; हर कामयाब व्यक्ति कई दूसरों की नाकामी का कारण होता है, कई दूसरों की नाकामी के कारण ही ऊपर चढ़ता है, आगे बढ़ता है; मुझे इस विश्वास से कोई शांति नहीं मिलती; मुझे इस विश्वास की सच्चाई पर शक होता है; मुझे विश्वास है कि मैं नाकाम हूं, दूसरों की नज़र में भी, अपनी नज़र में भी; हर शाम कुछ पी लेने के बाद अपनी नाकामी का नमक चाटना मुझे अच्छा तो नहीं लगता, लेकिन मैं इस लत को छोड़ नहीं सकता, छोड़ना नहीं चाहता, डरता हूं कि यह भी छूट गई तो शाम पर अबूर कैसे पाऊंगा; दिन तो किसी-न-किसी तरह कट ही जाता है पर शाम तो कुछ पीकर और नाकामी का नमक चाटकर ही कटती है; मैं ऐसा नाकाम हूं जिसे अपने बारे में कोई भी भ्रम नहीं, जो अपने आपको कोई भी छूट नहीं देता, जो किसी को कोई छूट नहीं देता, जिसे किसी कामयाबी से तसल्ली नहीं मिलती, मेरा दर्द किसी नीले पत्थर की तरह मेरे भीतर पड़ा रहता है; मैं उसकी धड़कन की प्रतीक्षा में हर शाम कुछ-न-कुछ पीता रहता हूं; जब वह धड़कना शुरू कर देता है तो मैं बोलना शुरू कर देता हूं; बोलते वक़्त पीता नहीं; जब बोल चुकता हूं तो फिर पीना शुरू कर देता हूं; लेकिन एक हद के बाद न पी सकता हूं, न नाकामी का नमक चाट सकता हूं, न बोल सकता हूं; आम तौर पर एक हद के बाद नींद या बेहोशी आ जाती है; सोचता हूं किसी दिन मौत भी आ जाएगी; इस ख़याल से भी तसल्ली नहीं मिलती···"

उस औरत के हाथ ने बढ़कर मेरे हाथ को पकड़ लिया, उसके दबाव में यह संकेत भी था कि मुझे अब खामोश हो जाना चाहिए और यह आश्वासन भी कि उसने मेरी बात समझ ली है। मैंने अपने हाथ के जवाबी द्बाव से उसे धन्यवाद भी दिया और यह संकेत भी कि अगर उसे कोई आपत्ति न हो तो हमारे हाथ कुछ देर और एक-दूसरे को दबा सकते हैं। मेरे दर्द की धड़कन ठीक चल रही थी। वह

औरत मेरी ही उम्र की थी। उम्र का एहसास मुझे हर स्थिति में रहता है। शाम को यह एहसास और साफ़ और तेज़ हो जाता है। इस एहसास से मुझे हरारत मिलती है, शाम की ठंडक कुछ कम हो जाती है। मैं सोच रहा था, आज की शाम आम शामों से थोड़ा-सा ऊपर उठ गई है। अगर यह अजनबी औरत मेरे पास न आ बैठती तो भी मैं बोलता तो शायद वही जो मैंने बोला लेकिन तब मुंह ही मुंह में बोलता, इस औरत ने मेरी आवाज़ को खोल दिया, इसकी भाषा न जाने क्या है, देश न जाने कौन-सा है। उसी क्षण पहली बार मुझे यह यक़ीन-सा हो गया कि उस बार में अलग-अलग बैठे सभी लोग अलग-अलग देशों के थे, अलग-अलग भाषाएं बोलने वाले थे। इस यक़ीन का कोई आधार नहीं था। मैंने सिर उठाकर इधर-उधर देखा। कुछ लोग अपनी-अपनी जगह से उठकर किसी दूसरे की मेज़ पर जा बैठे थे। जो अभी तक अकेले बैठे थे। वे मुझे अपने से ऊंचे जान पड़े। मैं कुछ और सोचता लेकिन तभी उस औरत ने मेरा हाथ छोड़कर अपनी भाषा में बोलना शुरू कर दिया। मुझे उस भाषा का नाम भी मालूम नहीं लेकिन वह कह रही थी : "मुझे एक ही बीमारी है : हर शाम कुछ पी लेने के बाद अपनी नाकामी का नमक चाटना शुरू कर देती हूं, कुछ इस अंदाज़ से जैसे कोई जानवर…"

मुझे मैली-सी हंसी आ सकती थी लेकिन नहीं आई, रूखा-सा रोना भी आ सकता था लेकिन नहीं आया। जब उस औरत का बयान अंत के क़रीब नज़र आया तो मैंने हाथ बढ़ाकर उसका हाथ पकड़ लिया। मेरे दबाव में यह संकेत भी था कि उसे अब ख़ामोश हो जाना चाहिए और यह आश्वासन भी कि मैंने उसकी बात समझ ली है।

उसके बाद हम चाहते तो उसके या मेरे होटल में जाकर बाक़ी की शाम साथ गुज़ार सकते थे, बाकी की रात साथ सो सकते थे, लेकिन हमने ऐसा नहीं किया। हमने आख़िरी बार एक-दूसरे का हाथ दबाया और उठकर बाहर चले आए। मैंने उसकी आंखों को चूमा, उसने मेरी आंखों को। फिर वह अपने होटल चली गई, मैं अपने।

आवाज़ चोर

जब मैं फाटक खोल रहा था तो वह बाहर खड़ा मेरे मकान की तरफ़ देख रहा था। मैंने ध्यान नहीं दिया। एक उम्र तक कुछ आदमी दूसरों की पत्नियों को बुरी आंख से देखते हैं, उसके बाद दूसरों के मकानों को। मैंने सोचा, वह भी वैसे ही आदमियों में से होगा, या फिर किसी का इन्तज़ार कर रहा होगा, या यूं ही चलते-

चलते दम लेने के लिए खड़ा हो गया होगा, और मन जलाने के लिए मेरे मकान को देख रहा होगा। एक उम्र तक कुछ आदमी दूसरों की पत्नियों को देखकर जलते हैं, उसके बाद दूसरों के मकानों को। मेरे साथ मेरा कुत्ता न होता तो मैं उस आदमी को वहीं छोड़कर अपनी सैर को निकल गया होता। अपने बंधे हुए रास्तों में से किसी एक पर। अपनी बंधी हुई चाल से। उससे कोई दुआ सलाम किए बग़ैर। उसकी सूरत को अपनी आंखों में उतारे बग़ैर। बड़े शहरों में रहने वाले लोग अजनबियों से आंख नहीं मिलाते, न ही उनके पास रुकते हैं, न ही उनकी मूक याचनाओं का कोई जवाब देते हैं, न ही उनसे पूछते हैं, यहां क्यों खड़े हो? बड़े शहरों में रहने वाले लोग अजनबियों के पास से क़तरा कर गुज़र जाते हैं। मेरे साथ मेरा कुत्ता न होता तो मैंने भी यही किया होता। दरअसल उसे देखते ही मेरे रौंगटे खड़े हो गए थे। मेरे कुत्ते ने मेरा डर सूंघ लिया होगा। क़ायदे से उसे उस आदमी पर भौंकना चाहिए था, लेकिन कुत्ते अकसर क़ायदों को तोड़ते रहते हैं। मेरा कुत्ता उसके पास यूं खड़ा हो गया था जैसे मेरी तरफ़ से उसके सामने कोई सफ़ाई पेश कर रहा, मुआफ़ी मांग रहा हो। मेरा कुत्ता हर कुत्ते की तरह कभी-कभी कुछ ऐसी अजीब हरकतें करता रहता है जिन पर मुझे हर मालिक की तरह प्यार भी आता है, ग़ुस्सा भी, लेकिन उसकी आज वाली ज़िद्द पर मुझे सिर्फ़ ग़ुस्सा ही आया। मैंने उसे एक हिंसक झटका दिया, अपने दांत पीसे, मन-ही-मन उसका नाम एक ख़ास सख़्ती से लिया, और पाया कि उस पाजी पर इस सब का कोई असर नहीं हो रहा था। वह अपना लंबूतरा बूथा उस अजनबी की तरफ़ उठाए उसके इर्दगिर्द की हवा को यूं सूंघ रहा था जैसे उसमें से लाखों-करोड़ों साल पुरानी कोई गंध उस तक पहुंच रही हो जिसे पूरी तरह सूंघे-समझे बग़ैर वह एक क़दम भी आगे नहीं बढ़ सकेगा। वह अजनबी भी अब उसकी आंखों में आंखें डाले यूं झुका-सा खड़ा था जैसे उस पर औरउ सके ज़रिए मुझ पर कोई जादू-सा कर रहा हो। कुछ ही क्षण पहले उसे देखकर जिस बेनाम खटके से मेरे रौंगटे खड़े हो गए थे वह अब कुछ धुल-सा गया था। मैंने उसकी नज़र बचा कर उसे अपनी आंखों से बुहार लिया था। वह मेरी ही उम्र का एक बूढ़ा बेढब-सा आदमी था लेकिन उसकी दाढ़ी बढ़ी हुई थी, कपड़े मैले थे, चप्पलें ढीली और गंदी थीं, दांत पीले थे, आंखें उजड़ी हुई थीं। मैंने अपने कुत्ते को फिर एक हिंसक झटका दिया तो वह अजनबी बोल उठा—इतने ज़ोर से नहीं, बाबा, बेचारे की गरदन टूट जाएगी। मेरे रौंगटे फिर खड़े हो गए, कुत्ते की ज़ंजीर पर मेरी पकड़ ढीली हो गई और मेरे पोर-पोर से पसीना फूट पड़ा। उस अजनबी के मुंह से जो आवाज़ निकली थी, वह मेरी थी। यह डर मेरे ज़हन में कौंध गया। कहीं इसने किसी जादू से मेरी आवाज़ तो नहीं चुरा ली। मेरे कुत्ते के मन में ज़रूर यह शक पहले से ही पैदा हो गया होगा। शायद वह उसमें मेरी आवाज़ को ही सूंघ रहा था। अब वह मुझे यूं देख रहा था

जैसे पूछ रहा हो, क्या मुआमला है ? मैंने उसे एक ख़ुफ़िया-सा झटका दिया लेकिन वह हिला नहीं। मैं मुंह नहीं खोलना चाहता था। मुझे एक ख़तरा तो यही था कि मेरे मुंह से कोई आवाज़ नहीं निकलेगी और दूसरा यह कि मेरी आवाज़ सुनकर वह अजनबी मेरी तरह घबराएगा नहीं, बल्कि हंस देगा, और वह हंसी भी मेरी ही होगी। मैं इन दोनों ख़तरों से सूख ही रहा था कि वह आदमी बोल उठा, चलो, मैं भी आज तुम्हारे ही साथ सैर करूंगा। अबकी बार भी वह आवाज़ मेरी थी।

मैं नहीं जानता, मुझे क्या करना चाहिए था। मैं नहीं जानता, कोई और मेरी जगह होता तो क्या करता। मैं चुपचाप उसके साथ हो लिया, मेरा कुत्ता ख़ुशी-ख़ुशी हम दोनों के साथ। उस आदमी को शायद मालूम था कि मैं आज अपने किस बंधे हुए रास्ते पर जाऊंगा। न होता तो भी कोई दिक़्क़त न होती क्योंकि मेरा कुत्ता मुझे घसीटता-सा हुआ हम दोनों के आगे-आगे चल रहा था, किसी छोटे-से काले घोड़े की तरह। कुछ क़दम आगे जा कर उस अजनबी ने जंजीर अपने हाथ में ले ली, कुछ इस तरह से जैसे मेरी बागडोर अपने हाथ में ले रहा हो। अब मेरे हाथ ख़ाली थे और मेरा मन ख़ौफ़ से भरा हुआ था। मेरा कुत्ता उसे यूं घसीट रहा था जैसे उसी का हो और उसे मुझसे दूर कहीं ले जाना चाहता हो, किसी ऐसी जगह जहां वह उसके साथ पहले भी जा चुका हो। मैं उनके साथ तो था लेकिन हर क्षण उनसे पीछे छूटता जा रहा था। फिर यकायक मुझे महसूस होने लगा मानो मेरे पैरों तले की ज़मीन खिसक रही हो, या जैसे वे दोनों तो किसी अदृश्य दौड़ती गाड़ी पर सवार हों और मुझे किसी सूने प्लेटफ़ार्म पर अकेला छोड़ गए हों। उस अजनबी के बाल हवा में उड़ रहे थे। पीछे से वह उन बालों के बावजूद मेरे जैसा ही लग रहा था। उसे तो नहीं, मैं अपने कुत्ते को आवाज़ देना चाहता था, रुक जाओ ! लेकिन दो ख़तरे मुझे दाबे हुए थे। एक तो यही कि मेरे मुंह से कोई आवाज़ नहीं निकलेगी, दूसरा यह कि जो आवाज़ निकलेगी उसे सुनकर वह हंसना शुरू कर देगा और वह हंसी मेरी आवाज में ही होगी। मैं ख़ामोश रहा और पीछे छूटता चला गया, वह अजनबी और मेरा कुत्ता मुझसे दूर होते चले गए। उनमें से किसी ने मुड़कर मेरी तरफ़ देखा तक नहीं। मुझे अपने कुत्ते की बेवफ़ाई पर बहुत दुख हुआ। दूर होते-होते जब वे ग़ायब हो गए तो मैं अपने मकान की तरफ़ मुड़ गया —यह सोचते हुए कि ग़नीमत है, वह अजनबी मेरे कुत्ते को लेकर ही ग़ायब हो गया, मेरी पत्नी या मेरे मकान को लेकर नहीं। अपनी आवाज़ की चोरी का ख़याल उस समय मुझे नहीं आया।

साये

(1)

पिछले कुछ दिनों से वह उस पार्क में दिखाई दे रहा है। सुबह-शाम। एक टूटी-फूटी बेंच पर टूटा-फूटा सा बैठा हुआ। हर रोज़ मुझे उसमें और अपने में कोई नई समानता नज़र आ जाती है। हर रोज़ उसे देखते ही मैं कुछ और सहम जाता हूं। मैं नहीं जानता कि उसे भी हर रोज़ मुझमें और उसमें कोई नई समानता दिखाई देती है या नहीं, कि मुझे देखते ही वह कुछ और सहम जाता है या नहीं। मैं नहीं जानता कि उसने कभी मुझे देखा भी है या नहीं। जब मैं सुबह-शाम उस पार्क में पैर रखता हूं तो वह कान्क्रीट की एक टूटी-फूटी बेंच पर यूं बैठा होता है जैसे कोई उसे वहां बिठा गया हो, जैसे वह उस बेंच का ही एक हिस्सा हो, जैसे वह भी कान्क्रीट का ही कोई बुत-वुत हो। कबूतर और कव्वे उसके इर्दगिर्द कूद-फुदक रहे होते हैं। पार्क में उस वक़्त और कोई नहीं होता, या कम से कम मुझे और कोई नज़र नहीं आता। वह अपनी उस बेंच पर बैठा मुझसे और कबूतरों-कव्वों से बेख़बर न जाने क्या सोच रहा होता है, क्या याद कर रहा होता है, क्यों इस तरह बैठा हुआ होता है कि मुझे लगता है मानो कोई उसे वहां बिठाकर ख़ुद कहीं और भाग गया हो। वह भिखारी तो शायद नहीं लेकिन हर खोए हुए बूढ़े की तरह भिखारी-सा नज़र ज़रूर आता है। वह बेघर भी शायद नहीं लेकिन किसी वीरान पीले पार्क में बैठे हुए हर बूढ़े की तरह बेघर-सा नज़र ज़रूर आता है। उसके कपड़े वग़ैरह ठीक ही नज़र आते हैं। शक्ल-सूरत भी असाधारण नहीं। वह पागल भी शायद नहीं लेकिन अकेले गुमसुम बैठे हुए हर बूढ़े की तरह पागल-सा नज़र ज़रूर आता है। अगर उसने दाढ़ी-बाल बढ़ा रखे होते तो मैं समझता कोई सनकी है। वह सनकी-सा नज़र तो आता है लेकिन अपनी सूरत या पोशाक के कारण नहीं बल्कि अपनी ख़ामोशी और डूबे हुए हाव-भाव के कारण या फिर इर्दगिर्द उड़ते-फुदकते कबूतरों के कारण हो सकता है वह उनके लिए कोई चोगा-दाना वग़ैरह ले आता हो। मैंनें कभी उसे दाना डालते देखा नहीं। मैं जब पार्क में दाख़िल होता हूं तो वे बेमतलब उसके इर्दगिर्द उड़-फुदक रहे होते हैं और वह बुत की तरह बैठा होता है। शायद वे कभी उस पर बीट भी कर देते हों। वह उसे फ़ौरन पोंछता नहीं होगा। उसके और अपने बीच नित नई समानता पर मुझे चिन्ता होने लगी है। मुझे अंदेशा है कि यह समानता वहम बन कर मेरे मन पर सवार हो जाएगी, मुझे मजबूर कर देंगी, कि मैं उसके बारे में पूछ-ताछ करूं, लुकछिपकर उसे देखूं, उसका पीछा करूं। मुझे अंदेशा है कि वह मेरे स्वप्नों में सैर करता दिखाई देगा, उन्हें दु:स्वप्नों में बदल देगा, मुझे किसी भूत में। मुझे अंदेशा है कि किसी दिन अचानक वह ग़ायब हो जाएगा—उसी तरह जैसे एक दिन अचानक नमूदार हुआ था—

और मैं कई दिनों तक उसे लेकर बैठा रहूंगा; सोचता रहूंगा कि मैंने ही उसे घूर-घूर कर, उसके बारे में बेकार सोच-सोच कर, उसमें और अपने में साम्यताएं खोज-खोजकर, उस पर मानसिक दबाव डाल-डाल कर उसे डरा दिया होगा; पछताऊंगा कि मैंने उसके साथ दोस्ती क्यों नहीं की थी, उससे उसकी कहानी क्यों नहीं सुनी, उसे अपनी कहानी क्यों नहीं सुनाई, उसे उन समानताओं के बारे में क्यों नहीं बताया जिनसे मुझे इतनी चिन्ता होती रही; जब उसे याद करूंगा तो एक साये के सिवा कुछ नज़र नहीं आएगा; सोचूंगा कहीं ऐसा तो नहीं कि मैंने उसे देखा न हो, उसकी कल्पना भर की हो कि मैंने उसे सिर्फ़ अपने दुःस्वप्नों में ही देखा हो। कभी-कभी इन अंदेशों से घबरा उठता हूं तो ख़याल आता है कि किसी दिन उसके पास जा बैठूं और जो मन में आता रहता है उससे कह दूं। लेकिन मैं अपनी कुंठाओं का क़ैदी हूं, कभी हिम्मत नहीं जुटा पाऊंगा कि उसके पास जाकर बेझिझक उससे हाथ मिला दूं पूछूं तुम कौन हो, यहां बैठे-बैठे क्या सोचते रहते हो, बाक़ी का दिन कैसे गुज़ारते हो, इन कबूतरों-कव्वों पर क्या जादू डाल रखा है, सोते कहां हो, हर रोज़ मुझे तुममें और अपने आपमें कोई नया साम्य क्यों नज़र आ जाता है। जो लोग अपने जैसे लगने वाले किसी अजनबी से इस तरह के दो टूक सवाल पूछ सकते हैं, उनसे मुझे ईर्ष्या भी होती है, घृणा भी। नहीं, मैं कुछ नहीं करूंगा। जब तक वह ग़ायब नहीं हो जाता, उसके बारे में सोचता रहूंगा। और कुछ भी नहीं कर सकंगा।

(2)

इस इलाक़े में नया-नया आया हूं—कई इलाक़ों की मार खा चुकने के बाद—और कई नई-नई पुरानी समस्याओं का सामना कर रहा हूं। जब नहीं कर पाता या करते-करते उकता जाता हूं तो दम लेने के लिए सैर को निकल जाता हूं। वक़्त की परवाह नहीं करता। आधी रात हो या कड़कती दोपहर, घर से बाहर निकल जाता हूं। मुझे अब कोई रोकने-टोकने वाला नहीं। मुझे यह डर नहीं कि कोई मेरी घड़ी या बटुआ छीन लेगा, कि कोई मुझे पीट या मार डालेगा, कि कोई मुझे भगा ले जाएगा और मेरे बेटों से मेरी जान के बदले लाखों की मांग करेगा। मुझे यह डर भी नहीं कि मैं अंधेरे में ठोकर या धूप में ग़श खाकर गिर पड़ूंगा, या किसीका कुत्ता मुझे काट खाएगा, या मैं आवारागर्दी के जुर्म में पकड़ा जाऊंगा, या कोई मुझे चोर-उचक्का-पागल समझ कर पुलिस को फ़ोन कर देगा। मुझे ऐसा कोई डर नहीं। मुझे डर है तो यही कि किसी को मुझ पर दया आ जाएगी और वह मेरी मदद करने पर तुल जाएगा। यह डर बेबुनियाद है। आज तक किसी को मुझ पर दया नहीं आई, कोई कभी मेरी मदद करने पर नहीं

तुला। बेशक अब मैं एकदम गया-बीता सा नज़र आता हूं, और हूं भी। गर्दन घुमा नहीं सकता, कमर सीधी नहीं कर सकता, ऊंचा बोल नहीं सकता, चलता हुआ यूं लगता हूं जैसे कोई बड़ा-सा चींटा एक बूढ़ा इनसान होने का अभिनय कर रहा हो। इसलिए ऊपर गिनवाए गए सारे डर मुझे होने चाहिएं। ख़ास तौर पर दूसरों की दया का डर तो ज़रूर होना चाहिए। लेकिन मैंने देखा है कि गये-बीते लोगों पर किसी को दया नहीं आती। जो आती है वह दया की आड़ में घृणा या वितृष्णा ही होती है। फिर भी मैं इस डर से मुक्त नहीं हो पाता इसीलिए अंधेरा हो या धूप, सुबह का बासी झुटपुटा हो या शाम का बुझा-बुझा आलोक, सैर करते समय मेरी कोशिश यह रहती है कि गर्दन जैसे-तैसे घूमती रहे, कमर कमोबेश सीधी रहे, चाल चुस्त रहे, आवाज़ ऊंची रहे (हालांकि आवाज़ की ज़रूरत सैर के दौरान बहुत कम पड़ती है), नज़र कभी नीची न हो। इस कोशिश के कारण यक़ीनन मैं और दयनीय हो जाता हूं, और हास्यास्पद हो जाता हूं। लेकिन मुझे अब इसकी परवाह नहीं रही कि कोई मेरे बारे में क्या सोचता है। मुझे अपनी अकड़ से तसल्ली मिलती है, मेरा अहम् उठा रहता है, यह भ्रम बना रहता है कि मैं स्वाधीन हूं। लोग मुझे ज़रूर देखते होंगे। जो लोग मुझसे भी ज़्यादा गये बीते हैं, उन्हें मुझसे प्रेरणा मिलती होगी; जो मुझसे कुछ अच्छी हालत में हैं, उन्हें अपनी ख़ुशक़िस्मती का एहसास होता होगा; जिन लोगों की हालत हर लिहाज़ से अव्वल दर्जे की है उन्हें यह खयाल आता होगा कि किसी दिन वे भी मेरी तरह दयनीय और हास्यास्पद नज़र आएंगे, और इस ख़याल से उनका अहंकार टूटता होगा। मतलब यह कि मुझे इस बात से भी कुछ तसल्ली मिलती है कि मैं इस गयी-बीती हालत में भी एक सामाजिक भूमिका निभा रहा हूं, एक इनसानी फ़र्ज़ अदा कर रहा हूं। लेकिन असली सच तो यह है कि मुझे अब किसी खयाल से कोई तसल्ली नहीं मिलती, कि मैं हर वक़्त या तो अपनी छोटी-छोटी सांसारिक और शारीरिक समस्याओं से आक्रांत रहता हूं, या उन बड़ी-बड़ी जिज्ञासाओं से जिनका समाधान कभी नहीं होगा ! मैं पैदा क्यों हुआ, जी क्यों रहा हूं, मरने के बाद कहां जाऊंगा, मर क्यों नहीं जाता ? जब से इस इलाक़े में आया हूं ये प्रश्न और प्रचंड हो गए हैं। यह इलाक़ा शायद यहां मेरा आख़िरी पड़ाव है, हां किसी-किसी आधी रात या कड़कती दोपहर को जब किसी ख़ुद्दार दोटंगिए चींटे की तरह अकड़ा-कसा हुआ सा रेंग रहा होता हूं तो एक साया साथ हो लेता है—सरगोशियां करता हुआ। वह साया ही अब मेरी सैर का असली साथी है।

(3)

आज मेरी उस भली हरी बेंच पर वह हारा हुआ बूढ़ा बैठा दिखाई दिया

जिसे मैं शाम की सैर के दौरान कभी-कभी पार्क की पीली घास को बेदिली से रौंदते हुए देखता हूं। दूर से। उसके पास जाने की हिम्मत आज से पहले नहीं हुई। जब वह पार्क की पीली घास को रौंद रहा होता है तो उसकी गर्दन यूं झुकी हुई होती है जैसे टूटी हुई हो, मरोड़ कर तोड़ दी गई हो। वह ख़ुद यूं दिखाई देता है जैसे घास में गिरी किसी ऐसी चीज़ को पैरों से खोज रहा हो जिसकी उसे कोई ख़ास ज़रूरत न हो, जिसे पा लेने की उसे कोई ख़ास उम्मीद भी न हो, लेकिन जिसे खोज निकालने की ख़ास-सी ख़्वाहिश उसे हो। मैं तो दूर से उस पर कई सरसरी निगाहें डाल लेता हूं, उसने शायद ही कभी मुझे देखा हो। वह हमेशा अकेला और खोया-डूबा-सा होता है। मेरी ही तरह। लेकिन मैं फिर भी इधर-उधर देखता रहता हूं, कभी-कभी किसी कबूतर या कव्वे को अपने रास्ते से हटाने के लिए पांव पटख़ देता हूं, कभी-कभी किसी कुत्ते या बच्चे को पुचकार देता हूं, कभी-कभी किसी सूअर को दुत्कार देता हूं, लेकिन वह तो सर ही नहीं उठाता। कई बार मैंने कल्पना की है कि उसकी आंख से आंख मिलाने के लिए उसकी आंखों के ऐन नीचे लेटना ज़रूरी होगा। इस कल्पना पर हर बार मुझे काली हंसी आई है। जब वह सर डाले पीली घास में पांव मार रहा होता है तो पार्क में उसके और मेरे अलावा कुछ काली-पीली आयाएं एक टीले से पर एक रंगीन गुच्छा-सा बनाए बैठी होती हैं। उनके इर्द-गिर्द उन्हीं की अनमनी देख-रेख में कुछ बने-ठने बच्चे और कुत्ते खेलकूद रहे होते हैं। दूर से वे औरतें मुझे बहुत जवान और जाबर नज़र आती हैं। उन्हें पास से देखने की ख़्वाहिश इस खौफ़ से दबी रहती है कि उनमें से कोई कभी मुझ पर हंस देगी और फिर बाक़ी की सब भी हंसना शुरू कर देंगी और फिर वे बच्चे भी उस हंसी में शामिल हो जाएंगे और वे कुत्ते भौंकना शुरू कर देंगे और कव्वे काएं-काएं करना और इस तरह पार्क में कुहराम मच जाएगा लेकिन वह टूटी गर्दन वाला बूढ़ा फिर भी पीली घास में पांव मारता रहेगा। मैं उन भव्य बूढ़ों में से नहीं जिनके चेहरों पर यह आत्मविश्वास मढ़ा रहता है कि कोई जवान आया उनपर हंसेगी नहीं। वह दूसरा बूढ़ा न जाने किन बूढ़ों में से है। शायद उनमें से जो किसी-न-किसी खोज में खोये रहते हैं, कुछ इस तरह से कि लगे कि उस खोज से मिलने वाली चीज़ की उन्हें कोई ख़ास ज़रूरत न हो, उसे पा लेने की कोई ख़ास उम्मीद भी न हो, लेकिन उसे खोज निकालने की ख़ास-सी ख़्वाहिश उन्हें ज़रूर हो। जो हो आज वह पीली घास को रौंदने के बजाए मेरी उस मैली हरी बेंच पर बैठा हुआ था। उसकी गर्दन टूटी हुई थी। आयाय और बच्चे और कुत्ते अपने-अपने घरों को जा चुके थे। शायद आज शाम मैं वहां देर से पहुंचा था। या शायद वे लोग वक़्त से पहले ही चले गए थे। पार्क ख़ाली था, इसीलिए मैं सीधा उस कोने की ओर चला गया था जहां वह मैली हरी बेंच मानो मेरे ही इन्तज़ार में बैठी रहती है। मैं उसपर हर शाम नहीं बैठता। मैं हर शाम उस पार्क में भी नहीं

जाता। इस इलाक़े में तीन पार्क हैं। मैं अपनी सैर के स्थल बदलता रहता हूं। मैं उसे एक ढर्रे में ढलने से बचाता रहता हूं। यह एक अलग तकलीफ़ है कि मेरी कोशिश के बावजूद धीरे-धीरे वह एक ढर्रे में ही ढलती जा रही है। ख़ैर। आज पार्क को ख़ाली पाकर जब मैं उस बेंच के पास पहुंचा तो उस पर टूटी गर्दन वाला वह बूढ़ा बैठा दिखाई दिया। अगर मैंने उसे कुछ दूर से देख लिया होता तो मैं कोई-न-कोई बहाना बनाकर लौट आया होता, किसी और दिशा को चल दिया होता, क्योंकि उस बेंच पर बैठना मेरे लिए ज़रूरी हरगिज़ नहीं था। लेकिन जब मैंने उसे देखा तो मैं बेंच से दो-तीन क़दमों की ही दूरी पर था। उसने मेरे क़दमों की फुसफुसाहट सुन ली होगी। अब लौटना या दिशा बदलना मुझे ठीक नहीं लगा क्योंकि उसे बुरा लग सकता था, शायद हल्की-सी ठेस भी पहुंच सकती थी, और यह भी मुमकिन था कि वह पूछ लेता : क्यों, भाई साब, आप मुझ से भाग क्यों रहे हैं, मुझे कोढ़ तो नही। नहीं, यह नामुमकिन ही होता। ऐसी बात मेरे सिवा और कोई शायद ही सोच सकता हो, कहना तो एक तरफ़ रहा। कारण कुछ भी क्यों न हो, कुछ क्षण वहां ठिठका खड़ा रहने के बाद मैं उस बेंच की ओर बढ़ गया। उसने सर तो नहीं उठाया लेकिन जब मैं उसकी बग़ल में बैठने ही वाला था तो वह थोड़ा-सा एक ओर खिसक गया। मैंने उसे धीमा-सा धन्यवाद दिया। वह जवाब में ख़ामोश रहा। मैं लम्बी बोझिल ख़ामोशी के लिए तो तैयार था, उसके उठकर चल देने के लिए भी तैयार था, लेकिन जो हुआ उसके लिए हरगिज़ तैयार नहीं था। हुआ यह कि मेरे बैठ जाने के कुछ ही क्षण बाद उसने बोलना शुरू कर दिया—एक बेगानी बेलाग भारी आवाज़ में, जैसे कोई बूढ़ा बच्चा अपना रटा हुआ सबक़ रुक-रुककर हवा को सुना रहा हो : मैं हर काम में नाकाम रहा हूं। हर लिहाज़ से नाकाम रहा हूं। अपनी नज़र में भी, दूसरों की नज़र में भी। मैंने कुछ हासिल नहीं किया। मैं दीन से भी गया, दुनिया से भी। मैं यहां हूं न वहां, मैं कहीं नहीं। मुझे किसी दर्शन का सहारा नहीं, किसी आस्था की आंच नहीं, किसी दृष्टि का आलोक नहीं। मैं सिफ़र हूं। फिर भी ज़िन्दा हूं। क्यों ज़िन्दा हूं? मैं हर काम में नाकाम रहा हूं। मैं इस बोध से भस्म हुआ जा रहा हूं, धीरे-धीरे। लेकिन ज़िन्दा हूं। क्यों ज़िन्दा हूं? मैं सिफ़र हूं। हर लिहाज़ से। अपनी नज़र में भी, दूसरों की नज़र में भी···।

कुछ देर तक मैं सुन्न-सा बैठा उसका यह भावशून्य आत्मदयाहीन आलाप सुनता रहा। फिर न जाने मुझे क्या हुआ कि मैंने भी उसीकी सी बेगानी बेलाग भारी आवाज़ में बोलना शुरू कर दिया : मैं हर काम में नाकाम रहा हूं···।

कोई तीसरा हमें देख-सुन रहा होता तो समझता दो बूढ़े भाई किसी मन्त्र का जाप कर रहे हैं।

(4)

आज मैं उस पार्क का पहला चक्कर पूरा कर ही रहा था कि नीम के एक पेड़ तले बिछी एक बेंच से एक सुन्दर बुढ़िया बुलबुले की तरह उठी और मेरे साथ हो ली। मेरे क़दम पहले तो कुछ हिचकिचाये, फिर संभल गये। मैंने सोचा, पब्लिक पार्क है, कोई सुन्दर बुढ़िया किसी शरीफ़ बूढ़े की सैर में शामिल हो जाए तो हरज क्या है, हैरानी क्यों हो, हिचक कैसी? यह दूसरी बात है कि मैं ख़ुद इस तरह की सहजता कभी नहीं दिखा पाया। मैंने अपनी साथिन को कनखियों से देखा। वह मेरी तरफ़ देख रही थी और मुसकरा रही थी। उसकी मुसकराहट किसी चश्मे के पानी की तरह साफ़ और पहाड़ी हवा की तरह हल्की थी। मैं जवाब में मुसकरा तो नहीं सका लेकिन मेरे होंठ कुछ हिल-खुल ज़रूर गए। उसके साथ से मेरी चाल में कुछ ताज़गी आ गई थी। कोई तीसरा हमें देख रहा होता तो शायद ही यह अन्दाज़ा लगाता कि हम एक-दूसरे के लिए एकदम अजनबी थे, कि मैंने आज पहली बार उसे उस पार्क में देखा था, कि मैं उसकी सुन्दरता को किसी अलौकिक फूल की तरह सूंघ रहा था। एक चक्कर ख़ामोशी में कट गया। दूसरे के दौरान मैंने उसकी तरफ़ देखे बग़ैर पूछा—आपकी सुन्दरता का राज़ क्या है? उसने जवाब देने में कोई देर नहीं की, कोई संकोच नहीं दिखाया। बोली: मैंने कभी किसी से कोई उम्मीद नहीं रखी, अपने आप से भी नहीं, इसीलिए शायद मैं कभी निराश नहीं हुई, नाराज़ नहीं हुई, बीमार नहीं हुई। जिसे आप सुन्दरता समझ रहे हैं वह दरअसल मुझ में आशा और तृष्णा के अभाव का ही प्रताप होगा, मेरे शरीर के किसी गुणविशेष की गरिमा नहीं। मुझे शायद उस औरत के पैर छू या हाथ चूम लेने चाहिए थे, लेकिन मैंने कांपना शुरू कर दिया। उसने कहा: आप कांप क्यों रहे हैं? मैंने कहा: आपको देख और सुनकर; मैंने पहले कभी ऐसे किसी व्यक्ति को नहीं देखा-सुना। इस पर हम दोनों एक साथ हंस दिये। उसकी हंसी सुन्दर थी, मेरी खोखली। तीसरे चक्कर के बाद हमारी सैर ख़त्म हो गई। उसने बताया कि वह उस पार्क में पहली और आख़िरी बार आई थी, कि उसकी सैर का रास्ता कोई और था। मैंने उस रास्ते के बारे में नहीं पूछा।

(5)

कुछ रात पहले एक स्वप्न में एक नूरानी बूढ़ा दिखाई दिया। उसकी दाढ़ी सुर्ख़ थी। जैसे दाढ़ी न हो, आग की लपट हो। उसकी आंखें बाहर और भीतर को मिलाती महसूस हुई थीं। स्वप्न में मैं सैर कर रहा था। तभी वह बूढ़ा अचानक एक ऊंचे टीले पर खड़ा दिखाई दिया था। पहले मैंने सोचा कोई गड़रिया होगा। वह मुझ से बहुत दूर खड़ा था लेकिन लग यही रहा था जैसे बहुत पास हो। उस टीले

के उधर समन्दर की हलचल दिखाई दी तो लगा कि वह टीला और वह बूढ़ा उस समन्दर में से ही उभर कर मेरे सामने खड़े हो गये थे। तब मैंने सोचा किसी यूनानी देवता का प्रेत होगा। बूढ़े के दाएं हाथ में एक टेढ़ी-सी लाठी थी, बाएं में एक फूल। उन्हें देखकर ख़याल आया कोई पैग़म्बर होगा। अब मैं उसके पास जा खड़ा हुआ था—यूं जैसे कोई छोटा बूढ़ा किसी बड़े बूढ़े के क़दमों में। मेरा सर झुका हुआ था। मैं उसकी लाठी के लिए भी प्रस्तुत था, उसके फूल के लिए भी। मेरी आंखें बन्द थीं। कुछ देर बाद एक गर्म गरज सुनाई दी, जो उस बूढ़े की भी हो सकती थी, समन्दर की भी। मैंने आंखें नहीं खोलीं। सोचा शायद आवाज़ उसकी लाठी की हो। फिर सन्नाटा सुनाई दिया। सोचा यह आवाज़ उसके फूल की होगी। कुछ देर बाद आंखें खोलीं तो अपने आपको सुबह की सैर के लिए तैयार पाया—बदन के बोझ से मुक्त, ख़ाली मन।'

(6)

इन दिनों किसी-किसी शाम सैर के लिए एक ऐसा रास्ता चुन लेता हूं जिस-पर आम तौर पर कभी कोई और दिखाई नहीं देता, अपने क़दमों और अपनी सांसों की सरसराहट के अलावा कोई आवाज़ सुनाई नहीं देती। उस रास्ते पर क़दम रखते ही मेरा मन एकदम ख़ाली हो जाता है। किसी-किसी शाम उस रास्ते पर ख़ाली मन सैर कर रहा होता हूं तो एक सुन्दर बुढ़िया साये की तरह साथ हो लेती है। मैंने कभी उसे नमूदार होते नहीं देखा। मैंने कभी सीधी आंखों से उसकी तरफ़ नहीं देखा लेकिन मुझे यक़ीन है कि वह सुन्दर है। हमने कभी कोई बात नहीं की, कभी एक-दूसरे को छुआ नहीं। मेरा ख़याल है कि जब वह मेरे साथ होती है तो उसका मन भी खाली होता है। सैर के दौरान मैंने कभी उसके बारे में नहीं सोचा। मेरा ख़याल है कि यह ख़ूबसूरत बुढ़िया उसी ख़ूबसूरत बुढ़िया का अवतार है जो एक दिन उस पार्क में मेरी सैर में शामिल हो गई थी और जिसने मेरे पूछने पर अपनी ख़ूबसूरती का राज़ बताया था। जब हम सैर से लौटते समय उस रास्ते को छोड़ ही रहे होते हैं तो वह मेरा साथ छोड़ देती है और ग़ायब हो जाती है। मुझे शक है कि पार्क वाली बुढ़िया भी काल्पनिक थी, इस रास्ते वाली बुढ़िया भी काल्पनिक है। इस शक में मुझे विश्वास नहीं। मेरा ख़याल है कि इन दिनों मैं किसी ऐसी सुन्दर साथिन की रचना में व्यस्त हूं जो किसी दिन साकार हो जाएगी।

मक़बरा

आज आखिर फिर उधर जाने की हिम्मत आ ही गई। कई दिनों से उसे

बुला रहा था। हर सुबह एक बार फिर उधर जाने की ख्वाहिश को दूसरी सुबह पर टाल देता था। कभी किसी कमज़ोरी के तहत, कभी किसी कमनज़री के तहत। आज़ आखिर उसे पूरा कर ही लिया। यह अलग बात है कि पूरा कर लेने के बाद भी महसूस यही हुआ कि वह अभी पूरी नहीं हुई। इस उम्र में जब अपनी हिम्मत से कोई छोटी-सी ख्वाहिश पूरी कर लेता हूं तो महसूस होता है कोई बड़ा मैदान मार लिया हो। कुछ ही क्षणों के लिए ऐसा महसूस होता है। फिर हक़ीक़त हावी हो जाती है और वह बड़ा मैदान बालिश्त-भर से ज़्यादा नज़र नहीं आता।

तो आज सुबह अपने मामूल से कुछ पहले उठ गया था। शायद किसी सपने या दर्द की स्याह या सुनहरी उकसाहट पर। सपना याद नहीं आया था, दर्द को फिर नींद में डुबो देने की ख्वाहिश हुई थी। नींद खुलते ही सब सपने—बुरे और भले—आजकल बुढ़िया के बालों की तरह उड़ जाते हैं, और सब दर्द—बड़े और छोटे—बादलों की तरह घिर आते हैं।

खैर ! घर से निकलने के बाद अपनी सैर की दिशा का चुनाव करने के लिए आज भी कुछ क्षण उस पार्क के टूटे गेट के पास रुका था। सैर शुरू हो जाने के बाद आज भी कुछ क्षण सोचता रहा था कि चुनाव शायद ग़लत हो गया। फिर उस सोच को एक मुस्कराहट से बुहार कर अपने अनिश्चय को ठेलता हुआ सा उस गुमनाम भुरभुरे मक़बरे की तरफ़ जैसे-तैसे बढ़ता चला गया था जिसमें कुछ हफ़्ते पहले एक सुबह एक बेखुद बाबा को देखा था। उस दिन उसका असली सामना करने का साहस नहीं हुआ था। उस दिन उसकी हंसी से दिल इतना दहल उठा था कि उसके पास जाकर उससे कोई प्रश्न पूछने के बजाय मैं वहां से भाग सा आया था—उसकी सूरत को टटोलता हुआ, उसकी हंसी से सहमता हुआ, उसके पास फिर कभी जाने का इरादा बांधता हुआ। उस बेनाम भुरभुरे मक़बरे में मुंह अंधेरे अपनी ही उम्र के अपने से कहीं ज़्यादा अस्त-व्यस्त बूढ़े को एक बनावटी समाधि-सी लगाए बैठे देखकर मैं घबरा तो ज़रूर गया था लेकिन इतना नहीं कि उसके पास बैठकर उससे बात करने की ख्वाहिश न हुई हो। विलक्षण अजनबी अब भी मेरी उत्सुकता को जगा देते हैं। उसकी विलक्षणता उसकी सूरत में नहीं उस बेनाम भुरभुरे मक़बरे में उसकी उपस्थिति में थी—मस्त उपस्थिति में। सूरत से तो वह एक बूढ़ा भिखारी यां पागल या मुजावर ही नज़र आया था। बूढ़े भिखारियों, पागलों और मुजावरों की अपने यहां कोई कमी नहीं। लेकिन उसे देखकर पहली ही नज़र में यूं महसूस हुआ था जैसे वह बरसों से वहीं बैठा हो—किसी फ़ैसले के तहत, किसी जिद्द के ज़ोर से, किसी समाधि-सी में डूबा हुआ। ऐसे सरफिरों की भी हमारे यहां कोई कमी नहीं। पहाड़ों की चोटियां और गुफ़ाएं भरी पड़ी हैं ऐसे साधकों से। यह अलग बात है कि मैं अभी तक किसी

जोगी-बैरागी के सम्पर्क में नहीं आया। इधर अपने अन्त के क़रीब पहुंच जाने पर शायद अपने अनुभव के इस अभाव ने भी दूसरे अनेक अभावों की तरह मुझे सालना शुरू कर दिया है। उस सुबह उस बेख़बर बाबा को वहां देखकर लगा था जैसे इस अभाव को दूर करने का कोई आख़िरी अवसर मिल रहा हो।

घबराहट के बावजूद मैं उस मक़बरे की एक महराब के नीचे खड़ा हो गया था। बाबा की आंख उठने का इन्तज़ार करता हुआ सोच रहा था कि अगर उसके साथ पट गई तो रोज़ यहीं आ जाया करूंगा; अपना हमउम्र है, सूरत से सतही नज़र नहीं आता, बोलता बहुत कम होगा, ऐन मुमकिन है कि इसी से मुझे भी मस्त रहने का कोई गुर मिल जाए, ऐन मुमकिन है कि इस इन्तहा पर इसी के बहाने मुझे कोई ऐसा साथी मिल जाए जिससे मुझे कोई ईर्ष्या न हो, जिसको मुझसे कोई ईर्ष्या न हो। मैं यह सब सोच ही रहा था कि यकायक उसका मौन एक लड़खड़ाती हंसी में बदल गया और मेरी सोच दहशत में। शायद उसने मेरा मन पढ़ लिया था। फिर मैं वहां रुक नहीं सका। भागना तो ख़ैर मेरे लिए अब नामुमकिन हो गया है, फिर भी मैं अपनी तरफ़ से, अपने तरीक़े से, भाग ही रहा था। उसकी खोखली हंसी किसी चमगादड़ की तरह मेरा पीछा कर रही थी। मैंने उसे किसी पागल की हंसी मानकर टाल दिया होता लेकिन मुझे उसमें कोई पागलाना स्वर सुनाई नहीं दिया। उसकी खोखलाहट ख़ौफ़नाक इसलिए थी कि उसमें मुझे सारे संसार की खोखलाहट सुनाई दे रही थी। वह हंसी किसी ऐसे व्यक्ति की थी जिसने अंधेरे के दिल की धड़कन को सुन लिया हो, संसार का सार देख लिया हो, जिसके मन में कोई भ्रम बाक़ी न रहा हो, जो दुनिया को रद्द कर चुका हो, और जो उस हंसी का इस्तेमाल किसी ब्रह्मास्त्र की तरह कर रहा हो। मुझे लग रहा था जैसे किसी पहुंचे हुए पिशाच ने मेरा सारा गन्दा ख़ून चूस कर मुझे ख़ाली कर दिया हो।

कई दिनों तक वह खोखली हंसी मेरी याद में बजती रही, मुझे वापस बुलाती रही। मैं उस बुलावे को टालता रहा। कभी किसी कमज़ोरी के तहत, कभी किसी कमज़ोरी के तहत। और आख़िर आज मैं फिर उस भुरभुरे मक़बरे की तरफ़ खिंचा-सा चला गया। रास्ते में एक क्षण के लिए भी यह ख़याल नहीं आया कि वह वहां नहीं होगा। बल्कि मुझे विश्वास था कि वह वहीं बैठा होगा—बेख़ुद, बेख़बर, बनावटी समाधि-सी में डूबा हुआ। मन में ज़रूर यह संकल्प छिपा बैठा होगा कि आज उसके पास कुछ देर बैठूंगा, कुछ पूछूं न पूछूं लेकिन उसके पास बैठकर उसके मौन को सोखूंगा, जब उसका मौन हंसी में बदल जाएगा तो भागूंगा नहीं, उसकी खड़खड़ाहट का सामना करूंगा, अपनी मूक याचना उस तक पहुंचा दूंगा। मुझे भी अपने साथ ले लो!

तो मैं उसी महराब तले जा खड़ा हुआ। वह वहीं बैठा हुआ था, वैसे ही

बैठा हुआ था। सुबह के निखरे हुए अंधेरे में से किसी मूर्ति की तरह उभरता हुआ। कह नहीं सकता कि वह मेरी उपस्थिति से आगाह हो गया था कि नहीं। कह नहीं सकता कि मैं अपने संकल्प के अनुसार उसके पास जा बैठने के बजाय उस महराब तले ही क्यों खड़ा रहा। कह नहीं सकता कि मैं कितनी देर वहां खड़ा उसके मौन को सोखता रहा। लेकिन जब उसने सर उठाकर मेरी तरफ़ रुख किया और आंखें खोलीं तो मुझे मालूम हो गया कि वह ऊंघा था। पिछली बार मैंने शायद उन आंखों को देखा ही नहीं था। अब मैं उसकी हंसी के इन्तज़ार में था। लेकिन जब यकायक उसकी हंसी ने फड़फड़ाना शुरू कर दिया तो मैं फिर वहां से भाग उठा। भागना अब मुमकिन नहीं लेकिन मैं अपनी तरफ़ से, अपने तरीक़े से, भाग ही रहा था। और उसकी खोखली हंसी चमगादड़ की तरह मेरा पीछा कर रही थी।

अब न जाने कितने दिनों तक वह खोखली हंसी मेरी याद में बजती रहेगी, मुझे वापस बुलाती रहेगी। अब न जाने कितने दिनों तक मैं उस बुलावे को टालता रहूंगा। लेकिन मेरा ख़याल है कि किसी सुबह फिर मैं अपने मामूल से कुछ पहले उठकर उस मक़बरे की तरफ़ खिंचा चला जाऊंगा। मेरा ख़याल है कि आखिर तक मैं उस मक़बरे की तरफ़ खिंचता रहूंगा। मेरा ख़याल है कि आख़िरी बार वहां से भागने के बजाय मैं भी उस बेख़ुद बाबा की हंसी में शामिल हो जाऊंगा और मेरी हंसी भी किसी ऐसे व्यक्ति की सी हो जाएगी जिसने अंधेरे के दिल की धड़कन को सुन लिया हो, संसार का सार देख लिया हो।

माता-पिता

उन्हें देखते ही मेरा दिल दहल जाता है। अगर वे सामने से मेरी तरफ़ आ रहे हों तो मैं फ़ौरन रुख़ बदल कर उल्टी तरफ़ चल देता हूं—ऐसी तेज़ रफ़्तार से जो आम तौर पर मेरे लिए मुमकिन नहीं होती। मैं जानता हूं कि उन्हें दिखाई बहुत कम देता है। जब तक वे मेरे इतने क़रीब न आ जाएं कि उनकी सांसों की साएं-साएं मुझे सुनाई देने लगे तब तक वे मुझे पहचान नहीं सकते। मैं उनका दिल नहीं दुखाना चाहता। इसीलिए मेरी कोशिश रहती है कि मैं उनसे दूर रहूं, उन्हें दिखाई न दूं, उन्हें दूर से देखकर यह इत्मीनान हासिल कर लूं कि वे अभी ज़िन्दा हैं, सैर कर रहे हैं, एक-दूसरे के साथ का सहारा उन्हें है। उन्हें दूर से देखकर भी मेरी हालत कम ख़राब नहीं होती, लेकिन क़रीब से देखने के तो ख़याल से ही हौल उठ खड़ा होता है। इसलिए भी मेरी कोशिश रहती है कि उन्हें जब देखूं दूर से ही देखूं, इतनी दूर से कि मैं उन्हें एक धब्बे से ज्यादा दिखाई न

दूं, ताकि मैं फ़ौरन रुख़ बदलकर उल्टी तरफ़ चल दूं। यह ख्वाहिश नहीं होती कि वे मुझे दिखाई ही न दें। अगर कुछ दिन लगातार उन पर नज़र न पड़े तो मैं बेचैन हो जाता हूं, उनकी तलाश में निकल जाता हूं। उन्हें देखने, देखकर दहलने, उनके बारे में सोचने, दुःस्वप्न देखने का मैं आदी सा हो गया हूं। उन्हें देखकर रुख़ बदल कर उल्टी तरफ़ चल देने के बाद भी मैं उन्हीं को देखता रहता हूं। आदमी लाठी टेकता हुआ इंच-इंच आगे बढ़ रहा होता है; औरत का एक हाथ आदमी के कंधे पर होता है, दूसरा उसकी अपनी लाठी पर; आदमी को कम दिखाई देता है, औरत को शायद कुछ भी नहीं; आदमी का क़दम अगर एक इंच का होता है तो औरत का शायद आध इंच का; दोनों की गरदनों का झुकाव एक जैसा है; दोनों के सर एक-से हिलते महसूस होते हैं, दोनों की झुर्रियां एक-सी झूलती हुई; दोनों का वज़न भी शायद एक-सा हो और जीवन-दर्शन भी। अगर वे पीछे से दिखाई पड़ जाएं तो भी मेरा दिल दहलता तो ज़रूर है लेकिन इतना नहीं कि मैं कुछ दूर तक उनके पीछे-पीछे न चल सकूं। तब अपनी चाल चींटी की सी कर लेता हूं। फिर भी बीच की दूरी धीरे-धीरे कम होती जाती है। जब वह मिट जाने को होती है तो मैं टांगों में खुजली या पांव में मोच का बहाना बनाकर रुक जाता हूं। बहाने का ढोंग ज़रूरी नहीं होना चाहिए। क्योंकि आम तौर पर आस-पास और कोई नहीं होता और उन दोनों की पीठ मेरी तरफ़ होती है। फिर भी भय बना रहता है कि कोई कहीं से मुझे देख रहा होगा और उसे मेरा अचानक रुक जाना अजीब लगेगा। ख़ैर, पीछे से देखने पर वे दोनों कभी मर्द नज़र आते हैं, कभी औरतें। दोनों सफेद धोती-कुर्ता पहनते हैं, दोनों के सर क़रीब-क़रीब एक-से साफ़ हैं और एक सफ़ेद कपड़े से ढके हुए होते हैं। पीछे से वे पति-पत्नी नज़र नहीं आते, दो बूढ़े भाई या दोस्त या बहिनें ही नज़र आते हैं—जूं की सी चाल के साथ आगे बढ़ते हुए। मैंने कभी उन्हें किसी घर से निकलते या किसी घर में दाख़िल होते नहीं देखा।

कभी-कभी तो मुझे यह शक कुतरने लगता है कि मैंने कभी उन्हें देखा नहीं, हमेशा उनकी कल्पना ही की है। कभी-कभी ख़याल आता है। कि किसी रात वे किसी दुःस्वप्न में दिखाई देंगे, मेरे आगे-आगे चलते हुए, जैसे मुझे अंत की ओर रेंगने की प्रशिक्षा दे रहे हों, फिर वे अचानक मुंह मोड़कर खड़े हो जाएंगे; उनके चेहरों पर भयंकर खामोश हंसी का क़ब्ज़ा होगा; फिर कुछ देर बाद उनकी आवाज़ सुनाई देगी : तुम हमें पहचानने से इनकार क्यों कर रहे हो ? हम तुम्हारे माता-पिता हैं !

जब कभी यह ख़याल आता है कुछ रातों के लिए नींद नहीं आती।

मेरा नया दोस्त

पिछले कई दिनों से एक नया दोस्त किसी पुराने दुश्मन की तरह मेरे पीछे पड़ा हुआ है, सुबह सवेरे जूंही अपने उस अप्रिय पार्क में क़दम रखता हूं, वह टूटी बेंच के पास खड़ा दिखायी देता है, हाथ जोड़ कर नमस्कार करता है, मुंह मरोड़ कर मुस्कराता है, और पांव घसीटता हुआ सा मेरे साथ हो लेता है। पहली बार उसकी धृष्टता पर आश्चर्य भी हुआ, गुस्सा भी आया था, लेकिन मैं यह सोचकर चुप रहा था कि कोई सरफिरा होगा या सोहबत और सहानुभूति का भूखा, कुछ दूर साथ चल लेने के बाद मुझे अपने ही अंधेरे में खोया हुआ देख अपने आप अलग हो जाएगा। लेकिन उस सुबह वह न सिर्फ़ मेरी सैर के अंत तक मेरे साथ रहा था बल्कि लगातार बोलता भी रहा था। मुझे उसकी आवाज़ और सूरत से घृणा होती रही थी, उसकी बातों से बदबू आती रही थी। मैं सारी सैर के दौरान सोचता रहा था कि जिस क़िस्म के दुनियादार धार्मिक बेज़मीर बेईमान महत्त्वाकांक्षी शख़्स से मैं उम्र-भर परहेज़ करता रहा, वही अब इस आख़िरी उम्र में सैर का साथी बन जाना चाहता है।

सोचता रहा था और छटपटाता रहा था। उसी दिन यह खटका भी मन में आ बैठा था कि वह रोज़ मुझे उस टूटी बेंच के पास खड़ा दिख जाया करेगा, कि उससे पीछा छुड़ाना मुश्किल होगा, कि उसकी घिनावनी सूरत और बदबूदार बातों में मेरे लिए कोई ऐसा काला आकर्षण ज़रूर है कि मैं चाहते हुए भी उसे झटक नहीं पा रहा, न चाहते हुए भी उसकी बातों को ध्यान से सुन रहा हूं, उसकी सूरत को कनखियों से देख रहा हूं। इसी खटके के कारण शायद उस सुबह चाहते हुए भी मैं उससे यह नहीं कह सका था : भाई साब, मुझे आप जैसे आदमी एक आंख नहीं भाते; मैं आपको जानता तो नहीं, पहचानता ज़रूर हूं; आप मेरी सैर में शामिल नहीं हो सकते; आपको अपनी ही क़िस्म और क़दरों का कोई साथी ढूंढना होगा; मुझे आपकी बातों से बदबू आ रही है, आपकी क़दरों से उबकाई; आप अपना रास्ता नापिये, नहीं तो मैं अभी पुलिस को बुलवाता हूं।

यह अलग बात है कि कोई खटका न होता तो भी इस बुढ़ापे में उसे या किसी और को या अपने आपको ऐसी खरी-खरी सुनाने की क्रूरता मुझसे शायद ही हो पाती। सच तो यह है कि मैं उन लोगों में से हूं जो बुढ़ापे में मोम हो जाते हैं, हर लाचार से लिहाज करते रहते हैं, किसी असूल पर अडिग नहीं रहते। जो भी हो अपनी ही उम्र के किसी अजनबी को सुबह सवेरे झिड़क-झटक देने की बात सोची तो जा सकती है, उस पर अमल नहीं किया जा सकता। सो मैंने उसे अपने साथ सैर करने से रोका न अपना दर्शन बघारने से।

दूसरे दिन फिर वह उसी टूटी बेंच के पास खड़ा नज़र आया। उसने हाथ

जोड़कर मुझे नमस्कार किया, मुंह मरोड़ कर एक मुस्कराहट मुझे पेश की, और पांव घसीटता हुआ सा मेरे साथ हो लिया। दूसरे दिन भी उसने क़रीब-क़रीब वही बातें कीं जो पहले दिन की थीं, लेकिन दूसरे दिन मुझे उसकी बातों से बदबू कुछ कम आई, उसकी सूरत और आवाज़ से घृणा कुछ कम हुई। तीसरे दिन मैंने महसूस किया कि मुझे उसकी बातों में धीमा-सा रस आने लगा है, उसकी सूरत और आवाज़ में फीकी-सी सुंदरता दिखायी देने लगी है। मुझे ख़बरदार हो जाना चाहिए था। मैं कुछ ख़बरदार हुआ भी लेकिन इस ख़्याल को दिल से नहीं निकाल पाया कि वह जो कहता है, मैं वही सोचता तो हूं लेकिन किसी से या अपने आपसे खुलकर कह नहीं पाता। मुझे अपनी सैर का रास्ता बदल लेना चाहिए था।

लेकिन इतने दिन हो गए हैं। मैंने अपनी सैर का रास्ता बदला है न वक़्त। हर सुबह उस पार्क में इस आशा से जाता हूं कि वह उसी टूटी बेंच के पास खड़ा मेरा इंतज़ार कर रहा होगा। मैंने मान लिया है कि मैं उसकी सोहबत का आदी होता जा रहा हूं, उसके जीवन-दर्शन का प्रशंसक; उसकी आवाज़ और सूरत मुझे अच्छी लगने लगी है। मैंने अभी यह मान नहीं लिया लेकिन मुझे ख़तरा है कि अगर यही हाल रहा तो सुबह का साथ अटूट दोस्ती में बदल जाएगा। मैं जानता हूं कि उसकी सूरत वही है, बातें वही हैं, लेकिन मेरा परहेज़ एक विकृत से प्यार में बदलता जा रहा है। अब जब वह मुझे नमस्कार करता है तो हाथ नहीं जोड़ता, आंख मार देता है। मुझे आंख मारनी नहीं आती, आंख मारने वाले लोग मुझे कभी नहीं भाये, लेकिन उसकी यह हरकत भी मुझे दिलचस्प लगने लगी है। आंख मार कर एक तो वह अपनी उम्र को नकारता है, दूसरे मुझे इस संकेत से मारता है कि मैं भी सतह के नीचे उसकी तरह दुनियादार धार्मिक बेज़मीर बेईमान महत्त्वाकांक्षी हूं। मैंने अभी पूरी तरह माना तो नहीं लेकिन सच यही है कि उसने मुझे जीत लिया है, कि किसी चतुर सेल्समैन की तरह उसने मेरी सारी कमज़ोरियों को मेरे चेहरे से भांप लिया है, और अपना माल बेच देने में वह सफल हो जाएगा।

उसका माल उसका जीवन-दर्शन है, जिसका सार इस तरह का है : सफलता ही आमूल मूल्य है; महत्त्वाकांक्षा सफलता की बुनियादी शर्त है; महत्त्वाकांक्षी लोग किसी प्रकार की दुर्बलता को पास नहीं फटकने देते; नैतिकता दुर्बलता का ही दूसरा नाम है; यह दुनिया रणभूमि है; अपने अधिकारों की रक्षा के लिए दूसरों को उनके अधिकारों से वंचित करना ज़रूरी हो जाता है; अच्छा इंसान बनने की कामना इंसान को कमज़ोर बनाती है; हमेशा अपने से ऊपर वाले को ही देखना चाहिए ताकि मौक़ा मिलते ही आप उसे नीचे खींच कर ख़ुद ऊपर चढ़ सकें। शक्ति धन है, धन शक्ति; बोलबाला बड़बोलों का ही होता है; ज़रूरत के वक़्त गधे को बाप कहने में कोई संकोच नहीं होना चाहिए; धर्म का आधार यही है कि

बग़ल में छुरी दबाए रहो, मुंह से राम-राम कहते रहो; ईंट का जवाब पत्थर ही दे सकता है···

हर सुबह सैर के दौरान जब वह थोड़ा आगे की ओर झुका अपनी झुर्रियाली आवाज़ में मुझे यह सब सिखा-समझा रहा होता है तो मैं कभी-कभी इस संशय में पड़ जाता हूं कि यह कमबख्त मुझसे मज़ाक कर रहा है, दुनिया से उसकी बेरूख़ी का बदला अपने व्यंग्य से ले रहा है। तब मैं चलते-चलते रुक जाता हूं। वह भी रुक जाता है। सर उठा कर मेरी तरफ़ देखता है, मैं उसकी सूरत की तलाशी लेता हूं, उसके लहजे और लफ़्ज़ों को तोलता-परखता हू, और मेरा संशय सूख जाता है। मैं आश्वस्त हो जाता हूं कि उसे अपने जीवन-दर्शन में अमिट विश्वास है, कि उसकी गई-बीती हालत इस तथ्य का सबूत है कि उसने अपने जीवन-दर्शन पर अमल नहीं किया, कि वह पश्चात्ताप की आग में जल रहा है।

अब मैं उस दिन के इंतजार में हूं जब मैं भी उसी की तरह सोचना-पछताना-बोलना-जलना शुरू कर दूंगा। वह दिन दूर नज़र नहीं आता।

अन्तिम सैर

सैर करने वालों की संख्या और सूरतों से लग रहा था जैसे शहर-भर के बूढ़े सैरबाज़ एक मौन मातमी जुलूस निकालने जा रहे हैं। मैं ख़ुद उस जुलूस में शामिल भी था, उससे अलग कहीं किसी छोटी-सी ऊंचाई पर खड़ा उसका तमाशा भी देख रहा था। मैं बूढ़ा भी था, जवान भी। बाक़ी लोगों से परिचित भी था, अपरिचित भी। हवा ठहरी हुई थी। परिन्दे ग़ायब थे। आकाश धूल के उड़ते हुए पहाड़ में बदल चुका था। रोशनी कुछ इस तरह की थी कि पता न चले कि रात है या दिन। मुझे ख़याल आया शायद अख़बारों में या रेडियो-टी० वी० पर कोई एलान हुआ हो। या शायद उन सबने कल रात किसी सांझे सपने से ही इस सामूहिक सैर या जुलूस की प्रेरणा पाई हो। ख़ुद मुझे कल रात ऐसा कोई सपना नहीं आया था। हो सकता है आया हो और याद से उतर गया हो। आजकल याद एक छलनी में बदल गई है। मैंने सोचा ज़रूर ये लोग अपनी किन्हीं मांगों को मनवाने के लिए ही यह मातमी जुलूसनुमा सैर करने जा रहे हैं। उनकी कुछ मांगें मेरी कल्पना में कौंध गईं : शहर के पार्कों को हरा-भरा किया जाए; उनमें ऐसे फूल-पौधे लगवाए जाएं जिनसे हमें एलर्जी न हो; ऐसे परिन्दों का प्रबन्ध किया जाए जिनकी बोलियों से बूढ़ों को शान्ति मिले; सूक्ष्म संगीत के आयोजन सुबह-शाम हों। फिर मैंने सोचा, हो सकता है यह सैर किसी ऐसे मरहूम सैरबाज़ की याद में हो जिसने आख़िर तक रोज़ाना सैर की हो—सारी शारीरिक बाधाओं के

इस कमरे की इतनी सारी खिड़कियों में से सिर्फ़ तीन को, किसी-किसी शाम खोल लेता हूं। एक साथ इन तीनों को भी कम ही खोलता हूं। जब कभी किसी मनोविकार के तहत अपना तमाशा देखने के लिए ऐसा कर लूं तो मेरे तीन टुकड़े हो जाते हैं। हर टुकड़ा अपनी खिड़की पर जा खड़ा होता है। अपने विभाजन से उठने वाली दहशत को दबाने के लिए कई जतन करने पड़ते हैं, कई मंत्र जपने पड़ते हैं। वे जतन दरअसल जतन नहीं होते। वे मंत्र दरअसल मंत्र नहीं होते। कोई और कहीं उस वक़्त कहीं छिपा खड़ा मेरी हालत को देख रहा हो तो शायद यही समझे कि कोई पागल किसी कठिन तपस्या के कारण टूट रहा है। कैसे उस वक़्त कोई और कहीं छिपा खड़ा मेरी हालत को देख नहीं रहा हो तो, लेकिन यह संभावना मन से निकलती नहीं, दहशत पर क़ाबू पाने के लिए आख़िरकार जैसे-तैसे अपने आपको सहेज-समेटकर दोनों खिड़कियां फिर बंद कर देता है। इस कोशिश में हथेलियां और अंगुलियां कट-फट जाती हैं।

अपने कटे-फटे हाथों को जोड़कर उस चौथी खिड़की के सामने जा खड़ा होता हूं जिसे खोलने का तरीक़ा मुझे नहीं आता। लेकिन जिसके बारे में यह अंधविश्वास न जाने कहां से उड़कर मेरे मन में आ बैठा है कि वह किसी दिन मेरे कटे-फटे हाथों की मूक याचना के जवाब में अपने आप खुल जाएगी। इस अंधविश्वास में मेरा यह संदेह भी शामिल है कि शायद मैं जानबूझकर क्या कभी अपनी अंगुलियों और हथेलियों को इसलिए ज़ख्मी कर लेता हूं ताकि मेरे हाथों की मूक याचना और असरदार हो जाए और वह चौथी खिड़की किसी शाम अपने आप खुल जाए और मैं इस कमरे की क़ैद से आज़ाद हो जाऊं। चौथी खिड़की के बारे में मैं जानता जितना कम हूं, मानता उसे उतना ही ज़्यादा हूं। इसीलिए उसे खोलने का तरीक़ा मुझे नहीं आता। इसीलिए सोचता हूं कि किसी शाम वह अपने आप खुल जाएगी और मैं आज़ाद हो जाऊंगा।

पहली खिड़की में से एक मैदान नज़र आता है। छोटे-छोटे घरों से घिरा हुआ। जैसे उन सबका सांझा आंगन हो। वहां कुछ नंगे-नुंगे बच्चे मुचड़े हुए काग़ज़ों की गेंदों को आकाश की ओर उछाल रहे होते हैं या कुछ आड़ी-तिरछी पतंगें उड़ाने की कोशिश कर रहे होते हैं या ठहरे हुए पानी के टापुओं के ऊपर उड़ती हुई भिड़ों को पकड़ रहे होते हैं। मैं उन बच्चों में अपने आपको खोजता रहता हूं। मैदान में बिखरी पड़ी मिट्टी और कूड़े की छोटी-छोटी ढेरियों पर क़ब्रों का गुमान होता है। शाम के कच्चे अंधेरे में वे कब्रें कभी ख़ूबसूरत नज़र आती हैं, कभी खौफ़नाक। कुछ देर बाद कई आवाज़ें सुनायी देती हैं। माताएं अपने बच्चों के नाम ले-लेकर उन्हें बुला रही हैं क्योंकि अंधेरा पक्का हो रहा है। मैं उन नामों में अपना नाम ढूंढता रहता हूं। उन आवाज़ों में अपनी मां की आवाज़। फिर सोचता हूं कि वे सारे नाम मेरे हैं, वे सारी आवाज़ें मेरी मां की हैं। दृश्य अचानक बदल जाता है।

एक छोटा-सा घर अंधेरे में लिपटा हुआ। धुएं से अटा हुआ। दो आकृतियां दिखाई देती हैं। आमने-सामने खड़ी हुई। एक-दूसरे को घूरती हुई। एक-दूसरे पर झपट पड़ने को तैयार। जैसे मेरा ही कोई दुःस्वप्न साकार हो गया हो।

दूसरी खिड़की में से एक उजला पार्क नज़र आता है। कुछ बूढ़े—मर्द और औरतें—सामूहिक व्यायाम कर रहे होते हैं। मैं उनमें अपने आपको खोजता रहता हूं। परिंदों और बच्चों की चहचहाहट सुनायी देती है। कुछ करारी आयाएं नज़र आती हैं। कुछ चुलबुले कुत्ते। फिर दृश्य अचानक बदल जाता है। कई बड़े-बड़े घर नज़र आते हैं। हर घर में एक या दो बूढ़े गिरे पड़े नज़र आते हैं। उनकी झुर्रियां नज़र आती हैं। उन झुर्रियों में फंसे हुए अरमान नज़र आते हैं। उनके पश्चात्ताप सुनायी देते हैं। उनकी मौत सुनायी देती है। महसूस होता है कि मैंने अपने ही नाना रूप देख लिए हों।

तीसरी खिड़की ठोस अंधेरे पर खुलती है लेकिन फिर कुछ देर बाद कई आकार उभरने शुरू हो जाते हैं—अजीबोग़रीब जीव जो इंसान नज़र आते हैं, न हैवान, न परिंदे न दरिंदे, न नर न मादा, न सुखी न दुखी, न अपने न पराये। कहीं कोई घर नज़र नहीं आता। कहीं से कोई आवाज़ नहीं आती। यह दृश्य बदलता नहीं। मेरी दहशत बढ़ती चली जाती है। जब बरदाश्त से बाहर हो जाती है तो सब कुछ फिर ठोस अंधेरे में डूब जाता है।

पहली खिड़की का दृश्य मुझे दुख भी देता है, सुख भी। दूसरी खिड़की का दृश्य सिर्फ़ वितृष्णा देता है। तीसरी का सिर्फ़ दहशत।

चौथी खिड़की न जाने कब खुलेगी। कैसे खुलेगी, किस दृश्य पर खुलेगी। उसे खोलने का तरीक़ा मुझे नहीं आता। मेरा अंधविश्वास उसके बारे में यही है कि किसी शाम वह मेरे कटे-फटे हाथों की मूक याचना के जवाब में अपने आप खुल जायेगी और उसमें से मुझे कुछ भी नहीं नज़र आयेगा और उस शून्य का दीदार कर लेने के बाद मैं इस क़ैद से आज़ाद हो जाऊंगा।

आजकल हर शाम उसी आज़ादी के इन्तज़ार में गुज़र जाती है।

□□